Wolfhart Schlichting

MARIA

Die Mutter Jesu in Bibel, Tradition und Feminismus

R. BROCKHAUS VERLAG WUPPERTAL UND ZÜRICH

ABCteam-Bücher erscheinen in folgenden Verlagen:

Aussaat- und Schriftenmissions-Verlag Neukirchen-Vluyn
R. Brockhaus Verlag Wuppertal
Brunnen Verlag Gießen (und Brunnquell Verlag)
Christliche Verlagsanstalt Konstanz (und Friedrich Bahn Verlag/
Sonnenweg-Verlag)
Christliches Verlagshaus Stuttgart (und Evangelischer Missionsverlag)
Oncken Verlag Wuppertal und Kassel

Umschlaggestaltung: Carsten Buschke, Solingen
unter Verwendung eines Gemäldes (Ausschnitt) von
Lorenzo Di Credi (1459?-1537) »Verkündigung«, Florenz
Gesamtherstellung: Breklumer Druckerei Manfred Siegel KG
ISBN 3-417-12431-X

INHALT

I. Einleitung

III. Die exemplarische Maria

IV. Die gefährliche Frau

I. Einleitung

1. Kritik an der »patriarchalischen« Bibel und die neue Religion des Feminismus

Heute sind Frauen im Begriff, auf programmatische (und gewissermaßen scham-lose) Weise das zu tun, was Männer von jeher taten: Sie sind dabei, sich einen Gott nach ihrem Bilde zu schaffen. Gott soll so sein wie sie. Sie wollen sich in ihm wiedererkennen. Wie sollten sich Frauen mit einem männlichen Gott identifizieren können, bzw. mit einem Gottes-»Sohn« (oder Schwarze mit einem Gott der Weißen, oder Arier mit einem Gott der Juden)? Um ihr Gott zu sein, meinen sie, muß Gott ihnen ähneln; zumindest muß er ihre Interessen teilen.

Gott und die Götzen

Schon immer bestand die Neigung, Gott gleichsam als höchsten Bundesgenossen ins Feld zu führen. Das Bekenntnis: »Gott mit uns« sollte die eigene Sicherheit erhöhen. Menschen schufen sich Götter nach ihrem Bedarf. Dies aufgedeckt, den Vorgang psychologisch beschrieben und volkstümlich dargelegt zu haben, ist ein Verdienst Ludwig Feuerbachs.[1] Er war nicht der erste, der auf die »gruppenegoistischen« Triebkräfte der Götter-Produktion menschlicher Phantasie hinwies. Dies tat, wie fragmentarisch überlieferte Sätze andeuten, schon der Vor-Sokratiker[2] Xenophanes[3]. Auf religionskritische Weise taten es biblische Propheten, vor allem im Buch Jesaja[4]. Sie bezeichneten diese von Menschen entworfenen Götterbilder als »Götzen« und behaupteten, daß sie nichtig seien. Darunter befanden sich auch Göttinnen. Ohne Ansehen ihres Geschlechtes wurden Götter und Göttinnen in den Reformations-Zeiten der Geschichte Israels ›abgetan‹[5]. Die Nichtig-Erklärung der Götzen war ein zentrales Anliegen biblischer Theologie. Das Erste Gebot ist nicht umsonst das erste[6]. Tagtäglich hatten gläubige Juden das Bekenntnis zu dem »einzigen Gott« abzulegen, und zwar wiederholt[7]. Das grundlegende Verbot, nach anderen Göttern neben Jahwe Ausschau zu halten oder sich ein anderes Bild von ihm zu machen, nährte den Verdacht, daß ›andere Götter‹ ohnehin illusionär seien. Dieser Verdacht verdichtete sich, bis es bei Jesaja als ausgemacht galt, die Göttinnen und Götter, und zwar solche antiker Hochreligionen, wie der babylonischen (oder ägyptischen), seien als »Nichtse«[8] zu betrachten: sie seien nichts als Menschenwerk.[9]

Diesen Gedanken übernahmen Atheisten und wandten ihn kühn auf die Bibel selbst an. Auch der Gott der Christen, der angeblich Einzige, sei nichts als eine Illusion, deren Zustandekommen psychologisch erklärbar sei, nämlich eine Projektion unerfüllter Wünsche, bzw. dessen, was man selbst gerne wäre[10]. Diesen Gedanken popularisiert zu haben, war, wie gesagt, eine Leistung Ludwig Feuerbachs. Die »Illusions-Hypothese« bleibt wohl für immer mit seinem Namen verbunden.

Karl Barths christliche Religionskritik

Doch wußte sich die Theologie zu wehren. Sie erinnerte sich an das Erste Gebot »als theologisches Axiom«[11]. Die menschliche Phantasie, bzw. – ganzheitlicher – das ›Dichten und Trachten des menschlichen Herzens‹ ist in der Tat, wie schon der Reformator Calvin unter Rückgriff auf biblische Propheten formulierte, eine »fabrica idolorum«, eine Götzen-Fabrik[12]. Aber das Erste Gebot verbietet die Götter-Projektion. Es untersagt, daß Männer und Frauen sich Götter und Göttinnen nach ihrem eigenen Bedarf ausdenken. Gott ist nicht unser himmlischer Interessen-Vertreter. Er stellt sich als »Herr« vor und »benimmt sich als solcher«, wie Karl Barth formulierte[13], d.h. er ›beschlagnahmt‹ die Angeredeten. Indem Gott sich offenbart, werden die Göttinnen und Götter der Menschheit für nichtig erklärt. Die Religionen verlieren ihre Gültigkeit. Karl Barth hat die biblische Offenbarung von den Religionen der Menschheit ebenso scharf unterschieden, wie es die Propheten und Apostel der Bibel taten.[14] Die Religionen mit ihren Gottesvorstellungen sind Ausgeburten menschlichen Begehrens. Sie sind Ausdruck der Sünde.[15] In ihnen machen sich Männer und Frauen selber zu Göttern, bzw. unterstreichen ihre Ansprüche unter Berufung auf himmlische Parteigänger. Barth übernahm Feuerbachs Religionskritik für alle Religionen, ja, für ›Religion‹ überhaupt, wozu er auch das ›Christentum‹ zählte, insofern es eine dauerhafte Einrichtung ist, die, wie jede Institution, auf Selbstbehauptung angelegt ist. Davon unterscheidet sich grundlegend die Offenbarung Gottes selbst.

Gott dient dem Menschen nicht als höchste Selbstbestätigung, sondern er stellt ihn radikal in Frage. Gott offenbart sich als der Richter und – nur als solcher auch – als der Retter aller Männer und Frauen. Der Gott, den die Bibel bezeugt, ist nicht von Menschen ausgedacht. Die biblische Geschichte begann vielmehr damit, daß Gott selbst das Wort ergriff. »Deus dixit«, ›Gott hat gesprochen‹, – das ist der Ursprung des Glaubens (Karl Barth). Nicht die Sehnsucht der Männer und Frauen nach Selbstverwirklichung, nach Ganzheit oder Vollendung ist die Quelle der Offenbarung, sondern das sozusagen hereinplatzende, seinem Inhalt nach unerwünschte und überhaupt nicht wünschbare, vielmehr anstößige, geradezu als skandalös[16] empfundene Reden Gottes. Das vom Himmel kommende Wort Gottes – »und das Wort ward Fleisch« (Joh 1,14) – hat den Glauben wachgerufen. Nicht der ›Glaube‹ – oder ein Wünschen, bzw. eine Mangel-Erfahrung – bildet sich nach Bedarf Göttinnen und Götter, sondern Gott redet und handelt, und auf sein Reden und Handeln hin bekehren sich Menschen, tun Buße – oder sie wehren sich, verweigern dem Wort den Gehorsam, stoßen das fleischgewordene Wort aus und behaupten sich selbst.

Der Sieg Feuerbachs im Feminismus

Nach dieser auf das Erste Gebot gegründeten Auffassung ist der Entwurf eines Gottesbildes oder auch dessen Korrektur entsprechend der jeweiligen Interessenlage das Gegenteil von Gottes Offenbarung. Wer sich selbst im Gottes-Bild repräsentiert sehen will, bzw. darüber klagt, daß er sich nur mangelhaft oder gar nicht dadurch vertreten fühle, und wer darin einen Beweggrund zur Korrektur der Theo-logie (im wörtlichen Sinne als Art des ›Redens über Gott‹) sieht, wird gezwungen sein, sich an der menschheitsalten Götzen-Produktion zu beteiligen. Sooft die Christenheit ›Gott‹ ihren eigenen Anliegen entsprechend abwandelte, verwandelte sie ihn in einen Götzen. Die Geschichte des Christentums ist, wie die Israels, oft zum Götzen-Dienst entartet. Aber dies geschah kaum jemals programmatisch. Niemals wollten Christen neben Gott – oder statt Gottes – andere Götter verehren. Fast nie haben sie sich ausdrücklich ein ihren Wünschen entsprechendes verändertes Bild Gottes zurechtgelegt. Daß dies doch geschah, ›passierte‹ mehr oder weniger unbemerkt und unabsichtlich. Wenn Propheten oder Reformatoren es aufdeckten, fühlte man sich ertappt; dann konnte man sich als schuldig bekennen oder die Schuld leugnen. Unbestritten war, daß so etwas wie Götzen-Produktion ein Ausdruck der Sünde, nämlich der Gottlosigkeit, ist. Nur heimlich und verschämt oder ahnungslos, unbewußt wurde das Gottesbild dem Anliegen der jeweils Tonangebenden – oder auch der unter ihnen Leidenden – angepaßt. Niemand hätte zugegeben, daß der Gott, zu dessen Verehrung er aufrief, ein von ihm selbst gestalteter Gott nach seinem Bilde sei. Niemand gestand eine solche Absicht ein.

Gegenwärtig aber scheint die Christenheit im Begriff zu sein, das Schuldbewußtsein, ja sogar die Scham auf diesem Gebiet zu verlieren. Daß Gott-›Vater‹ dazu diene, dem pater familias[17], dem Familien-Vater, die Stellung als Oberhaupt zu sichern, daß er also im Interesse der Erhaltung einer patriarchalischen Gesellschaftsordnung Verwendung finde, daß er diese sanktioniere, ja, ihr Inbegriff und Repräsentant sei, und daß er möglicherweise sogar seine Existenz dem Machtstreben der Männer verdanke, meint man geradezu voraussetzen zu können. Das hieße, daß sich Feuerbachs Theorie innerchristlich durchgesetzt hätte. Wo auch nur erwogen wird, ob man vielleicht statt »Gott-Vater« künftig »Gott-Mutter« sagen und statt »Vaterunser« ein »Mutterunser« beten sollte, hat man bereits grundsätzlich Feuerbach rechtgegeben: Gott soll uns darstellen. Und wenn er bisher einen Mann, bzw. die Männerwelt, dargestellt und auf diese Weise ihre Vorherrschaft befestigt hat, so ist es an der Zeit, daß er von nun an die selbstbewußter gewordene Frau, bzw. das Weibliche, darstellt und ihm allerhöchst zur Gleichberechtigung verhelfe. So wäre es nur recht und billig, wenn neben den Gottes-Sohn, bzw. an seine Stelle, die Gottes-Tochter träte, und neben Gott, bzw. an seine Stelle, die Göttin. Die Gleichberechtigung auf Erden muß sich im Himmel spiegeln. Der Himmel muß sein wie die Erde. Gott muß sein wie ein Mensch. Der Gleichberechtigung von Mann und Frau muß eine Gleichberechtigung von Gott und Göttin auf dem Fuße folgen.

Daß derartige Überlegungen überhaupt angestellt, erwogen und ernstgenommen werden, scheint ein Indiz dafür zu sein, daß ›Wort Gottes‹ und ›religiöse Vorstellung‹ nicht mehr scharf unterschieden werden, daß beides, biblischer Glaube und die (nach biblischem Glauben) von Menschen selbst gemachte Religion, auf die gleiche Stufe gestellt werden, und man von beiden annimmt, daß Menschen sie je nach ihren vorherrschenden Anliegen gestalten. Das taten bisher – und tun noch – erfolgreich die Männer (und die Weißen und die Reichen), und beginnen nun – zugegebenermaßen ein wenig ungestüm – die Frauen (und beispielsweise die Schwarzen und die Armen) zu tun. Die Feuerbachsche Annahme scheint im Grunde als gültig vorausgesetzt zu sein. Menschen entwerfen ihre

Religion; sie drücken darin aus, was sie vermissen und daher ersehnen. Das tun sie mit Recht, und zwar ›jeder nach seiner Fasson‹.

Das Untergraben des biblischen Glaubens

Nichts gegen die »Gleichberechtigung der Geschlechter«! Die feministische Bewegung hat wichtige Anliegen – zum Teil mit Erfolg – vertreten und kämpft darum weiter – notwendigerweise. Auch in der sog. »feministischen Theologie« kommen zum Teil bedenkenswerte und verwirklichenswerte Überlegungen zur Sprache. Aber der Begriff ›feministische Theologie‹ ist – wie ›kapitalistische‹, ›nationalistische‹, ›schwarze‹ Theologie – ein Widerspruch in sich, jedenfalls solange mit ›Gott‹ in der Theologie der Gott der Bibel gemeint ist. Jedes dieser Adjektive funktionalisiert die Theologie für irgendein mehr oder weniger berechtigtes und dringendes Anliegen. Wenn aber die Theologie funktionalisiert wird, besteht die Gefahr, daß Gott selbst funktionalisiert werden soll. Wo dieser Versuch erfolgt, wird Gott in einen Götzen verwandelt. Der ›Gott des Patriarchates‹ wird heute wie ein sexistischer Männlichkeits-Götze dargestellt. Dergleichen gab es in der Religionsgeschichte – und, wie gesagt, auch das Christliche war nie gegen Mißbrauch abgesichert. Aber allein schon die Erwägung, der biblische Gott, den die Propheten verkündigten, der Vater im Himmel, zu dem Jesus beten lehrte, könnte ein solcher sein oder die Züge eines solchen tragen, die prophetische Predigt und das Gebot Jesu müsse also abgewandelt, ergänzt, verbessert oder gar ersetzt werden, läßt kein Bewußtsein dessen mehr erkennen, wer eigentlich »geredet hat durch die Propheten«[18] und zuletzt in Christus sich offenbarte. Die Rollen sind vertauscht: Nicht Gott zieht Sünderinnen und Sünder zur Rechenschaft, sondern Menschen machen ihm gegenüber ihre berechtigten Ansprüche geltend. Nicht sie bekehren sich, sondern er soll sich bekehren. Lange genug hat er sich für die Männer nützlich gemacht (hat er das getan?), jetzt möge er sich für die Frauen nützlich machen. Er trete also zurück und lasse in der Vorstellungswelt und Sprache der Menschen der Göttin den Vortritt.

Diese feministische Theologie ist, scheint mir, nicht als eine mehr oder weniger ernstzunehmende, aber immerhin diskutable Spielart theologischen Denkens zu bewerten, sondern von ihrem Ansatz her als ein Untergraben des biblischen Glaubens. Nicht eine Erweiterung oder Abwandlung der Sprachgestalt steht zur Debatte, sondern die Frage, ob Gott Gott ist, oder ob wir das Recht und die

Macht haben, Götter und Göttinnen zu produzieren. Das Erste Gebot ist in Frage gestellt. Man fertigt Götter an, um sie anzubeten, ja vielmehr, um sich selbst in ihnen anzubeten. Das geschieht nicht heimlich und unmerklich, sondern öffentlich. Ich habe dies ›schamlos‹ genannt; denn zum ersten Mal in der Geschichte des biblischen Glaubens wird ausdrücklich über die Abschaffung oder Umschaffung (sozusagen eine Geschlechtsumwandlung) Gottes theologisch diskutiert. Die Theologie- und Kirchengeschichte ist reich an Irrlehren. Man hat Gott und Christus auf vielfältige Weise interpretiert und entstellt. Aber noch nie hat eine Gruppe von Christen erklärt, den biblischen Gott nicht mehr als ihren Gott anerkennen zu können, sondern ihn nach ihrem Bilde umgestalten zu wollen, wie es heute Frauen tun. So offenkundig haben sich Christen noch nie gegen Gott und für Götzen entschieden, wie es im Rahmen des Feminismus geschieht.

Ich verkenne nicht, daß ›feministische Theologie‹ in verschiedensten Schattierungen vorkommt, und ziehe nicht in Zweifel, daß in ihr bedeutende Einsichten zur Sprache kommen. Aber das Ansinnen, Gott solle nach dem Bild der Frau umgestaltet werden, untergräbt den biblischen Glauben. Dadurch wird gleichzeitig fast die gesamte Geschichte des christlichen Glaubens in eine Geschichte des Götzenkultes umgedeutet: Ein nach dem Bild des Mannes gestalteter Gott sei angebetet worden. Nun soll der Männlichkeits-Götze durch einen Weiblichkeits-Götzen abgelöst oder wenigstens ergänzt werden. Das Auffallende an diesem Vorgang ist, daß der Götzen-Charakter der ›Göttin‹ nicht einmal verheimlicht wird. Die Götzen-Fabrikantinnen lassen sich in die Werkstatt schauen. Mit aller Deutlichkeit haben sie erklärt, worauf sie hinauswollen: Gott muß sich ändern, damit sie besser zur Geltung kommen. Noch einmal sei betont: Daß die Frauen besser zur Geltung kommen wollen, ist ihr gutes Recht und wird, wenn es gelingt, ein Gewinn für die Menschlichkeit der Menschheit sein. Aber daß man davon ausgeht, daß sich Männer und Frauen jeweils ihren Gott ausdenken, in dem sie sich selbst darstellen, stellt den biblischen Glauben auf den Kopf.

Jahwes »Eifersucht«[19] oder, wie Gerhard von Rad sagte, seine »Eiferheiligkeit«[20], gilt als Spiegelbild männlicher Herrschsucht. Das Eifern gegen die Götzen wird als Ausdruck dieser Haltung angesehen. Im Ersten Gebot habe sie sich selbst legitimiert. Diesem Männer-Gott sagen nun Frauen den Kampf an. »Jenseits von Gott-Vater, Sohn und Co.«[21] soll die Große Göttin wiederkehren.

»Die geheime Göttin des Christentums«

Christa Mulack vermutet, daß Maria »die geheime Göttin des Christentums« war.[22] Sie ruft dazu auf, sie als solche wieder zu entdecken bzw. die in ihrer Gestalt verborgenen matriarchalischen Symbole hervorzuheben und geltend zu machen.[23] Waren Gott Vater und Sohn nur sozusagen Strohmänner, hinter denen die eigentliche Göttin im Geheimen agierte, – und nun wäre ihre Stunde gekommen, um sich zu offenbaren? Allen Ernstes versuchte Helgard Balz-Cochois in einem in der theologischen Zeitschrift ›Evangelische Theologie‹ veröffentlichten exegetischen Aufsatz über Hosea 1-4 unter der Überschrift: »Gomer oder die Macht der Astarte«[24], diesen Text gegen seine Aussage zu interpretieren. Es geht ihr um einen »Perspektivenwechsel im Rahmen der historischen Kritik und im Interesse einer feministischen Interpretation«.[25] Die Ergebnisse sind, historisch gesehen, interessant und lehrreich (wenngleich vielleicht mehr poetisch als stichhaltig). Aber theologisch bedeutet dieses Unternehmen »eine Umwertung prophetischer Maßstäbe«.[26] Das führt – ausdrücklich – zu einer »Stellungnahme *für* Gomer und *gegen* Hosea«, d.h. für den Astarte-Kult und gegen das Erste Gebot. Es »sollen das Wesen und die kultische Rolle der weiblichen Gottheiten von den Lebensbedürfnissen des Volkes und Gomers her verstanden« werden.[27] Als »die eigentliche hermeneutische Aufgabe feministischer Theologie« gilt es, »Vergessenes und Verdrängtes zu übersetzen ins heute Relevante«.[28] Im Grunde bedeutet dies, den von den Propheten bekämpften Synkretismus ein Stück weit zu rechtfertigen und für heute wieder zu entdecken. Die Propheten des Baal und der Astarte finden in den christlichen Kirchen Nachfolger, die der jüdischen Prophetie der Bibel widersprechen. Das Gottesurteil auf dem Karmel[29] soll revidiert werden. Zumindest geht es »um ein verständnisvolles Anhören der ›altera pars‹.«[30] Es »soll Gomer als Frau aus dem Volke ihr Recht widerfahren im Gegenüber zu der Polemik Hoseas, ihres Ehe›herrn‹, der sie als ›Hurenweib‹ beschimpft und herabwürdigt«.[31] »Was bedeutet für Gomer Aschera? Was bedeutet für sie Astarte?«[32] Diese Frage positiv zu stellen, sei nötig, weil Jahwe »nichts« »weiß« »vom Geheimnis des vegetativen Werdens und Vergehens, denn die Saat wächst von unten, von da, wo Jahwe nicht hinreicht, wohl aber Aschera. Und auch vom Werden neuen Lebens im Mutterleib muß die Große Mutter doch wohl mehr wissen als der Kriegs-, Staats- und Stammesgott der Väter.«[33] Die Theologin, die sich zum Feminismus bekennt, referiert hier natürlich, was die Gomer ihrer Rekonstruktion meinen könnte, und urteilt nicht selbst. Als christliche Theologin sucht sie vielmehr eine Synthese.[34]

Synkretistische Synthese

Allerdings wäre zu fragen: Wie reimt sich Gott zu den Götzen, »wie stimmt Christus mit Belial?«[35] Welche Synthese kann es geben zwischen Jahwe und Astarte? Gerade gegen die Synthesen, gegen den Synkretismus, kämpft ja die biblische Prophetie. »Wie lange hinkt ihr auf beiden Seiten?«[36], fragte Elia das Volk, das glaubte, die Anliegen und Möglichkeiten beider Seiten miteinander verbinden zu können. »Ist Jahwe Gott, so folgt ihm nach, ist's aber Baal, so folgt ihm nach.«[37] Diese Entscheidungsfrage scheint gegenwärtig erneut gestellt zu sein. Frau Balz-Cochois verleiht den Gegnern Elias und Hoseas eine Stimme in der christlichen Theologie: »Es ist ihr gutes Recht, Aschera und Astarte zu verehren *neben* diesem Jahwe, der doch im Grunde nur ein Gott für Männer ist«[38]. Daß »durch die positiv umgewertete ›Untergrundtradition‹« »die kanonische Tradition der Texte ... zwangsläufig abgewertet« wird, ist ihr bewußt. (Gomer erscheint als fromme Frau, Hosea dagegen als Sonderling, wo nicht als Tyrann.) »Durch die positive Würdigung des synkretistischen Höhenkultes mit seinen sexuellen Freiheiten gerät das jahwistisch-patriarchalische Sexual- und Eheethos ganz von selbst ins Licht der Repression und der Verklemmtheit.« Sie erklärt: »Das ist jedoch nicht beabsichtigt«.[39] »Allerdings« wird »das Recht der kanonischen Tradition« »relativiert«.[40] Das sei notwendig, weil der »Maßstab einer bestimmten gegenwärtigen Auffassung von Wesen, Würde und Rechten der Frau« »mit dem biblisch-patriarchalischen Maßstab weitgehend *nicht* übereinstimmt«; sie merkt allerdings an: »Bereits hier können sich Meinungsverschiedenheiten, vor allem unter den Frauen selbst, ergeben.«[41]

Den Ansatz zu einer Synthese des aufgewerteten Höhenkultes mit dem relativierten Jahweglauben sieht Frau Balz-Cochois in der Annahme: »Das Spezifikum der Propheten ist doch ... ihre Eschatologie, ihre Zukunftsvisionen einer besseren Welt und Gesellschaft«[42]. Dabei wird Eschatologie, wie es in der Nachfolge Ernst Blochs[43] üblich wurde, mit dem zur Verwirklichung aufgegebenen Traum besserer Verhältnisse gleichgesetzt. »Hier werden Ideale ausgemalt, Utopien entworfen.«[44] Es liegt auf der Hand, daß diese Beschreibung der Entstehung prophetischer Texte mit dem Inspirationsverständnis ihrer Autoren nicht zu vereinbaren ist. Daß bei Hosea Jahwe als leidender Liebhaber erscheint, deutet sie mittels der als »riskant« bezeichneten »Hypothese, daß Hosea von seinem Berufungserlebnis und von der Leidenserfahrung seiner Ehe mit Gomer so nachhaltig beeinflußt und geprägt wurde – mehr im Unterbewußtsein als an der Oberfläche seiner jahwetreuen Überzeugungen –, daß in der eschatologischen Vision Verdrängtes wieder auftaucht und zu Bildern und Vorstellungen drängt, die für feministische Theologie von Interesse sein können«[45]. Dieser Satz rückt nicht nur das auswählende »Interesse« feministischer Theologie ins Licht, die Gottes Offenbarung anscheinend restlos psychologisiert, d.h. den Heiligen Geist durch Erfahrung und Unterbewußtsein ersetzt, sondern er zeigt vor allem, daß Gomers vermeintliches Jahwe-Bild dem der feministischen Theologin durchaus nahesteht: Gott erscheint als tyrannischer, auf sein Eigentum pochender Ehe-Herr, dem Liebe und Leiden fernliegen. Jahwe wird zu einem Männlichkeits-Götzen vereinfacht, damit Weiblichkeits-Götzen neben ihm Raum gewinnen, und dann aus beiden die Utopie einer Synthese gebildet werden kann. Nun soll sich also im Widerspruch zu dem hergebrachten, konservativen Jahwe-Bild des Propheten »Jahwe noch einmal im Saphirglanze der Sinaitheophanie« offenbart haben, »umwittert von neuer Faszination, überglänzt von der Aura der großen Astarte, im blendenden Zwielicht des Eros, der Gott Israels im Morgenlicht einer neuen Hoffnung, die herüberleuchtet aus längst vergangenen Wüstentagen und zugleich von den Höhen Kanaans her, seiner Weinberge, seiner Feste . . .«[46]

Widerruf des Ersten Gebotes

Im Klartext heißt dies: »M. a. W., Jahwe begibt sich seiner Rechte als Eheherr.«[47] Das patriarchalische Eherecht drückt sich theologisch im Ersten Gebot aus.[48] »In Hoseas konservativen Kreisen hält man an diesem ›Ersten Gebot‹ fest«.[49] Nun aber begibt sich Gott angeblich dieses Rechts; »er begibt sich ins freie Spielfeld des Erotischen.«[50] Patriarchalische Ehemoral und Erstes Gebot korrespondieren einander. Wenn die erste widerrufen wird, muß auch das zweite fallen, und umgekehrt. Die Ziele einer die Anliegen des Feminismus in die Konzeption des Gottes-Bildes übertragenden Theologie kommen sehr klar zum Ausdruck. Die Ausschließlichkeit des Ersten Gebotes soll also widerrufen und Jahwe aufs »Spielfeld« des Synkretismus, wo sich auch Göttinnen tummeln, geschickt werden. Frau Balz-Cochois strebt »ein integriertes Gottesbild« an.[51] Sie überlegt: »Die weiblichen Gottheiten Kanaans verkörpern ganz offensichtlich ein ›weibliches Prinzip‹ in polarer Ausprägung: mütterliche Fruchtbarkeit und ›sexappeal‹. Diese beiden Aspekte fehlen ebenso offensichtlich im orthodox-jahwistischen Gottesbild, so daß man hier von einer ›phänomenologischen Defizienz Jahwes‹ sprechen kann.«[52] Damit ist gesagt, Jahwe sei mangelhaft und bedürfe der Ergänzung, – quasi: ›Es ist nicht gut, daß Jahwe allein sei‹; Frauen machen sich auf, ihm ›eine Gehilfin zu schaffen, die um ihn sei.‹ Diese Mangelhaftigkeit »ist zum einen bedingt durch das erste Gebot, zum anderen aber durch die Vorstellung von einem Schöpfergott, der diese kreatürlichen Realitäten seiner Herrschaft unterwirft.« Wesentliche Bestandteile des biblischen Gottes-Glaubens werden als Ursachen einer Mangelhaftigkeit des Gottes-Bildes gewertet. Der mangelhafte Jahwismus soll den Naturreligionen angeglichen werden. Elia hätte besser getan, statt die Baals-Propheten auszumerzen, von ihnen zu lernen und sein Gottesbild zu korrigieren. Hosea tat es in den Augen von Frau Balz-Cochois. »Nun will es« nach der von ihr »vorgeführten Interpretation scheinen, als habe Hosea versucht, diese beiden Aspekte des ›weiblichen Prinzips‹ in sein eschatologisches Gottesbild zu integrieren, indem er naturhafttriebhaft-spontane Züge einzeichnet mit Hilfe der Metapher und Vorstellung des erotischen Betörens einerseits (Jahwes astartehafte Epiphanie in der Wüste) und eines affektstarken Sich-Erbarmens und ewigen Fruchtbarkeitssegens andererseits (Jahwes Vater- und Mutterliebe, el- und ascherahaft).«[53] Dabei ist vorausgesetzt, man dürfe nicht annehmen, Jahwe sei wirklich so und habe sich offenbart als der die geschöpfliche Geschlechterdifferenz Übersteigende, man müsse sein Bild vielmehr aus der Verschmelzung des herkömmlichen Glaubens an ihn mit der von diesem kompromißlos bekämpften Fremdreligion herstellen.

Die Entlassung der Mutter Gottes

Abschließend stellt Frau Balz-Cochois fest: »Gomers Leiden blieb stumm«[54], während »Hoseas Leiden Theologie geworden« ist »und damit Teil einer kanonischen Tradition«.[55] Wenngleich in Hoseas Eschatologie angeblich schon ein Schimmer der Synthese aufscheint, bleibt doch eine bedauerliche Einseitigkeit bestehen. Diese kann heute korrigiert werden. Darin sieht feministische Theologie ihre Aufgabe. »Frauen heute haben die Möglichkeit, Theologie aus ihrem Leiden an den Männern und der Männergesellschaft zu machen.«[56] Diese Theologie wird ›gemacht‹, und zwar aus den eigenen Erfahrungen. Was ist solche Theologie anderes als »die phantastische Verwirklichung des menschlichen Wesens«, »das Gemüt einer herzlosen Welt«, »die imaginären Blumen an der Kette«[57], wie Karl Marx argwöhnte, oder aber der zornige Impuls, die Ketten abzuschütteln und die unbefriedigende Wirklichkeit zu denunzieren, wie Ernst Bloch es korrigierend für möglich hielt[58]? Jedenfalls entspricht solche Theologie nicht dem prophetisch mitgeteilten »So spricht der Herr«. Feministische Theologie ähnelt nicht dem »Mir geschehe, wie Du gesagt hast« (Lk 1,38), das Maria auf Gottes Wort hin sagte, ganz im Gegenteil. Feministische Theologie will ernstgenommen sein als das Unternehmen einer »Kulturrevolution«.[59] Mit »Gott-Vater, Sohn und Co.« wird auch die Mutter Gottes entlassen. Sie wird entlassen oder umgedeutet. Solche Umdeutung ist nicht völlig neu. »Maria als geheime Göttin des Christentums«[60] – dieser Verdacht wurde schon öfter ausgesprochen. Eine vergöttlichte Maria mag ins Konzept feministischer Theologie passen, keinesfalls aber die biblische Maria, die sagte: »Siehe, ich bin des Herrn Magd« (Lk 1,38).

2. Maria in der feministischen Theologie

Feministische Theologie als das neueste und ungeschminkteste Beispiel des menschheitsalten Unternehmens, ein Bild Gottes nach den eigenen Bedürfnissen und Wünschen zu gestalten, entscheidet, was aus der biblischen und außerbiblischen Tradition für diesen Zweck brauchbar ist und was nicht. Frau Balz-Cochois erklärt z.B. das biblische Bild des Ehebundes für das Verhältnis Gottes zu seinem Volk[1] für »unbrauchbar«[2], obwohl sie erkennt: »Gewiß ist hier auch der Mann, ist die ganze Männergesellschaft, ›ein Weib vor Gott‹«[3]. Eine religiöse Unterbewertung der Frau gegenüber dem Mann ist in diesem Bildgebrauch zugegebenermaßen gerade nicht ausgedrückt. Aber darin wird, Männer und Frauen in gleicher Weise betreffend, »das Gefühl und Faktum der ›schlechthinnigen Abhängigkeit‹[4] des Menschen, wird wesenhafte, unumkehrbare Unterlegenheit signalisiert«[5]. Und das darf nicht sein! Hier zeigt sich, daß es feministischer Theologie im Grunde nicht um die Korrektur möglicher Einseitigkeiten in der Bibelauslegung geht, die kulturell bedingt sein können, sondern um ein grundlegendes Umdeuten dessen, was christlicher Glaube ist, man kann wohl sagen: Um eine andere Religion. Darin geht die feministische Theologie mit aller männlichen Theologie der Befreiung, sofern sie eine Befreiung von Gottesherrschaft meint[6], Hand in Hand. Es geht nicht um spezifisch weibliche Anliegen, sondern um eine emanzipatorische Neubestimmung des Verhältnisses zu Gott.

Opposition gegen das herkömmliche Marien-Bild

Es ergibt sich die Frage, wie wohl die feministische Theologie mit Maria, der Mutter Jesu, verfährt, die in einigen Schriften des Neuen Testamentes und im Credo[7] erwähnt ist? Meinrad Walter berichtet in einem Aufsatz über »Das Marienbild in der feministischen Theologie«[8], daß »feministische Theologinnen gegen das herkömmliche Marienbild« »opponieren«; »die traditionellen Pfade und Pilgerwege zu Maria erscheinen ihnen nicht mehr gangbar, schon gar nicht für Frauen.«[9]

Dies ist ein zusammenfassender Satz, der nicht alle feministischen Theologinnen über einen Kamm scheren, sondern nur eine allen gemeinsame, für das Unternehmen feministischer Theologie kennzeichnende Tendenz andeuten will. Selbstverständlich kommt auch Walter, wie alle Berichterstatter über das ›weite Feld‹ feministischer Theologie, zu dem Ergebnis: »Über *Maria* gibt es in der feministischen Theologie verschiedene Ansichten.«[10] Derartige Mitteilungen pflegen beschwichtigend zu wirken: Einzelaussagen muß man also nicht überbewerten; es lassen sich auch mildere Sätze zitieren; sie schleifen sich gegenseitig ab. Wenn man alles nebeneinander hält, bleibt nichts spitz und anstößig. Diese Beschwichtigungsmethode – das sei hier nebenbei bemerkt – lähmt die Auseinandersetzung und läßt, was allenfalls ›Wahrheit‹ heißen könnte, im Nebel verschwimmen. Wir folgen ihr nicht. Auch Walter will mit diesem Satz nicht beschwichtigen, sondern klären, daß eine Tendenz aufzuzeigen noch nicht bedeutet, undifferenziert zu urteilen.

Feministische Theologinnen »opponieren« gegen das herkömmliche Marien-Bild, tun dies aber auf »verschiedene« Weise: »Einige Feministinnen lehnen Maria als inspirierende Identifikationsfigur ab«[11]. Das heißt: Maria ist als »Identifikationsfigur« entlassen. Der Begriff »Identifikationsfigur« meint, was man früher als ›Vorbild‹ bezeichnete. ›Exemplum‹ sagt die Confessio Augustana[12]: Die Heiligen können und sollen den Gläubigen als Vorbilder dienen. Ein Vorbild gibt ein Beispiel, dem man nacheifert. Es stellt gleichsam eine Figur dar, mit der man sich identifizieren möchte. Wenn für Frauen Männer als Vorbilder nicht in Frage kommen, also weder Abraham noch die Apostel (obwohl die Beziehung zu Identifikationsfiguren tatsächlich vielschichtiger ist, als hier angenommen wird), dann möchte man meinen, die biblischen Frauen-Gestalten würden für gläubige Frauen ideale Identifikationsfiguren darstellen. Aber feministische Frauen finden bei Maria nichts Inspirierendes. Maria spielt in ihrer Theologie keine Rolle. Sie ist für sie theologisch ohne Bedeutung.

Catharina Halkes zeigt Verständnis für die feministischen Theologinnen, die Maria als Identifikationsfigur ablehnen.[13] Sie gibt Gründe an, warum sie selbst sich dafür entscheidet, sich »weiterhin mit dieser Gestalt zu befassen«[14]. Es sind die folgenden: 1) Die historische Maria soll »von dem Bild« befreit werden, »das man sich von ihr gemacht hat«[15]. In »einem tiefen Gefühl der Solidarität oder der Schwesternschaft« erkennt Frau Halkes: »sie verlangt nach Befreiung von den *Projektionen, die eine männliche Priesterhierarchie an sie geheftet hat.*« 2) Frauen sollen befreit werden »*von noch herrschenden Marienbildern,* welche auf Frauen beengend wirken.« 3) Man darf männliche Theologen, denen natürlich die weibliche Erfahrung fehlt, nicht einfach über Maria und das Weibliche schreiben lassen, als könnten ihre Erkenntnisse zureichend sein. 4) Da feministische Theologie »ökumenisch« ist, muß sie daran arbeiten, den in der Mariologie liegenden ökumenischen »Stein des Anstoßes« aus dem Weg zu räumen. 5) Es muß aufgedeckt werden, daß »die Kirche« in ihrer ambivalenten Haltung zur weiblichen Sexualität »aus *Maria ein unmögliches Modell*« gemacht hat, »*das gegen Frauen ausgespielt* wurde«. – Der erste Gesichtspunkt ist sozusagen ein auf feministische (also ›parteiliche‹) Art historisch-kritischer, während der zweite ein feministisch-seelsorgerlicher, der dritte ein psychologischer, der vierte ein ökumenischer und der fünfte ein sexual-emanzipatorischer ist. Eine positive Bedeutung der Mariologie kommt dabei nicht in Sicht, sondern nur die Aufgabe der Korrektur von Fehlentwicklungen. Gemeinsam mit Rosemary Radford Ruether befindet sich Frau Halkes auf der Suche nach einer »liberation-mariology«, einer »Befreiungsmariologie«[16]. Denn damit käme »ein Brocken Dynamit in das schwer befestigte Kirchengebäude hinein, und zwar an eine Stelle, an der sich bisher ein traditionelles Heiligenbild befunden hat«[17]. Aber auch dies ist ein unverkennbar destruktives Bild.

Die Frage nach einer »anderen Maria«

»Viele aber halten Ausschau nach einer ›anderen Maria‹.«[18] Sie versuchen, den biblischen und außerbiblischen Aussagen über die Mutter Jesu andere Aspekte abzugewinnen als die herkömmlich hervorgehobenen. »Weil sie mit der gehorsam-demütigen Magd Maria ebenso Schwierigkeiten haben wie mit der ihnen fern erscheinenden Himmelskönigin oder jungfräulichen Mutter, haben sie andere Züge an ihr entdeckt.«[19] Da weder das biblische Marien-Bild, noch das der katholischen Volksfrömmigkeit und ihres dogmatischen Überbaus ihren Ansprüchen genügt, entwerfen sie ein neues Bild.

Als gemeinsames Anliegen aller feministischen Mariologie hebt Meinrad Walter nur das Formale hervor, »ein *neues Marienbild* aufzuzeigen«[20]. Gemeinsam ist also nur die Abgrenzung gegenüber der biblischen und kirchlichen Überlieferung; diese ist aber immerhin nach seinem Überblick allen Entwürfen gemeinsam, so sehr sie auch im Inhaltlichen differieren. Die Kennzeichen dieser anderen Maria sind auf den ersten Blick widersprüchlich. »Was es gibt, ist eine schillernde Vielfalt von Entwürfen, deren Marienbilder zunächst einmal von Nähe und Vertrautheit geprägt sind. Gesucht wird eine Maria zum Anfassen, eine konkrete Frau, eine von uns; eine Frau, die nicht irgendwo oben schwebt, weit weg und entrückt, sondern unten bei den Einfachen, denen sie auch in der Normalität des Alltags etwas zu sagen hat.«[21] Wenn diese Beschreibung zureichend wäre, könnte man an eine Rückkehr zum biblischen Marien-Bild denken, also gewissermaßen an ein protestantisches Marien-Verständnis, das alle in der Tradition hinzugewachsenen Elemente heidnischer Mutterreligiosität abstreift und die biblischen Andeutungen zu dem Bild einer gewöhnlichen, »begnadeten«[22] Frau, eines Menschen unter Gottes Gnade, also zu Unseresgleichen ergänzt, – ergänzt, indem es einfach das Alltägliche dazu denkt. Aber das ist nicht gemeint.

Die feministische Mariologie zeichnet Maria nicht als normale Frau, sondern als Feministin. Dorothee Sölle erklärte: »Maria ist eine Sympathisantin.«[23] Das feministische »Gegenbild«[24] ist das einer kämpferischen Maria. Wenn überhaupt, kann es höchstens in dem bei Lukas überlieferten Psalm, dem Magnificat[25], einen biblischen Anhalt finden. Das Magnificat besingt jedoch nicht die Erhebung der Erniedrigten als umstürzlerischen Akt, wie eine mehr oder weniger bewußt atheistische Auslegung den Text zu verwenden beliebt, sondern es bekennt, daß *Gott* die Machthaber stürzt und die Niedrigen erhebt. Dieses Lied der Befreiung klang anders als die Lieder der Befreiungsbewegungen, die sich heute darauf berufen. Aber Dorothee Sölle nahm Maria als Sympathisantin für heutige Befreiungsbewegungen in Anspruch. »Die kleine Madonna, die einst das Lied von der Befreiung gesungen hat, ist nicht aus Gips und Plastik. Sie ist sehr lebendig. Lebendig in der Geschichte aller Unterdrückten, lebendig in der Geschichte der Frauen.«[26] Maria wird in eine Widerständlerin und Kämpferin umkostümiert, die sich zu helfen weiß und weder auf Gott-Vater, noch ihren Sohn angewiesen ist. »Ich bin – wie viele Christen in den Befreiungsbewegungen – nicht bereit«, erklärte Frau Sölle, »Maria den anderen zu überlassen. Mir scheint der Ratschlag, Maria und die Religion so schnell wie möglich zu vergessen, zu rasch und zu simpel. Auch heutige Befreiungsbewegungen brauchen Schutz- und Vorbilder.«[27] Maria als Vorbild, aber nicht für das, wofür sie aufgrund der biblischen Andeutungen und des Glaubensbekenntnisses laut Confessio Augustana, Art. 21[28], als vorbildlich gelten kann, sondern als Vorbild für das, wozu man sie – als »Sympathisantin« – gewinnen möchte, obwohl sie, soweit man weiß, damit nichts zu tun hatte. Meinrad Walter stellt fest: »Feministische Theologinnen blicken kritisch auf die Vergangenheit der kirchlichen Marienverehrung. Sie attackieren nicht nur« – gleichsam ›protestantisch‹ – »deren Auswüchse, sondern deren Grundgedanken. Das kirchliche Marienbild ist für sie ein *männliches Wunschbild.*«[29] Rosemary Radford Ruether behauptet: Die Mariologie »ist dafür benutzt worden, bestimmte, in unserer Kultur vorherrschende Motive auszudrücken, die der Aufrechterhaltung der traditionell unterlegenen Position von Frauen in einer patriarchalischen Gesellschaft dienen«[30]. Während also die herkömmliche Mariologie der »Repression« diente, soll die neue, feministische Mariologie der Emanzipation der Frauen dienen. »Die kulturell vorherrschende Mariologie hat das Bild des Weiblichen als Prinzip passiver Empfänglichkeit gegenüber der transzendenten Aktivität männlicher Götter ... verherrlicht.«[31] Die Sprache ist verräterisch: Sie spricht von ›Göttern‹, wo dezidiert nur »der Herr, der Gott Israels«, gelobt wurde.[32] Im Widerspruch zum Ersten Gebot wird Gott zum Artgenossen der Götter vergleichgültigt und nur hinsichtlich einer gesellschaftlichen Mißbrauchbarkeit gewürdigt. Die biblische Maria erscheint in ihrer Rolle als »des Herrn Magd« wie eine Komplizin dieser Männer-Götter. Eine ›andere Maria‹ muß an ihre Stelle treten. Die feministische Theologie will »*zu Maria selbst* vordringen«[33]. ›Maria selbst‹ wäre demnach eine Frau, die nicht mehr gegenüber männlichen Göttern empfänglich ist, eine selbständige Frau ›jenseits von Gottvater, Sohn und Co.‹, also nicht die ›Mutter-Gottes‹, nicht die Mutter Jesu, sondern ›sie selbst‹. »Maria wird uns immer als ein ›Beziehungswesen‹ ... dargeboten«, klagt Catharina Halkes.[34] »Maria steht nie für sich selbst, sondern ist immer ein Verweis auf etwas anderes oder auf jemand anderen.«[35] Sie verweist auf Christus. Ihre ›Seele erhebt den Herrn‹. Aber in dieser Funktion ist sie für den Feminismus ungeeignet. »Darum nun die Frage: Wer ist Maria selbst?«[36]

Die Neu-Deutung der Jungfräulichkeit

Als eine Antwort auf diese Frage, die von ferne der aufklärerischen Frage nach dem ›historischen Jesus‹ ähnelt, den man sich, befreit von aller dogmatischen Entstellung, nur als aufgeklärten Religions-Lehrer, also als ›Sympathisanten‹ der eigenen Bestrebungen vorstellen konnte, – als eine Antwort wird eine Neudeutung ihrer Jungfräulichkeit angeführt. Die Vorstellung der Jungfrauen-Geburt hat zunächst eine christologische Bedeutung. Sie unterstreicht den Glauben, daß Jesus Gottes Sohn ist. »Wenn wir den Satz des Apostolischen Glaubensbekenntnisses ernst und wörtlich nehmen: ›Geboren aus Maria, der Jungfrau‹«, stellte Hans Urs von Balthasar fest, dann ergibt sich: »Dieser Satz enthält eine christologische Wahrheit, nämlich, daß Jesus Christus in einem mit allen übrigen Menschen unvergleichbaren Verhältnis zu seinem göttlichen Vater stand; er nennt ihn mit dem Kinderwort ›Abba‹, ›Väterchen‹, und es ist einfach undenkbar, daß er dieses Wort zuerst und vollgültig zu einem Menschen (namens Josef) gesprochen und erst nachträglich (oder gar gleichzeitig?) auf seinen himmlischen Vater übertragen hätte. Wäre dies der Fall, so wäre die zweite Anrede bestenfalls in der Art zu verstehen, wie alle übrigen Menschen sich außer ihren Eltern auch dem Schöpfergott zu verdanken haben. Aber niemals wäre daraus jenes einmalige Gottverhältnis Jesu ableitbar, das ihn in seinen Worten und in seinem ganzen Verhalten auszeichnet und woran er zuletzt (durch Kreuz und Auferstehung und Verleihung des Heiligen Geistes) aus reiner Gnade die Menschen teilnehmen läßt – als an seinem persönlichen Privileg.«[37] An solcher ›ernsten und wörtlichen‹ Auffassung der Aussagen des Credo sind feministische Theologinnen aber weniger interessiert. Ein »Privileg« Jesu paßt nicht in ihr Konzept. Also verneinen manche von ihnen nicht nur die wörtliche Bedeutung der Jungfrauschaft, sondern vor allem auch die christologische Funktion dieses Glaubenssatzes. Im Gegensatz zu der wörtlichen Bedeutung schlagen viele feministische Theologinnen eine »nicht-biologische«, symbolische Auslegung vor.[38]

Meinrad Walter führt ein Beispiel an: »Die Jungfräulichkeit Marias ist für Hildegunde Wöller nicht eine Aussage über Christus, sondern eine Aussage über Maria und über die Möglichkeiten der Frau insgesamt.«[39] Hier kommt ›Maria selbst‹ als Beispiel einer selbständigen Frau in Sicht. Hildegunde Wöller schreibt: »Wonach ich mich sehne, ist die Maria, die aus dem patriarchalen Gefängnis befreit ist und von uns Frauen als Jungfrau im ursprünglichen Sinn wiederentdeckt wird.«[40] Die Frage richtet sich nicht auf das, was der Fall war oder was Gottes Wort sagt. Was zählt, ist vielmehr das, wonach eine Frau sich sehnt. Wunsch-Träume sollen ›wahr werden‹. Auf einen strengen Wahrheits-Begriff wird verzichtet. Nicht, was Gott einmalig getan hat, interessiert die feministische Theologie, sondern was jeder Frau möglich ist. Die Jungfrauen-Geburt kann dann natürlich kein Wunder sein, sondern in ihr drückt sich eine Haltung aus, die jede Frau einnehmen kann, wenn sie nur will. Jungfräulichkeit wird als »politische Haltung« interpretiert. Maria soll nach Frau Wöller »nicht die Puppe männlicher Phantasien und Dogmen« sein, »sondern die freie, ihres weiblichen Wertes bewußte Jungfrau«.[41] Sie ist erwünscht als »Maria, die ansingt gegen diejenigen, die sich Herren und Väter nennen auf Erden, und ihren Sturz ankündigt«. Frau Wöller gibt ihr noch eine Chance: »Sie kann für uns Frauen zu einem Symbol werden, das von Gehorsam und Untertänigkeit befreit.«[42] Maria hätte eigentlich aufschreien müssen: ›Ich bin *nicht* des Herrn Magd! Das kommt überhaupt nicht in Frage!‹ Kann man das Drehbuch nicht umschreiben, wunschgemäß? Vielleicht hat ja Lukas selbst falsch berichtet, und man muß ›wieder entdecken‹, was Maria wirklich gemeint hat. – »Nur«, lehrt Frau Wöller, »wenn wir jungfräulich rein werden von Ideologien und Vorurteilen gegen uns Frauen, werden wir empfänglich für den Heiligen Geist. Jungfräulichkeit ist keine biologische, sondern eine seelisch-geistige und dann auch politische Haltung.«[43] In dieser psychologisierenden und politisierenden Allegorese bleibt kein Begriff bei seiner ursprünglichen Bedeutung. Wie auch bei manchen Beispielen männlicher Exegese aus alter und neuer Zeit, drängt sich der Eindruck der Willkürlichkeit auf. Maria darf jedenfalls nicht ›die alte‹ bleiben. Sie muß sich verändern, um ›brauchbar‹ zu werden. In feministischer ›Dichtung‹ wird sie ›umerzogen‹. An anderer Stelle schreibt Frau Wöller: »In Maria wurde der uralte matriarchale Glaube lebendig, nach welchem die Frau durch göttlichen Geist statt durch den Mann fruchtbar wird.«[44] Während der Begriff »uralt« nur unpräzise ist, stellt die Behauptung, in Maria wäre ein uralter »Glaube lebendig geworden«, den biblischen Bericht, auf den allein Mariologie aufbauen kann, auf den Kopf.[45] Ein denkbarer Standpunkt archaischer Unaufgeklärtheit wird theologisch überhöht und ohne Anhaltspunkt in den Texten auf die biblischen Andeutungen der Geburt Jesu ›aus der Jungfrau Maria‹ bezogen, bzw. auf die unbiblische Theorie einer immerwährenden Jungfrauschaft Mariens. Daß Menschen durch den göttlichen Geist ›fruchtbar‹ werden, ist wahr. Aber die ›Früchte des Geistes‹ reifen in einer anderen Sphäre als Leibesfrucht. Daß »die Frau durch den göttlichen Geist statt durch den Mann fruchtbar« werde, ist ein ungereimter Gedanke. »Die Frau«, sagt Frau Wöller, »ist demnach unmittelbar zu Gott«. Damit engt sie auf Frauen ein, was ohne Ansehen des Geschlechtes für alle Gotteskinder gilt. »Sie bedarf des Mannes nicht, um ganz zu sein«[46], was umgekehrt auch der Mann von sich sagen kann und was nichts anderes als eine Umschreibung des Ideals der Jungfräulichkeit ist, wie es von zahlreichen Männern und Frauen in der Tradition monastischen Lebens verwirklicht worden ist.

Die ›andere Maria‹, die feministische Mariologie ins Leben rufen möchte, ist also eine selbständige, ungebundene Frau, die auf niemanden angewiesen ist, vor allem auf keinen Mann, aber auch auf keinen Gott, kurz: »eine der Ihrigen«.[47]

Maria als »Göttin«

Daneben wird aber in feministischer Mariologie ein anderes, anscheinend gegensätzliches Marien-Bild gezeichnet. Meinrad Walter sieht darin »das Widersprüchliche des neuen Marienbildes«.[48] »Es gibt im Feminismus auch die in die Nähe des Göttlichen gerückte Maria, z.B. die ... ›geheime Göttin‹ des Christentums in der Sicht Christa Mulacks.«[49] Konnte im ersten Fall bei oberflächlicher Betrachtung der Anschein entstehen, als wolle feministische Theologie ein schlichtes, menschliches, gewissermaßen ›protestantisches‹, die kargen Angaben der Evangelien sachgemäß ausmalendes Marien-Bild entwerfen, was sich als Täuschung erwies, so könnte hier der Eindruck naheliegen, als würde die römisch-katholische Marien-Verherrlichung weiter entwickelt. Aber auch dieser Schein trügt, zumindest was die offizielle katholische Mariologie betrifft. Zutreffend stellt Walter fest: »In dieser Sicht ist nicht die Bibel der letztgültige Bezugspunkt der Theologie«[50], woran die römisch-katholische Theologie grundsätzlich und theoretisch immer festgehalten hat, »sondern die nichtbiblischen Quellen der christlichen Marienfrömmigkeit«, auf die – wie herkömmlich die protestantische Kritik, nur mit umgekehrter Bewertung – jetzt Eugen Drewermann nachdrücklich hinweist. »Die scheinbare ›Grundlosigkeit‹ der Mariologie« erweist sich tatsächlich als ihre im religionswissenschaftlichen Horizont mit Hilfe einer Psychologie des Unbewußten kenntlich werdende Ableitbarkeit aus menschlichen Bedürfnissen.[51] »Diese Quellen«, referiert Walter, »reichen« angeblich »weit zurück hinter die christlich-biblische Vorstellung von einem Vatergott«, in der »die feministische Theologie ja den theologischen Sündenfall schlechthin« sieht.[52]

»Feministinnen bemühen sich auch um eine Neuinterpretation der überlieferten Mariendogmen: jungfräuliche Geburt, Gottesmutterschaft, unbefleckte Empfängnis, leibliche Aufnahme in den Himmel. Für Christa Mulack[53] enthalten diese Dogmen eine uralte weibliche Symbolik, die aus sogenannten ›heidnischen‹ Mutterreligionen ins Christentum gekommen ist.«[54]

Protestantische Kritik an der die biblischen Andeutungen weit hinter sich lassenden römisch-katholischen Dogmenentwicklung hat dies häufig als Verdacht ausgesprochen und den synkretistischen Charakter der römischen Mariologie aufzudecken versucht.[55] Bisher galt es auch in der römisch-katholischen Theologie als Pflicht, diesen Verdacht zu entkräften und den Nachweis zu führen, daß die Marienverehrung nicht aus einer Vermischung biblischer Überlieferung mit heidnischen Mutterkulten entstanden, sondern aus den biblischen Andeutungen folgerichtig herausentwickelt worden sei. Als Christ schämte man sich gewissermaßen des Heidnischen. Die heidnischen Einflüsse waren zwar wirksam, aber man wollte sie nicht zugeben, zumindest bekannte die Kirche sich nicht dazu, berief sich nicht darauf. Das ist das Neue an der feministischen Theologie, daß sie diese Scham verloren hat. Sie widersteht den Propheten und Aposteln, die ja Männer waren, ins Angesicht. Sie sucht ungeniert ein anderes Fundament, als den ›Grund der Apostel und Propheten‹[56]. Ganz im Gegensatz zu reformatorischen Bestrebungen, die die christliche Überlieferung von heidnischen Elementen zu reinigen und sie ausschließlich auf die Bibel zurückzuführen bestrebt waren, erklärt Frau Mulack die heidnischen Elemente für das eigentlich Wertvolle, das von biblischen Zusätzen zu reinigen sei. »Im Blick auf Maria sollen Frauen diese Symbole wieder für sich entdecken und beispielsweise den anti-patriarchalischen, den gegen die Männerherrschaft gerichteten Sinn der Jungfräulichkeit Marias erkennen.«[57] Die historischen und naturwissenschaftlichen Probleme, mit denen sich die männlichen (und weiblichen) Theologen bisher abmühten, scheinen nicht mehr zu bestehen. Ob etwas ›wirklich geschehen‹ ist, ob Gott ›so gehandelt‹ hat, ist nicht mehr die Frage, sondern – auf der Linie der männlich-emanzipatorischen, revolutionsbegründenden Interpretationsweise Ernst Blochs – die Entdeckung eines möglicherweise subversiven Gehalts von Mythen und Symbolen. Nicht auf das Handeln Gottes kommt es an, sondern auf eine Inspiration zur »subversio«, zum Umsturz des Bestehenden. Religion ist nützlich, insoweit sie zum Umsturz der ›Männerherrschaft‹ anzuregen in der Lage ist. »Christa Mulack meint, daß gerade diese religionsgeschichtliche Neuauslegung Marias dazu beiträgt, daß Frauen sich ihr eigenes religiöses Erbe neu aneignen.«[58] Die religionsgeschichtliche Neuauslegung entdeckt also christianisierte Symbole heidnischen Ursprungs in der christlichen Tradition und legt diese frei, indem sie die christianisierende Verfremdung abträgt. Dabei kommt das ›eigene religiöse Erbe‹ der Frauen zum Vorschein. Damit ist gesagt, daß das ›eigene religiöse Erbe‹ der Frauen das Heidnische sei. Das Christliche, Biblische sei ihnen fremd. Es sei Ausdruck einer Männer-Religion, und die herkömmliche Mariologie so etwas wie ›Opium der Frauen‹. Im Interesse der Frauen muß das Heidnische wieder freigelegt werden.

Die auf den ersten Blick ins Auge fallende Gegensätzlichkeit dieser beiden Typen feministischer Mariologie schrumpft bei näherem Zusehen. Die selbständige Frau, die sich aus der Bindung an Gott-Vater und Sohn ebenso emanzipiert hat, wie aus der an Männer überhaupt, und die ›geheime Göttin‹ haben eines gemeinsam: Sie sind nicht abhängig von Gott, nicht auf ihn angewiesen, bedürfen seiner nicht. Feministische Mariologie macht aus Maria eine emanzipierte Frau, die nie mehr sagen würde: »Ich bin des Herrn Magd« (Lk 1,38), oder: »Er hat die Niedrigkeit seiner Magd angesehen« (Lk 1,48). Diesen Satz streicht ihr der feministische Rotstift auch aus dem sonst gepriesenen Magnificat. Und wer nicht abhängig ist, sondern sich unabhängig gemacht hat, kann vielleicht auch als ebenbürtig gelten.

Die Ablösung der »Christolatrie«

Für Mary Daly erscheint ihre Namenspatronin nicht als weibliches Vorbild, sondern als »das christliche Symbol für die Vergewaltigung der Göttin durch die Männerherrschaft«. Sie ist »das Symbol für die Niederlage einer weiblich anstatt männlich orientierten Gesellschaft«.[59] Man möchte daher erwarten, daß sie einen Feminismus ohne Mariologie vertreten würde. Von der römischen Mariologie, von der sie Abstand nimmt, verspricht sie sich wenig; noch weniger aber von der protestantischen Mariologie-Kritik. Was aller feministischen Theologie gemeinsam ist: das Bewerten nach dem Kriterium der Benutzbarkeit im Kampf gegen die Vorherrschaft der Männer, wird bei ihr auf die Spitze getrieben. Dabei erweist sich auch, daß die konsequente Anwendung dieses Kriteriums für die Theologie tödlich ist. ›Feministische Theologie‹ ist, wie gesagt, ein Widerspruch in sich, wie im Grunde jede Theologie, die durch ein vorgesetztes Adjektiv[60] oder einen nachfolgenden Genitiv[61] kenntlich macht, daß sie Gott auf ein bestimmtes Ziel oder einen vorausgesetzten Wert hin relativiert und zugunsten dieses übergeordneten Anliegens funktionalisiert. Biblischer Glaube bekennt: Gott ist der allmächtige, souveräne Gott, der »Herr«, oder er ist nicht Gott. Theologie bekennt Ihn, oder sie hört auf, Theologie zu sein. Mary Dalys Feminismus kann endgültig nicht mehr als christliche Theologie angesehen werden. Sie agitiert »Jenseits von Gott-Vater, Sohn und Co.«[62] Hier wird kein Anspruch mehr erhoben, den biblischen Gott besser zu verstehen und herauszuarbeiten, was Jesus eigentlich meinte, die ursprüngliche Bibel, wie sie vor einer denkbaren patriarchalen Überarbeitung lautete, wiederzuentdecken und die Kirche zu reformieren. Das alles hat Mary Daly hinter sich gelassen. Dennoch übergeht sie das Kapitel »Mariologie« nicht. Auch für sie besteht die Religion aus »Symbolen«, deren Entstehung Feuerbach »richtig« beschrieben habe.[63] »Sie sind in erster Linie menschliche Projektionen.«[64] Auch Christus und Maria sind zu Symbolen geworden. »Psychologische Akrobatik« hat sie zustandegebracht. Mit dem historischen Jesus haben sie »wenig zu tun. Noch weniger . . .mit der historischen Gestalt der Maria, der Mutter Jesu.« Aber das ist nicht entscheidend. Was ist ihr an diesen historischen Gestalten gelegen! Aber »für fünfzig Prozent der menschlichen Rasse, deren Schicksal Maria teilte«, wirken sich diese Symbole »verheerend« aus. Hatte schon Ludwig Feuerbach das »Wesen des Christentums« in der Art einer ›Psycho-Pathologie‹[65] beschrieben, so sieht Frau Daly ihre Aufgabe darin, das »gespaltene Ich« zu »heilen«, »was bedeutet, daß die Idole zerbrochen werden müssen«[66].

In ihrem mariologischen Kapitel weist Frau Daly darauf hin, daß die entwickelte Mariologie des Katholizismus der Frau als religiöses Ideal das Bild der »Nonne« anbot, während die Unterentwicklung der Mariologie im Protestantismus ihr nur das Ideal der »Pfarrfrau« offenhielt.[67] »Und dies ist sicherlich kaum ein befreiendes Leitbild gewesen.«[68] »Die protestantische Auslöschung des Jungfrauideals« habe »auf praktischer Ebene« dazu geführt, »die ›Rolle der Frau‹ ausschließlich auf die der Ehefrau und Mutter zu reduzieren und sie in den Grenzen der patriarchalen Familie zu domestizieren«[69], was natürlich als tiefste Erniedrigung beklagt wird. Die katholischen Nonnen dagegen »wurden in begrenzter Hinsicht« immerhin »der männlichen Vorherrschaft entzogen«; »in Klöster eingesperrt«, konnten sie sich teilweise geistig unabhängig machen.[70]

Für die Mariendogmen interessiert sich Mary Daly, weil sie den Eindruck hat, daß sie »ein zweischneidiges Schwert« seien, »trotz der eindeutigen Absichten« der Männer.[71] »Der manchmal gottähnliche Status Mariens (der natürlich offiziell vom römischen Katholizismus immer abgeleugnet wird) mag, wie Simone de Beauvoir meint, ein Überbleibsel des uralten Bildes einer Muttergottheit sein, die im Christentum als ›Mutter Gottes‹ in Ketten gelegt und untergeordnet wurde. Wenn es aber ein übriggebliebenes Bild ist, so kann es ebensogut ein voraussagendes sein.«[72] Nun schickt sich auch Frau Daly an, das Symbol der Jungfräulichkeit Mariens aus seinem christologischen Zusammenhang zu lösen.[73] Aus dem Zusammenhang genommen, kann es »aber etwas ganz anderes aussagen«: »Die Frau, die man als eine Jungfrau beschreibt, wird nicht ausschließlich durch ihre Beziehung zu Männern bestimmt.« »Aus dem Zusammenhang der Christolatrie befreit, sagt ›das Symbol der Jungfräulichkeit‹ etwas über die weibliche Autonomie aus.«[74] Das zu Überwindende am Christentum ist nach Mary Daly neben dem Gottesbegriff die »Christolatrie«, die Christusverehrung. Was dann übrig bleibt, ist ein Steinbruch religionsgeschichtlich herleitbarer und zweckmäßig zu verwendender Symbole. »Abgesehen von der Frage der sexuellen Beziehungen zu Männern kann das Jungfrauensymbol als eine Botschaft der *Unabhängigkeit* verstanden werden. Wenn dieser Aspekt des Symbols aus dem patriarchalen Rahmen herausgelöst wird, kann die ›jungfräuliche Mutter‹ etwas über weibliche Autonomie innerhalb sexistischer und elterlicher Beziehungen aussagen.«[75] Mariologie ist für die Feministin Daly also insoweit interessant, als sie sich aus dem Zusammenhang mit der Gotteslehre (Theologie) und der Christologie herauslösen läßt. Dabei ist sie nicht an ›Maria selbst‹, d.h. einer angenommenen ›historischen Maria‹, die nur eine Leidensgenossin unterdrückter Frauen sein konnte, interessiert, sondern an Relikten matriarchalen Heidentums, die von der Kirche vereinnahmt werden. Sie spricht von den »Neben-Absichten« der Mariendogmen.[76] Das Dogma der Unbefleckten Empfängnis[77] etwa könnte – »gesondert betrachtet«[78], »als *freies Symbol*«[79], »aus dem Zusammenhang der Christolatrie befreit«[80] – aussagen, »daß die Frau, wenn sie als frei von der ›Erbsünde‹ betrachtet wird, nicht durch den Mann ›erlöst‹ zu werden braucht.«[81] Eine – in diesem Falle unbiblische, noch von Thomas von Aquin bestrittene[82] – Einzelaussage wird aus dem Zusammenhang, der als ganzer bekämpft wird, herausgelöst, der ursprünglichen Beziehung auf etwas geschichtlich Einmaliges, das durch Gottes gnädiges Eingreifen zustande kam, entnommen und verallgemeinert. Das Dogma wollte sagen, daß *Maria* exzeptionell von Erbsünde befreit wurde; Daly übernimmt daraus die Idee, »*die Frau*« sei frei davon. Die Theorie der Unbefleckten Empfängnis Mariens schien, so fürchtete Thomas von Aquin, zu besagen, daß Maria nicht der Erlösung durch *Christus* bedürfte; Daly entnimmt daraus, daß »*die Frau*« nicht »*durch den Mann*« erlöst zu werden braucht. Von allem einzelnen abgesehen, ist die Absage an eine Erlösung durch heilsgeschichtliches Handeln Gottes ein durchgängiges Kennzeichen dieser Art von ›Theologie‹. An ihre Stelle treten Anweisungen zur Selbsterlösung, die sich jedoch nicht auf das Heil in ewiger Gemeinschaft mit Gott, sondern auf eine Verbesserung der gesellschaftlichen Position beziehen. In dieser – mehr oder weniger deutlich zum Ausdruck kommenden, aber im Ansatz vorgegebenen – Tendenz wirkt feministische Theologie auf die Auslöschung des christlichen Glaubens hin. Sie setzt dazu an, die Kirche zu überwinden – Mary Daly verdeutlicht: »die Christolatrie« –, und gleicht darin den ›Pforten der Unterwelt‹, von denen Jesus voraussagte, daß sie seine auf das Petrusbekenntnis (also in Dalys Sprache: die »Christolatrie«) gegründete Kirche nicht überwinden werden (Mt 16,18).

Im Blick auf volkstümliche Marienverehrung und das Dogma von Mariä Himmelfahrt[83] mokiert sich Frau Daly über moderne katholische Theologen: »Das verlegene Zögern moderner katholischer Denker, die Tatsache und Bedeutung der ›marianischen Exzesse‹ ins Auge zu fassen – besonders in einer protestantischen oder ›ökumenischen‹ Umgebung –, zeugt nicht gerade von einem großen Fortschritt an Mut und Einsicht. Tatsächlich läuft es auf ein Versagen hinaus, sich einem äußerst wichtigen Phänomen zu stellen; dessen Verständnis höchst bedrohlich für die Christolatrie wäre, da es auf eine entfernte Vergangenheit hinweist, die diese Religion niemals ganz zerstören konnte, und auf eine Zukunft, die vielleicht Zeuge ihres Todes und ihres Begräbnisses sein wird.«[84] Den nächsten Abschnitt dieses Kapitels überschreibt Frau Daly: »Maria und die Große Mutter.«[85]

Was Mary Daly an den späten Marien-Dogmen interessiert, sind die darin verarbeiteten heidnischen Relikte, aus denen sie eine neue Religion »Jenseits von Gottvater, Sohn und Co.« entwickeln möchte, die erklärtermaßen antichristlich sein soll. »In ihrem tiefsten Wesen sucht die Frauenbewegung, da sie über die Christolatrie hinausdrängt, tatsächlich nach dem ursprünglichen, allgegenwärtigen und zukünftigen Antichrist.«[86] »Der Antichrist und das Zweite Kommen der Frauen«, sagt sie, sind »synonym«.[87] Die Wiederkehr der Großen Göttin, das Matriarchat, preist sie als die kommende Erlösung der Menschheit. Dann kann »vielleicht« sogar Jesus »wenn er nicht mehr zu der Rolle des ›Erlösers‹ verdammt ist«, »als ein freier Mensch erkannt werden.«[88] Das »bedeutet«, daß »die prophetische Dimension im Symbol der Großen Göttin – die später auf die ›Mutter Gottes‹ reduziert wurde –«, m.a.W., das, was man aus isolierten Elementen der Mariologie in feministischer Perspektive ›machen‹ kann, »der Schlüssel ist für die Erlösung aus der Knechtschaft von Strukturen, welche die Entfaltung des menschlichen Seins verhindert haben«.[89] Hätte somit Maria Elemente heidnischer Mutterkulte an sich gezogen und dadurch in der Geschichte des Christentums aufbewahrt, könnte sie, von einem zielstrebigen Feminismus neu (und diesmal allein) inthronisiert, zum Antichrist werden, d.h. der Gottes- und Christusherrschaft ein Ende machen – wenn Gott nicht wäre.

3. Parteinahme im Machtkampf dieser Welt

Die theologische Behandlung der Frauen-Frage scheint zu zeigen, daß Theologie und kirchliches Leben im Begriff sind, sich zu verlieren: Sie kommen von ihrem Thema ab. Was die Welt bewegt, bewegt auch sie. Aus jeweils aktuellen Fragen entwickelt sich eine neue Theologie, und zwar eine durch Genitive oder Adjektive in Gefangenschaft geführte, für fremde, nämlich weltliche Zwecke instrumentalisierte Theologie.

Mann oder Frau – ist das die Frage?

Wer das Neue Testament kennt, wird verwundert fragen: Wie kann denn in der Gemeinde Jesu Christi die Frage ›Mann oder Frau‹ zum Angelpunkt des Denkens werden? Maskulin oder feminin – patriarchal oder matriarchal – kann denn diese Spannung sich in der christlichen Kirche zum Hauptproblem entwickeln, so daß sogar die Theologie, die Rede von Gott, dem Heiland, in eine maskuline und eine feminine Theologie auseinanderfällt? Würde nicht, wenn das geschähe, die Botschaft des Neuen Testamentes geradezu verleugnet? Nur wenn das Neue dessen, der ›alles neu‹ macht (Offb 21,5), nicht mehr als neu wahrgenommen, wenn vielmehr das Neue von zukünftigen Machenschaften des Menschen erwartet würde, könnten Fragen wie diese, in den Vordergrund drängen. Scheint nicht, wenn dies geschieht, der Glaube an Gottes Handeln als weltwendende Wirklichkeit zumindest abgelenkt und zerstreut, wenn nicht verlorengegangen zu sein?

In einem Interview über das Thema: »Laie oder nicht Laie . . .ist das die Frage?«[1], erinnert der italienische Theologe Luigi Giussani an das zentrale Thema des Christentums: »Was ist das Christentum anderes, als das Ereignis eines neuen Menschen, der von seiner Natur her ein neuer Protagonist auf der Szene der Welt wird?« Auch wenn die Frage ›Mann oder Frau‹ zum Hauptproblem erhoben wird, ist an dieses Ereignis zu erinnern, mit dem das Christentum steht oder fällt. Giussani betont, daß »nichts diese grundlegende Botschaft übersteigt«.[2]

Nicht erst überspitzte Einzelaussagen oder gewisse Abstrusitäten der feministischen Theologie müßten die Christen beunruhigen, sondern die weichenstellende Verschiebung der Aufmerksamkeit auf ein Nebenthema. Die Problematik dieses Nebenthemas ist überdies eine durch das »christliche Ereignis«, wie Giussani sich ausdrückt, überholte Problematik. Überholt ist sie in dem Sinne, daß die christliche Botschaft sie in einen umfassenderen Horizont rückt. Dieser umfassendere Horizont einer neuen Wirklichkeit ist das Wesentliche der christlichen Botschaft. Diese Botschaft zu bezeugen, ist der Daseinszweck der christlichen Kirche. Aber scheint sie nicht im Begriff zu sein, sich, statt diesen Daseinszweck zu erfüllen, in ein Forum des Austrags weltlicher Interessenkonflikte zurückzubilden? Klingen ihre Botschaften nicht so, als hätte sie das Ganze verloren und wäre daher ›parteilich‹ geworden?

»Die entscheidende Frage in der christlichen Wirklichkeit« ist nicht die Frage ›Mann oder Frau‹, »sondern das Ereignis einer ›neuen Kreatur‹, von der der Hl. Paulus spricht, oder ›Der Anfang einer neuen Schöpfung‹, wie es der Hl. Jakobus nennt, oder die ›neue Geburt‹, wie sie vom Hl. Johannes bezeichnet wird.«[3] Die entscheidende Frage ist, ob es diesen neuen Menschen gibt oder nicht. Wenn nicht, dann hätte das Christentum seine Botschaft zurückzunehmen. Das würde das Ende des Christentums bedeuten, auch wenn es sich als Institution noch lange überleben sollte. Es würde nicht länger lohnen, sich damit ernstlich zu befassen. Man könnte es begraben. »Die Totenglocke des Patriarchats«[4] könnte auch sein Begräbnis begleiten. Wenn es diesen neuen Menschen aber gibt, dann sind die Streit- und Rangfragen der Welt gegenstandslos. Elisabeth Moltmann-Wendel erklärt zwar, die entscheidende Frage sei, ob »die Kirchen« »bereit« sind, »Frauen« »Recht und *Macht* zu geben«[5], wobei sie das Wort »Macht« betont; es ist aber daran zu erinnern, daß Jesus seinen Jüngern sagte, als sie die Macht-Frage stellten: »Bei euch soll es nicht so sein« (Mk 10,43). Die Macht-Frage ist zwar eine anhaltende Frage der Welt, aber in der Gemeinde Jesu ist sie überholt. Denn »das christliche Faktum«, wie Giussani formuliert[6], ist die Realität des neuen Menschen. Die Frage ist, ob dieser »neue Protagonist« in der Kirche seine Rolle spielt, oder ob er abgetreten ist, bzw. ob er sich zurückentwickelt und wieder eingefügt hat in die Rivalitäten der unerlösten ›alten‹ Welt. »Diesem neuen Menschen können verschiedene Aufgaben und Funktionen anvertraut werden«, sagt Giussani, »aber das ist im Grunde genommen ein sekundäres Problem«.[7] Auch das ist ein sekundäres Problem, daß dieser neue Mensch Mann oder Frau, schwarz oder weiß, Jude oder Grieche ist (Gal 3,28). Sekundär sind diese Fragen, weil »das Christentum« primär »in nichts anderem als in der Bezeugung Jesu Christi«[8] besteht.

Macht-Kampf als neues Koordinaten-System?

Dies muß betont werden, weil soeben ein Neu-›Christentum‹ aufzukommen im Begriff ist, das ausgerechnet diese Bezeugung Jesu Christi als etwas nach seinen Maßstäben Problematisches, Zweifelhaftes und Korrekturbedürftiges ansieht. Das, worin das Christentum besteht, soll neu definiert werden, und zwar entsprechend den Anliegen eines Teils der Christenheit, der sich gegen einen anderen auflehnt. Diese Auflehnung erfolgt in einer Fragestellung, die der Jünger-Frage ähnelt: »Wer ist der Größte im Reich Gottes?« (Mt 18,1; vgl. Lk 22,24), auf die Jesus eine unmißverständliche Antwort gab. Der Kampf um Patriarchat oder Matriarchat, ein Machtkampf also, scheint das Koordinatensystem bilden zu sollen, in das die christliche Botschaft, neu gelesen, einzuzeichnen wäre. Aber das Thema der christlichen Botschaft ist das Wunder der ›neuen Schöpfung‹, nicht die Parteinahme im Kampf um Männer- oder Frauenrechte (bzw. im Befreiungskampf der Rassen und Klassen). Dieses neue Thema, nämlich die »Bezeugung Jesu Christi«, enthält freilich auch die Lösung für diese Streitfragen. Eben deshalb aber ist es geboten, nicht in diesen Streitfragen, wie ›die Welt‹ es tut, Partei zu nehmen, sondern unbeirrt, »zur Zeit und zur Unzeit« (2 Tim 4,2), Christus zu bezeugen, in dem ›das Alte vergangen und Neues entstanden‹ ist (2 Kor 5,17). Die Theologie muß nicht ›feministische Theologie‹ (oder ›Theologie der Armen‹ usw.), sondern in voller Konzentration ›christliche Theologie‹ sein. Vordergründige Aktualisierungen lassen die christliche Botschaft als unwesentlich erscheinen. Das Christentum bringt dann nicht mehr wirklich ein Erneuerungspotential in die Welt, sondern verbraucht sich im Einsatz für vergängliche Anliegen.

Wenn nicht die Bezeugung Jesu Christi als des Erlösers aus den Machtkämpfen der Welt im Mittelpunkt des theologischen Nachdenkens steht, sondern die Überwindung des Anstößigen seiner Männlichkeit, dann wird das Neue der Christus-Botschaft, biblisch gesprochen, in das ›Alte‹ der unerlösten Welt zurückverwandelt. Der ›alte Mensch‹ will nun als Frau die Führung übernehmen. Das mag zu Umschwüngen führen, wie Regierungswechsel ›Wenden‹ mit sich bringen und Revolutionen Änderungen bewirken können. Aber diese Neuerungen sind, mit dem ›Neuen‹ verglichen, von dem die christliche Botschaft handelt, nur Spielarten des ›Alten‹. Das ist daran zu erkennen, daß die Wirkungen des »Fleisches« unausrottbar bleiben: Korruption, Eitelkeit und Streitsucht kehren immer wieder. »Feindschaft, Hader, Eifersucht, Zorn, Zank, Zwietracht, Spaltungen« und vieles andere, vor allem aber »Götzendienst«, sind nach Paulus »Werke des Fleisches« (Gal 5,19-21). Das ›Neue‹ dagegen wäre die »Frucht des Geistes«. Sie besteht in »Liebe, Freude, Friede, Geduld, Freundlichkeit, Gütigkeit, Glaube, Sanftmut, Keuschheit« (V. 22). Diese wurde und wird in der patriarchalen Kirche zwar gepredigt, aber in der Praxis von Männern und Frauen verleugnet, in der feministischen Theologie dagegen werden manche dieser Tugenden ausdrücklich abgewertet; die kämpferische Frauenbewegung will von »Geduld« und »Sanftmut« nichts hören – Mary Daly schreit auf: »Wir rasen und wüten!«[9] –, weil sie darin nicht ›in Christus‹ eine ›Frucht des Geistes‹, sondern im Geschlechterkampf eine Frauen-Unterdrückungs-Ethik der Männer wahrnimmt. Paulus erklärte: »Welche Christus Jesus angehören, die haben ihr Fleisch gekreuzigt samt den Lüsten und Begierden« (Gal 5,24). Gegen diese Zumutung bäumt sich die feministische Befreiungsbewegung geradezu auf. Nicht sich zu ›kreuzigen‹, sondern »sich aufzurichten«, inspiriert die »Heilige Geistin«, die einer naturhaft-›fleischlichen‹ Lebenskraft eher gleicht, als dem Geist Jesu Christi, eine »Kraft, die Frauen heute aufleben läßt gegen patriarchale Strukturen.«[10]

Spiritualität statt »Theo-phantasie«

Ist der Feminismus nicht im Begriff, ruckartig auszujäten, was bereits der Patriarchalismus zunehmend verkümmern ließ, nämlich die Erkenntnis, daß Gott der Schöpfer ist –, und nicht eine ›Kreation‹ der von menschlichen Bedürfnissen gesteuerten Phantasie? Zwanzig Jahre nach Karl Barths Verstummen herrscht ein Geschrei, als hätte er nicht mit prophetischer Deutlichkeit das Christliche aus allerlei religionsgeschichtlichen, psychologischen und soziologischen Relativierungen in sein Eigenes zurückgebracht. Statt »neben die *Theologie*« »die *Theophantasie*« zu setzen und statt den »eigenen Phantasien mehr« zu »trauen als der Tradition«[11], käme es darauf an, erneut zu lernen, was es bedeutet: »Der Herr ist unser Gott, der Herr allein. Du sollst den Herrn, deinen Gott, liebhaben von ganzem Herzen, von ganzer Seele und mit aller deiner Kraft« (5 Mose 6,4-5), was nach Jesus »das vornehmste und größte Gebot« ist (Mt 22,38). Es käme darauf an, daß die Bindung an den lebendigen Gott gelebte Überzeugung würde, die sich im tätigen und erleidenden Leben entfaltet. Es geht um Spiritualität. Aber darunter dürfte nicht ein Kostüm-Verleih exotischer Ausdrucksformen verstanden werden, sondern eine ›Verinnerlichung‹, eine Umkehr in die Wahrheit des Ersten Gebotes, in ein Liebhaben Gottes »von ganzem Herzen, von ganzer Seele und ganzem Gemüte« (Mt 22,37).

Insofern könnte Mariologie eine aktuelle Bedeutung gewinnen. Sie könnte die Theologie aus einer Verirrung zurückrufen und die divergierenden Tendenzen im kirchlichen Leben wieder zum Wesentlichen versammeln. Eine Meditation über die lukanische Skizze Marias als Beispiel gelebten Glaubens und vertrauender Einwilligung in Gottes Schöpfertum könnte ein wichtiges Korrektiv sein für eine Theologie, die in der Gefahr steht, sich in wechselnden Parteinahmen zu verlieren. Maria ist als Frau ein Muster-Beispiel des Glaubens. Nicht Gott ist weiblich (er ist auch nicht männlich), aber die Hälfte der Menschheit ist weiblich. Sie antwortet auf Gottes Anrede mit weiblicher Stimme. Maria, die Mutter Jesu, ist, wie Maria Magdalena ›und die andere Maria‹ (Mt 28,1), Salome und wie sie alle heißen, Repräsentantin der einen Hälfte der Menschheit, wie Paulus, Petrus und die übrigen die andere Hälfte repräsentieren. Für beide kann die Antwort auf die Frage: »Was soll ich tun, daß ich gerettet werde?« nur völlig gleichlautend sein: »Glaube an den Herrn Jesus!« (Apg 16,30-31). »In Christus Jesus« sind sie »allzumal einer« (Gal 3,28).

Wiedergeburt als Überwindung der Deformation

Was das Christsein ausmacht, ist die Tatsache der »neuen Geburt«. Im 1. Petrusbrief ist diese Botschaft in Form eines Lobpreises klassisch zusammengefaßt: »Gelobt sei Gott, der Vater unseres Herrn Jesus Christus, der uns nach seiner großen Barmherzigkeit wiedergeboren hat zu einer lebendigen Hoffnung durch die Auferstehung Jesu Christi von den Toten« (1,3). Frauen, die sich nicht durch Reizworte wie »Vater« und »Herr« (– seltsam genug, daß solche Begriffe zu Reizworten werden konnten –) vorschnell auf die Barrikaden treiben lassen, werden bemerken, daß Gott hier, menschlich gesprochen, der Zeugende und die Gebärende in einem ist, also Vater und Mutter, männlich und weiblich zugleich. Der biblische Gott ist jedoch nicht als die phantastische Konstruktion eines Zwitterwesens entstanden (bzw. von einer »Theo-phantasie« ausgedacht worden), sondern er hat sich als der die Geschlechterdifferenz und alles Geschöpfliche Übersteigende, Transzendente, offenbart. Der 1. Petrusbrief gebraucht an dieser Stelle das Wort »*gennao*«, das sowohl »zeugen« als auch »gebären« bedeuten kann. Die entscheidende Botschaft besteht aber darin, daß er diesem Wort, insofern es Gottes Wirken beschreibt, eine Vorsilbe anfügt: Dem Wort *»gennao«* ist ein *»ana« vorgeschaltet, und »anagennao«* bezeichnet die Wiedergeburt.

»Beide – Männer und Frauen – sind deformiert, wenn auch auf unterschiedliche Weise«, bekennt Frau Moltmann-Wendel.[12] Aber das gilt in einem tieferen Sinne, als sie in diesem Zusammenhang zugeben will. Wenn ihr Ehemann einen Ansatz zur Heilung darin sieht, daß »wir« »unsicher« werden »in den *Rollen der Männlichkeit,* die uns anerzogen wurden«, daß wir »umlernen« und »aus dem Männerkodex ausbrechen« müssen[13], dann bewegt sich diese Erneuerung auf der Ebene einer Verhaltensänderung. Ein neuer ›Kodex‹ müßte an die Stelle des alten treten. Es würde genügen, sich in veränderte Rollen einzuleben. Das ist möglich. Wer als Mensch geboren ist, ist grundsätzlich lernfähig und vermag sich, wenn auch unter Schwierigkeiten, veränderten Situationen anzupassen.

Die Bibel aber benennt mit dem Wort »Sünde« eine wesentlich tiefer gehende Deformation. Diese wurde nicht nur »anerzogen«, ist also auch nicht durch ein Umlernen zu beheben. Sie ist vielmehr gewissermaßen angeboren (Ps 51,7). Damit ein »als Sünder« geborener Mensch ›entsündigt‹ werden kann (V. 9), muß Gott ihm »ein reines Herz« und einen »neuen . . .Geist« geben (V. 12). D.h. aus dem Sünder muß ein neuer Mensch werden. Es genügt nicht, mit Hilfe der durch die Geburt gegebenen Fähigkeiten ›umzulernen‹, sondern man muß »von neuem geboren« werden (Joh 3,3). Davon handelt die christliche Botschaft. In dieser Hinsicht ist das Mann- oder Frau-Sein, das in anderen Zusammenhängen bedeutungsvoll unterschieden ist, kaum beachtlich. Es kommt darauf an, ein ›neuer Mensch‹ zu sein.

Männer und Frauen wandeln in patriarchalen und matriarchalen Gesellschaften nach Gottes Urteil gleichermaßen ›in einem alten Leben‹. Der ›alte Mensch‹ ist nicht nach natürlichen, z.B. geschlechtlichen oder kulturellen Unterschieden charakterisiert (vgl. Röm 3,23), sondern durch eine bestimmte Art seines Verhältnisses zu Gott: daß dieses nämlich gestört, entfremdet und unterbrochen ist. Hinzu kommt, daß auch der Umgang mit anderen Menschen gestört ist, was in moralischen Begriffen ausgedrückt wird. Eine Neigung zur Gottlosigkeit sowie »Werke des Fleisches« (Gal 5,19-21) sind Männern und Frauen gleichermaßen nachzusagen. Und nun geht es darum, daß dieser ›alte Mensch‹ begraben wird, daß also die »Werke des Fleisches« aufhören, und daß die »Frucht des Geistes« (Gal 5,22) an ihrer Stelle reift. Die »Frucht des Geistes« ist weder spezifisch männlich, noch spezifisch weiblich. Daher ist das Mann- oder Frau-Sein in dieser Hinsicht irrelevant. »Ihr seid alle Gottes Kinder durch den Glauben an Jesus Christus« (Gal 3,26). Denn alle, die »auf Christus getauft sind, die haben Christus angezogen« (V. 27). Sie sind also ›in Christus‹, und in Christus sind sie ›neue Kreatur‹ (vgl. 2 Kor 5,17). »Wißt ihr nicht«, fragte Paulus die getauften Christen in Rom, »daß alle, die wir in Jesus Christus getauft sind, die sind in seinen Tod getauft? So sind wir ja mit ihm begraben durch die Taufe in den Tod, damit, gleichwie Christus ist auferweckt von den Toten durch die Herrlichkeit des Vaters, also sollen auch wir in einem neuen Leben wandeln« (Röm 6,3-4). In diesem Zusammenhang spielen die Volkszugehörigkeit und Kulturstufe, die soziale Stellung oder das Geschlecht keine Rolle. »Hier ist nicht Jude noch Grieche, hier ist nicht Sklave noch Freier, hier ist nicht Mann noch Frau; denn ihr seid alle *einer* in Christus Jesus« (Gal 3,28).

Eine »feministische« oder maskuline Theologie, eine »Theologie der Armen« oder Reichen, eine »schwarze« oder weiße Theologie würde also einen Rückfall hinter dieses Eins-Sein in Christus darstellen. In einem ungeistlichen und verweltlichten Christentum ist freilich dieses ›Neue‹ kaum noch erfahrbar. Wo aber die Erfahrung der ›neuen Kreatur‹ fehlt, wird man die Aussagen der Bibel auf Spannungen in der Erfahrung des ›Alten‹ beziehen. Christsein heißt, wiedergeboren sein (Joh 3,3). Wo aber ›Christsein‹ so verstanden und gelebt wird, als hieße es das nicht, kann es nur ›lebensnah‹ werden, wenn es auf die Frontverläufe innerhalb der ›alten‹ Welt bezogen wird. Daß sie die Frontlinien verwechseln müssen, ist das Schicksal aller durch Genitive oder Adjektive ans Diesseitige und Menschenmögliche verhafteten Theologien. Dann verwandelt sich Gott in einen National-, Klassen- oder Rassen-Gott – oder eben in eine Frau. Und Christus wird entgegen allem historischen Wissen als Arier, Befreiungskämpfer oder Schwarzer ausgegeben, und im besten Falle wundert man sich nur, daß er »keine Frau war«.[14] Aber nicht indem Gott-Vater zur Ergänzung eine Göttin-Mutter an die Seite gedichtet wird, nicht indem man das Gebet Jesu mitunter auch als »Mutterunser« spricht, werden die Probleme, die das Herrisch-Sein der Männer und die Unterwürfigkeit der Frauen – oder auch umgekehrt – aufwerfen, gelöst, sondern indem Männer und Frauen in Christus neue Menschen werden, in deren Verhalten die »Frucht des Geistes« (Gal 5,22) zum Vorschein kommt, woran sich zeigt, daß sie »alle einer« sind »in Christus Jesus«.

Auferstehung als Metapher oder Wirklichkeit?

»Durch die Auferstehung Jesu Christi von den Toten« sind wir »wiedergeboren«, behauptet der 1. Petrusbrief (1,3). Das Neu-Sein ist eine Wirkung der Auferstehung von den Toten. Die Gewissensfrage lautet: Glaubst du an die Auferstehung der Toten? Wenn »Auferstehung« zu einem mythologischen Ausdruck für etwas, das im Bereich des ›Alten‹ als möglich erscheint, umgedeutet wird, ist das ›Neue‹ verloren. Wo »Auferstehung« zur Chiffre für Aufstand, Selbstverwirklichung, Befreiung und Sieg verblaßt, ist der »neue Protagonist auf der Szene der Welt«[15] abgetreten und alle Hoffnungen, die man auf ihn setzen konnte, sind erloschen. Wenn zu einer »Auferstehungsbewegung«[16] als etwas Menschenmöglichem aufgerufen wird, mag an der Oberfläche manches in Bewegung kommen, aber im Grunde bleibt alles beim alten. Dann ist der »Glaube nichtig«, dann »seid ihr noch in euren Sünden« (1 Kor 15,17).

Die Entmythologisierungsfrage[17], so scheint mir, ist nicht zu Ende diskutiert worden. Eines Tages wurde sie beiseitegeschoben. Man begann in faszinierenden Klängen von »Auferstehung« zu sprechen, als ob sich damit kein Problem verbände. Die berauschende Sprache, die Poesie der Revolution wogte über die Pedanterie der historisch-kritisch arbeitenden Exegeten hinweg[18]. Die neue Sprache war zwar nicht verantwortet, aber sie war hinreißend. Allzu leicht täuschte sie darüber hinweg, daß die Entmythologisierungsfrage keine Lösung gefunden hatte. Was ist mit dem Wort »Auferstehung« gemeint? Diese Frage kann nicht offengelassen werden. Die Auseinandersetzung zwischen Karl Barth und Rudolf Bultmann über dieses Thema[19] verlangt nach einer Entscheidung. Aber eines Tages wurden beide Antworten zur Seite geschoben, und das Wort »Auferstehung« glänzte als Metapher. Glauben wir an die Auferstehung als Metapher? Dann ist sie ein übertreibender Ausdruck für Mögliches. Es ist ›möglich‹, daß die Unterdrückten sich erheben und die Beengten sich befreien. Für solche Vorgänge ist »Auferstehung« ein zu großes Wort. Das »Prinzip Hoffnung«[20] hat alles auf eine Linie gezeichnet, vom Tagtraum bis zur Apokalypse.[21] Das hat die Sprache verdorben. Man weiß nicht mehr, was mit den Wörtern gemeint ist. Es ist zwar reizvoll, mit Mehrdeutigkeiten zu spielen. Und durch ein Auswechseln der Bedeutungen wurden mythologische Aussagen wieder verwendbar in einer entmythologisierenden Zeit. Aber welche Folgen hat es, wenn man der Entscheidung aus dem Weg geht, ob man glaubt, Gott erwecke Tote auf oder nicht? Ist, wenn man diesen Glauben bekennt, nur gemeint, daß Niedergeschlagene wieder munter werden, daß Mythen mitreißende Kraft beweisen, daß Erhebungen Unterdrückter gelingen können und in der Menschenseele Potenzen stecken, von denen man nur träumen kann? Welche Bedeutung hat der Satz des Credos: »Geboren aus der Jungfrau Maria« nun wirklich? Die Frage ist: Glaube ich an Gott, den Allmächtigen, der rettend in das Weltgeschehen eingreift, oder glaube ich an eine Kraft der Evolution, die forcierbare und voranzutreibende Entwicklungen in Aussicht stellt?

Wenn sie von dem Faktum der neuen Schöpfung in Christus absieht, kann eine feministische, wie jede andere in vergleichbarer Weise durch ein Adjektiv limitierte Theologie nur zu einer Korrektur des Christentums in wesentlichen Teilen seiner Botschaft und Lebenswirklichkeit, ja zu einer Umwandlung des Evangeliums in eine Ideologie der alten Welt, nämlich in eine Kampflehre, führen. Die Frage ist nicht, ob einige krause und verletzte Blätter von einem ansonsten wohlgeratenen Gewächs zu entfernen seien, sondern ob hier nicht Dornsträucher zu wuchern beginnen, welche die Saat des Reiches Gottes ersticken (Mk 4,18).

4. Die Quellen der neuen Religion

Obwohl Feministinnen eine »zeitweilige« »Absonderung« für nötig halten, um »ihre Erfahrungs- und Denkprozesse ordnen« und »ihre Pläne und Strategien entwickeln« zu können, obwohl sie also gelegentlich in ihren Versammlungen Männer nicht zulassen wollen, empfindet Catharina J.M. Halkes doch »das Bedürfnis nach einem Dialog«, zunächst freilich nur »mit anderen Befreiungstheologen.«[1]

Das Material- und das Formal-Prinzip der Theologie

Sobald der Dialog beginnt, muß man sich aber darüber verständigen, über welche Inhalte man sprechen will, was also als Gegenstand der Theologie gelten soll, und aus welchen Quellen man die Erkenntnis schöpfen, auch an welcher Norm man die Aussagen messen will. Herkömmlich spricht man z.B. von einem Materialprinzip und einem Formalprinzip reformatorischer Theologie.[2] Als Materialprinzip gibt man die Rechtfertigungslehre an: Jede einzelne theologische Aussage muß zumindest mit ihr verträglich sein, bzw. sollte sie bezeugen.[3] In formaler Hinsicht war für den Protestantismus das Schriftprinzip gültig: Alleinige Regel und Richtschnur aller Glaubens-Aussagen ist die Heilige Schrift.[4] Für die Mariologie ergibt sich nach Walter Schöpsdau aus dem Materialprinzip der »Grundsatz«, »daß die Gestalt Marias kein selbständiges religiöses Interesse beanspruchen kann«[5], bzw. die Ablehnung »einer soteriologischen Aufladung der Mariengestalt«[6]. Das Formalprinzip hat zur Folge, »daß mariologische Aussagen an die biblisch-historische Basis gebunden sein müssen«[7]. Im Blick auf den erwünschten Dialog ist also zu fragen, ob es z.B. zwischen einer den Bekenntnissen der Reformation entsprechenden Theologie und einer feministischen Theologie zu einer Verständigung über das Material- und das Formalprinzip kommen kann.

In seiner berühmten Auslegung des 51. Psalms hat Luther 1538 das Materialprinzip der Theologie in großer Deutlichkeit formuliert: »Der eigentliche Gegenstand (subjectum), mit dem die Theologie zu tun hat, ist der Mensch, welcher der Sünde schuldig und verloren ist, und Gott, der da gerecht macht und der Heiland der sündigen Menschen ist.«[8] Gegenstand der Theologie ist also der Mensch, insofern er vor Gott schuldig und verloren ist, und insofern Gott ihn gerecht macht und erlöst. D.h. Gegenstand der Theologie ist nicht der Mensch, insofern er gegenüber anderen Menschen auf seine Rechte pocht und sich in der Welt behauptet. Gegenstand der Theologie ist mit anderen Worten Christus, der ›gekommen ist, die Sünder selig zu machen‹ (Mt 18,11), bzw. der Mensch, der ›in Christus eine neue Kreatur‹ wird (2 Kor 5,17).

Als »Objekt der feministischen Theologie« gibt Frau Halkes dagegen »die Glaubenserfahrung aufständischer Frauen« an.[9] Als Gegenstand feministischer Theologie gilt also nicht in erster Linie die Botschaft, daß Gott in Christus Sünder begnadigt, bzw. ›die Welt mit sich selber versöhnt‹ (2 Kor 5,19), sondern die Erfahrung von Frauen, die sich gegen ihre gesellschaftliche Unterdrückung erheben. »Die feministische Theologie wird auf die Erfahrung heutiger Frauen und auf ihre Praxis reflektieren müssen.«[10] Also nicht, was Gott in Christus bewirkt hat, steht im Vordergrund der theologischen Reflexion, sondern die Praxis der Frauen, ihr eigenes Tun. Und was nun das Formalprinzip betrifft, so spielt nach Frau Halkes »die eigene Existenz« »eine hermeneutisch-kritische Rolle«.[11] »Es geht hier also darum, daß die feministische Theologie ein empfängliches, kritisches und konfrontierendes (in dieser Reihenfolge!) Gespräch aufnimmt mit den Texten der Heiligen Schrift und dadurch berechtigt wird zur Auswahl zwischen den patriarchalen, kulturbestätigenden Texten ... und den Texten, in denen das befreiende Handeln Gottes auch im Hinblick auf die Menschwerdung von Frauen gnädig durchbricht.«[12] Die Heilige Schrift ist demnach nicht Quelle und Norm feministischer Theologie, sondern ihr Gesprächspartner. Nicht die Heilige Schrift stellt das Kriterium zur Beurteilung der Erfahrungen dar, sondern die »Glaubenserfahrung aufständischer Frauen« ist das Kriterium, nach dem in der Heiligen Schrift zwischen brauchbaren und unbrauchbaren Texten unterschieden wird. Hatten die Reformatoren die Bibel auf den Thron gesetzt, damit alle Theologie sich vor ihr verantworten müsse, so haben inzwischen aufständische Frauen den Thron eingenommen, und die Bibel muß sich vor ihnen rechtfertigen, was nur teilweise gelingt. Frauen treffen die Auswahl, was noch gelten soll, und was nicht mehr gelten darf. Die Erfahrung der Frauen und das sich daraus ergebende Urteilsvermögen sind also der Bibel übergeordnet. In der Tat spricht Frau Halkes von dem »Offenbarungscharakter« der »Frauen-Befreiungsbewegung«[13] und sieht darin ein heilsgeschichtliches Ereignis.[14] Erneut dient die Erfahrung einer Bewegung als Offenbarungsquelle und als normative Instanz einer Theologie.

Die Bibel »gegen die Absicht« der patriarchalistischen Redaktion lesen

Als beliebte Hilfskonstruktion, die auch anderweitig gebräuchlich ist, dient der Gedanke, die Bibel würde eigentlich anders lauten, wenn nicht eine »patriarchalistische« Redaktion sie entstellt hätte. Man versucht, das Redaktionelle wieder abzustreifen und das Ursprüngliche herauszuarbeiten. Sachkritisch wird das ›Unechte‹ vom ›Echten‹ geschieden wie die Spreu vom Weizen. Oder man versucht, wie Jürgen Moltmann auf die Klagen seiner Frau hin empfiehlt, die Tradition »gegen ihre Absicht – ›von unten‹« zu lesen.[15] Denn, so klagt Frau Moltmann-Wendel, wir stoßen »immer an die Barriere unserer christlichen Tradition«: »unsere Glaubenszeugnisse stammen aus einer patriarchalisch redigierten Bibel, an der offensichtlich keine Frau beteiligt war.«[16] Hier wird also unterstellt, Männer hätten bei der Redaktion der heiligen Schriften bewußt die Anliegen der Frauen, die eigentlich darin hätten Raum finden können, unterdrückt. Hätten Frauen in der Redaktion mitwirken können, so wäre die Bibel anders geraten.

Auch das Marien-Bild ist patriarchalisch entstellt. Der Feminismus sieht in der traditionellen Mariologie »typische, vom Männlichen her entworfene (›androzentrische‹) Konstruktionen, die auf einem Bild des Weiblichen basieren, das soziologisch durch Unterordnung, Einwilligung, Entsagung und tiefenpsychologisch durch Verdrängungen und Projektionen gekennzeichnet ist.«[17] Nachdem nun die Frauen begonnen haben, sich selbst zu entdecken, müssen diese androzentrischen Konstruktionen abgebrochen werden. Die patriarchalische Redaktion der Bibel muß durch eine feministische nachträglich entkräftet werden. Der erste Schritt dazu – falls eine »Auswahl«, wie Frau Halkes sie treffen will[18], zu wenig ›hergibt‹ – ist die Methode, die Texte »von unten« zu lesen, wie Frau Balz-Cochois es im Blick auf Gomer tat.[19] D.h. die Texte werden »gegen ihre Absicht« gelesen: Das Gegenteil dessen, was sie sagen wollen, wird herausgelesen; die Auslegerin tritt für das ein, was die Texte bekämpfen. Hosea hat Gomer unterdrückt und als ›Hurenweib‹ geschmäht. Jetzt soll Gomer endlich rehabilitiert werden. Aber es handelt sich natürlich nicht nur um autoritäre Männer und benachteiligte Frauen. Das Prophetenbuch spricht von Jahwe, der durch sein Erstes Gebot andere Götter, und darunter eben auch Göttinnen, unterdrückt. Wenn man diese Texte »von unten«, also »gegen ihre Absicht« liest, ergibt sich, wie gezeigt, eine Parteinahme für die Göttinnen und gegen Jahwe. Der Verdacht einer entstellenden patriarchalischen Redaktion bezieht sich nicht nur auf Nebensächlichkeiten. Auch nicht nur eine bedauerliche Geringschätzung der Frauen ist ihr anzulasten. Vielmehr wird die Aussage, daß ›der Herr (Jahwe) Gott‹ sei – und keiner/keine neben ihm – als patriarchalische Deutung in Frage gestellt. Die Lektüre »von unten« deutet die zentralen Aussagen der Bibel »gegen ihre Absicht«. Im mildesten Falle strebt sie eine »Synthese« an wie Frau Balz-Cochois, d.h. sie wählt die Lösung des Synkretismus. Radikalere Feministinnen, wie Mary Daly, versuchen, Jahwe auszutreiben und durch die Große Mutter-Göttin zu ersetzen, wie Christus durch den Antichrist. Den radikaleren und weniger radikalen Entwürfen feministischer Theologie ist gemeinsam, daß sie einen Standpunkt sozusagen oberhalb der Bibel einnehmen und, von den Erfahrungen ihres Kampfes inspiriert, die Bibel mehr oder minder weitgehend korrigieren. Frau Moltmann-Wendel beklagt sich: »Wenn man noch näher hinsieht, dann ist die Tradition, aus der wir leben sollen, eine Fundgrube von Frauenfeindlichkeit.« »Nach einer Bibelstelle sollen *wir* selig werden durch Kinder-Kriegen, *ihr* aber durch Glauben. Wir sollen schweigen, ihr dürft reden. Wir haben euch verführt und zuerst gesündigt. Aber auch wenn man über diese biblischen Entgleisungen hinwegsieht: Es ist ein Leben aus zweiter Hand, Leben als Ergänzung zum Mann, Leben aus dem Geist und dem Wort, aber nicht aus der Einheit von Leib, Seele und Geist.«[20]

Phantasie gegen Tradition

Mit dem Material- und Formalprinzip evangelischer Theologie läßt sich die Thematik der feministischen Theologie und ihr Umgang mit der Bibel also nicht in Einklang bringen. Die evangelische Theologie ist gefragt, ob sie im Eingehen auf feministische Theologie ihr Material- und Formalprinzip zugleich aufzugeben willens ist, oder ob sie beides im Dialog verteidigt, der dann zur Konfrontation wird. Herr Moltmann räumt im Dialog mit seiner Frau ein, daß »die biblischen, christlichen und kirchlichen Traditionen« (was schon an sich eine höchst unevangelische Redeweise ist) »für die Befreiung der Frau« »nicht viel« hergeben, zumindest »auf den ersten Blick«.[21] Er empfiehlt dann die erwähnte Lektüre »von unten«. Frau Moltmann-Wendel aber erklärt, daß die Frauen »ihren eigenen Phantasien mehr trauen« wollen »als der Tradition« (wobei hier der Begriff »Tradition« auf römisch-katholische Weise immer die Bibel einschließt und sie mit gleichrangigem Außerbiblischem zusammenschließt und zusätzlich noch die schwärmerischen und häretischen

Traditionen einbezieht)[22]. D.h., die eigene Phantasie gilt als glaubwürdiger als die Heilige Schrift. Feministische Theologie erwächst in erster Linie aus weiblicher Phantasie, und beruft sich auch darauf; erst in zweiter Linie fragt sie nach Übereinstimmungen mit der christlichen Tradition, wobei die häretischen Richtungen, denen die Bibel und die kirchlichen Bekenntnisse widersprochen haben, den Vorzug genießen: »Können wir heute«, fragt Frau Moltmann-Wendel, »dem Geist wieder vertrauen?« Welchem Geist? »Dem Geist der Schwärmer, Spinner, Außenseiter, der Visionäre . . .?«[23] Ihr selber ist dies keine Frage. Es komme darauf an, meint sie, daß die Theologie »die Theo-phantasie« »ernst nimmt«. »Hier wird es darauf ankommen, daß Männer zuhören lernen und sich – wie Maria zu Jesu Füßen – zu den Füßen der Frauen setzen.«[24]

Es kann zweifellos geboten sein, daß Männer sich Frauen zu Füßen setzen, wofür es biblische und nachbiblische Beispiele gibt. Die feministische Fragestellung regt dazu an, sie besonders zu beachten; dies ist eines ihrer unbestreitbaren Verdienste. So saßen »der Priester Hilkija, Ahikam, Achbor, Schafan und Asaja« der Prophetin Hulda zu Füßen, zu der König Josia sie geschickt hatte, um zu erfragen, was zu tun sei, und sie antwortete: »So spricht der Herr«, und teilte Gottes Weisung mit (2 Kön 22,14ff). (Es spricht gegen die Wachsamkeit der angeblich so durchgreifenden patriarchalischen Redaktion der Bibel, daß sie an dieser entscheidenden Stelle der Geschichte Israels der Prophetin Hulda das Wort ließ und es nicht vielmehr einem Mann erteilte. Die gläubigen Männer hatten offenbar mehr Respekt vor dem, was Gott wirklich tat und sagte, als respektlose Frauen ihnen zutrauen.) Und Roger Garaudy verweist auf Katharina von Siena (gest. 1380), die im 14. Jahrhundert Päpste und Könige zurechtwies und die posthum von Paul VI. im Jahr 1970 offiziell in den Rang einer »Kirchenlehrerin« erhoben wurde[25].

Aber nicht weil beide ihre weibliche Phantasie spielen ließen, saßen ihnen die gläubigen Männer zu Füßen, sondern weil der Heilige Geist sie bevollmächtigt hatte, das Wort des Herrn zu sagen. Man kann nicht gleichsam zu Füßen Marias sitzen wollen und Jesu Reden nebenan unbeachtet lassen; aber es kann sehr wohl angebracht sein, zu Füßen Marias sitzend, zu erfahren, was sie von Jesus gehört hat. Wer auch immer es wiedergibt, es kommt darauf an, daß es das Wort des Herrn ist. Weder die Rationalismen der Männer, noch die Phantasien der Frauen (oder umgekehrt) sind für den Glauben maßgeblich, sondern Gottes Wort, das im Gewissen daran erkannt wird, daß es zur Erkenntnis der Sünde führt und zugleich damit zum Vertrauen auf den Erlöser, statt auf die eigene Praxis. Nach Luther »ist diese Erkenntnis der Sünde nicht ein Spiel mit Gedanken (speculatio) oder ein Gedanke, den der Geist sich erdichtet, sondern ein wirkliches Fühlen, eine wirkliche Erfahrung und ein schwerer Kampf des Herzens«.[26] »Wenn dies im Herzen so empfunden wird, dann muß der andere Teil der Erkenntnis folgen, der auch nicht in Gedanken (non speculativa), sondern ganz und gar in der Ausübung und in der Empfindung stehen muß, so daß der Mensch lerne und höre, was Gnade sei.« »Hier wird das niedergebeugte Herz wiederum aufgerichtet.«[27]

Theologie, die an diesem Vorgang vorbei- oder über ihn hinwegredet, ist im Sinne Luthers eigentlich keine ernst zu nehmende Theologie.

Die Bedeutung der Mariologie

Im Gegensatz zu jenen feministischen Theologinnen, die herkömmliche Mariologie für »erledigt« halten[28] oder das Bild einer ›anderen Maria‹ zu entwerfen suchen[29], aufgrund der Erfahrungen ihres Kampfes nämlich oder aus ihrer Phantasie, nicht aus der Schrift, wollen wir nach Maria, der Mutter des Herrn, fragen, wie die Bibel sie darstellt. Und wir wollen fragen, wie sich die biblischen Andeutungen auslegen lassen.

Ich glaube nicht, daß die Mariologie erledigt ist, schon gar nicht aus den Gründen, die feministische Theologie dafür angibt. Ich glaube aber auch nicht, daß sie unentbehrlich ist. Die Bibel kommt weitgehend ohne Marienfrömmigkeit aus. Wenn die Bibel maßgeblich ist, kann die Mariologie nicht Dogmen formulieren, die »de necessitate salutis« (heilsnotwendig) sind und für das christliche Glaubensbekenntnis eine wesentliche Bedeutung haben. Ich glaube, daß Marienfrömmigkeit entbehrlich ist: Man kann vollgültig Christ sein, ohne daß man sich mit Mariologie befaßt – wie beispielsweise der Apostel Paulus. Marienfrömmigkeit kann umgekehrt ein Anzeichen des Abfalls vom Christus-Glauben sein. Was heute manche Feministinnen schamlos fordern, ist in Exzessen marianischer Volksfrömmigkeit – und nicht nur Volksfrömmigkeit! – längst heimlich eingetreten: Die Verschmelzung der Mutter Gottes mit heidnischen Muttergottheiten. Maria hat wohl in Ephesus »den Platz der Göttin Artemis« eingenommen und dem angeblich »für die Menschen unverzichtbaren Mysterium der göttlichen Mutter Gestalt« verliehen.[30] Wer kann es Protestanten verdenken, wenn sie sich dabei an ›Götzendienst‹ erinnert fühlen? Aber auch der Ausfall einer Mariologie kann Indiz einer Verfälschung des Christentums sein, z.B. zu einer rationalistisch aktivistischen Morallehre. Gegen eine derartige Form von Christentum erhebt der Feminismus mit Recht Einspruch. Ein wenig schlagwortartig tut es Frau Moltmann-Wendel, wenn sie feststellt, »insbesondere in den letzten zweihundert Jahren« seien daraus »unheilvolle Verbindungen zum Kolonialismus und Rassismus, zum Kapitalismus und Sexismus hervorgegangen.«[31] In der protestantischen Theologie dieser Zeit kam Mariologie im wesentlichen nicht vor. Ich sehe darin einen Mangel. Die biblische Basis ist schmal. Aber andächtige Besinnung kann, statt gottlos phantastische Göttinnen zu erfinden, sich dichtend in die Menschen der Bibel versetzen. Aus Meditation und narrativer, erzählender Theologie erwuchs, was man über die biblischen Angaben hinaus von Maria zu wissen vorgab. Es war immer in Gefahr, sich loszulösen und ›heidnisch‹ zu werden. Wo man aber der Bibel nachsann, konnten in der Mariologie wesentliche Züge christlicher Frömmigkeit zum Ausdruck kommen.

II. Grundlage und Entwicklung der Mariologie

Keine Frau hat das Denken und die Phantasie der Männer (und Frauen) im sog. Patriarchalischen Zeitalter so intensiv und ausführlich beschäftigt wie Maria, die Mutter Jesu. Die Tatsache, daß eine Frau die männlich bestimmte, christlich geprägte Welt während zweier Jahrtausende so intensiv und seriös in Theologie und Kunst zu beschäftigen vermochte, müßte, so würde man erwarten, von vornherein bei feministisch gesinnten Frauen ein lebhaftes Interesse erwecken. In der Tat wird heute häufig ein ›mariologisches Defizit‹ im Protestantismus beklagt. Reinhard Frieling berichtet: »Gegenüber einer angeblichen Verkopfung besonders der evangelischen Theologie und Kirche soll die Marienfrömmigkeit die Sehnsucht nach mütterlicher Geborgenheit stillen.«[1] Auch der Papst hat versucht, mit seiner Enzyklika »Redemptoris Mater« (Die Mutter des Erlösers) die Frauenbewegung zu Maria hinzuführen und ihre Anliegen in kirchliche Bahnen zu lenken. Er wollte in diesem Lehrschreiben »hervorheben, daß die Gestalt Marias von Nazaret schon allein dadurch die *Frau als solche* ins Licht stellt, daß sich Gott im erhabenen Geschehen der Menschwerdung seines Sohnes dem freien und tätigen Dienst einer Frau anvertraut hat.«[2] Damit konnte er jedoch bei den Feministinnen keinen nachhaltigen Eindruck erzielen. Er hat aber durch die Enzyklika und die Ausrufung eines Marianischen Jahres 1987/8 immerhin erreicht, »daß Marias ›mütterliche Vermittlung‹ des Heils in Jesus Christus zu einem vorrangigen Thema des ökumenischen Dialogs geworden ist«.[3] Der Papst meinte, »die Frau« könne »durch den Blick auf Maria dort das Geheimnis« entdecken, »wie sie ihr Frausein würdig leben und ihre wahre Entfaltung bewirken kann«.[4] Die feministischen Frauen fanden jedoch, sie hätten dieses Geheimnis bereits in sich selber entdeckt und bedürften dazu keiner Rundschreiben eines Mannes. Was der Papst schrieb, erschien ihnen wieder als »typische, vom Männlichen her entworfene (›androzentrische‹)« Konstruktion.[5] Was als ›würdig‹ gelten und die ›wahre Entfaltung‹ sein soll, wollten sie nicht den Patriarchen von Rom definieren lassen. Die Enzyklika des Papstes bestätigte alle Vorurteile des Feminismus: »Im Lichte Marias erblickt die Kirche auf dem Antlitz der Frau den Glanz einer Schönheit, die die höchsten Gefühle widerspiegelt, deren das menschliche Herz fähig ist: die vorbehaltlose Hingabe der Liebe; eine Kraft, die höchste Schmerzen zu ertragen vermag; grenzenlose Treue und unermüdlicher Einsatz; die Fähigkeit, tiefe Einsichten mit Worten des Trostes und der Ermutigung zu verbinden.«[6] In den Augen der Feministinnen ist dies erneut das typisch androzentrische Bild des Weiblichen. Die Frauen-Bewegung war also nicht bereit, sich zur Marien-Verehrung bewegen zu lassen, weil die Anregung dazu von einem – typischen – Mann ausging. In der Tat haben sich vor allem Männer um die Marien-Verehrung verdient gemacht. Die großen Frauen in der christlichen Frömmigkeitsgeschichte entwickelten eher eine Jesus-Mystik. Bei Teresa von Avila sucht man vergebens marianische Texte, findet aber gewagte Liebeslieder, die an Jesus gerichtet sind.[7] Bekanntlich haben in der männlichen Marien-Frömmigkeit, ebenso wie in der weiblichen Jesus-Mystik, auch erotische Motive mitgespielt. Bernini[8] hat die Doppeldeutigkeit in seiner »Verzückung der Hl. Teresa« in der Capella Cornaro von S. Maria della Vittoria in Rom, einem der faszinierendsten Meisterwerke des Barock, zum Ausdruck gebracht.[9]

Wie ist das vom Papst in Übereinstimmung mit der Tradition der römisch-katholischen Kirche empfohlene, auch den getrennten Christen nahegelegte[10], von den Feministinnen aber zurückgewiesene Bild Mariens entstanden? Zum »größten Teil« stammt es, wie Robert Mahoney formuliert, »aus einem Zusammenspiel zwischen Liturgie, Kunst und Volksfrömmigkeit«, nur zum kleineren Teil aus der Theologie.[11] Dabei hat »nicht nur Maria das Bild der Frau in allen Epochen entscheidend mitgeprägt«, vielmehr hat umgekehrt auch das jeder Zeit und Gesellschaft eigene Bild der Frau »die stetig wachsende Kunst, Liturgie und Volksfrömmigkeit in bezug auf Maria« »stark beeinflußt.«[12] Es herrschte »eine gegenseitig sich stärkende Wechselwirkung«.[13]

Nun stellt sich die Frage nach dem Ursprung dieses intensiven und anhaltenden Handelns von Maria, der Mutter Jesu, in der christlich beeinflußten Geistesgeschichte. Die einzige ursprüngliche Quelle über Maria ist das Neue Testament. Sie rinnt spärlich. Daß ein Strom daraus wurde, ist dem Zufluß von Nebenströmen zuzuschreiben.

1. Maria im Neuen Testament

Die biblische Basis der Mariologie ist außerordentlich schmal. Der Kontrast zwischen der Marginalität Marias im Neuen Testament und der hervorgehobenen Rolle, die sie in der Geschichte der Kirche spielte, ist auffällig. Man kann daraus entweder schließen, daß die kirchliche Tradition sich von der Bibel entfernt habe, wie die protestantische Kritik behauptet, oder aber daß sich aus bescheidenen biblischen Anfängen die Vollgestalt der kirchlichen Lehre entfaltet habe, einem Pflänzchen gleichend, das zum Baum heranwuchs, wie es die katholische Rechtfertigung dieser Tatsache darstellt. Fest steht: »Die biblischen Texte berichten nur wenig Geschichtliches von ihr.«[1]

Wir befragen zunächst die ältesten Schriften des Neuen Testamentes, die Briefe des Apostels Paulus, sodann das älteste Evangelium, das nach Markus, was sie über die Mutter Jesu mitteilen, wenden uns dann dem Matthäus- und Lukas-Evangelium (einschließlich der Apostelgeschichte) zu und schließlich dem Evangelium nach Johannes.

Nach dem Überblick über die neutestamentlichen Texte, die von Maria handeln, verfolgen wir anhand einiger Beispiele in groben Zügen die weitere Entwicklung der Mariologie, um danach noch die Stellung der Frau allgemein im Neuen Testament zu skizzieren.

Das Ziel dieser Untersuchung ist es, angesichts der keine Konsequenz scheuenden Infragestellung des biblischen Glaubens durch feministische Theologie anhand des Marien-Bildes herauszuarbeiten, auf welche Weise Gott in Christus aus Männern und Frauen den Anfang einer neuen Menschheit zu schaffen begonnen hat. Der fortschreitenden Verweltlichung von Theologie und Kirche, die sich in Parteien der ›alten Welt‹ zurückzubilden im Begriff sind, soll die große ›Neuerung‹ des Neuen Testamentes, an deren Anfang Maria stand, entgegengehalten werden.

Maria in den Briefen des Apostels Paulus

Paulus erwähnt Maria nicht einmal. In seinen Briefen »wird Maria nicht namentlich genannt, nur einmal indirekt erwähnt«.[2] Diese singuläre Stelle ist Gal 4,4: »Gott sandte seinen Sohn, geboren von einer Frau und unter das Gesetz getan«, d.h. dem Gesetz unterstellt. Darin, daß es heißt: »geboren von einer Frau«, und nicht etwa: von menschlichen Eltern, haben frühere Ausleger manchmal eine Anspielung auf die Jungfrauen-Geburt gesehen.[2a] Die päpstliche Enzyklika »Redemptoris Mater«[3], die mit dem Satz beginnt: »Die Mutter des Erlösers hat im Heilsplan eine ganz besondere Stellung«, belegt diese Aussage mit dem Zitat dieser Stelle aus dem Galaterbrief. Der Papst fährt fort: »Mit diesen Worten des Apostels Paulus, die das II. Vatikanische Konzil am Beginn seiner Darlegungen über die selige Jungfrau Maria[4] aufgreift, möchte auch ich meine Erwägungen über die Bedeutung Marias im Geheimnis Christi und über ihre aktive und beispielhafte Gegenwart im Leben der Kirche einleiten.«[5] Daraufhin charakterisiert der Papst den zitierten Text: »Diese Worte feiern ja in einem gemeinsamen Lobpreis die Liebe des Vaters, die Sendung des Sohnes, das Geschenk des Geistes, die Frau, aus der der Erlöser geboren wurde, unsere göttliche Sohnschaft, und dies im Geheimnis der ›Fülle der Zeit‹.«[6] Daß diese Worte »die Frau« »feiern«, aus der der Erlöser geboren wurde, bestreiten allerdings viele Exegeten. »Heute« versteht man »den Ausdruck ›geboren von einer Frau‹« lediglich »als Unterstreichung« des echten Menschseins Jesu«.[7] Heinrich Schlier kommentierte: Diese Aussage »zielt« »auf die menschliche Geburt dieses göttlichen Gesandten, ohne die jungfräuliche Geburt ausdrücklich ins Auge zu fassen«. Sie »betont die wahre Menschheit des Sohnes«[8]. D.h., sie ist eine ausschließlich christologische, keine mariologische Aussage. Albrecht Oepke betont ausdrücklich: Der Ausdruck ›von einer Frau‹ »enthält weder einen Hinweis auf die Mutter Jesu als Einzelperson noch auf das etwaige Fehlen eines menschlichen Vaters.« »Der Nachdruck« liegt »auf der menschengleichen Geburt des von Hause aus menschen*un*gleichen Gottessohnes«.[9] Und Franz Mußner hebt hervor: »*Der Sohn wurde Mensch und Jude*: Das allein will hier der Apostel betonen«.[10] Die Exegeten stellen klar, daß dieser Briefabschnitt des Apostels Paulus nicht als Quelle in Frage kommt, aus der sich mariologische Erkenntnisse schöpfen ließen. Paulus wollte an dieser Stelle nicht von Maria reden, sondern von dem Mensch- und Jude-Sein (»unter das Gesetz getan«) Jesu.

Damit ist freilich die Meditation des Papstes, der diesen Vers im Gesamtzusammenhang des Neuen Testaments und des kirchlichen Bekenntnisses liest, noch nicht aus den Angeln gehoben. Wichtiger ist Oepkes Hinweis: »Das religiöse Interesse an dieser Geburt haftet eben daran, daß der Gesandte die Hilfe von Gott bringt, hinein in die menschliche Not«.[11] Daß »die Frau«, aus der der Erlöser geboren wurde, ›gefeiert‹ werden soll, läßt sich diesem Text nicht entnehmen.

Auch an anderen Stellen spricht Paulus von der Geburt Jesu. Jesu Mutter erwähnt er dabei aber nicht. Sie spielt in seinem Evangelium[12] keine Rolle. Das Heilsgeschehen besteht darin, daß Jesus, »ob er wohl in göttlicher Gestalt war«, sich »entäußerte«, Mensch wurde und »Knechtsgestalt« annahm (Phil 2,6-7). Daß der Gottes-Sohn Mensch wurde, ist entscheidend, »und kommt ins Elend her zu mir: / wie soll ich immer danken dir?« (Martin Luther).[13] Alles weitere sind nur Begleit-Umstände. Auch Maria ist nur Statistin auf der Szene der Gottes-Offenbarung. Menschliches ›Wollen und Laufen‹ bewirkt nicht die Rettung, sondern ›Gottes Erbarmen‹ allein (vgl. Röm 9,16). Das »Evangelium Gottes« handelt nur »von seinem Sohn Jesus Christus, unserem Herrn, der geboren ist aus dem Geschlecht Davids nach dem Fleisch, und nach dem Geist, der da heiligt, eingesetzt ist als Sohn Gottes in Kraft durch die Auferstehung von den Toten« (Röm 1,3-4).

Das paulinische Evangelium, soweit es im Neuen Testament greifbar wird, ist das erste Beispiel eines Evangeliums ohne Mariologie. Im Blick auf Paulus läßt sich Max Thurians These nicht aufrechterhalten, »für das geistliche Leben« sei es »unerläßlich, Maria vom Evangelium her in unsere Frömmigkeit einzubeziehen«.[14] So wichtig auf der einen Seite die Paulus-Briefe den Reformatoren waren, die darin das Evangelium am klarsten formuliert fanden, und so bestimmend sie für evangelische Theologie und Frömmigkeit wurden, so wenig können auf der anderen Seite die Befreiungs-Theologen den paulinischen Schriften entnehmen, und den Feministinnen ist dieser angeblich misogyne Apostel vollends suspekt. Er aber behauptet jedenfalls: »Ich halte dafür: auch ich habe den Geist Gottes« (1 Kor 7,40). Eine Kirche, die sich an die Heilige Schrift gebunden weiß, wird ihn keinesfalls übergehen und auch kaum erheblich korrigieren können. Im übrigen ist es »nicht ausgeschlossen, daß Paulus etwas mehr über Maria wußte«.[15] Es ist denkbar, daß seine mündliche Verkündigung mehr von dem enthielt, was die neutestamentlichen Evangelien berichten, als es seine Briefe, die ja Gelegenheitsschriften sind, erkennen lassen. Aber »die Frau« zu »feiern«, »aus der der Erlöser geboren wurde«[16] – dazu forderte *er* jedenfalls nicht auf.

Maria im Markus-Evangelium

Robert Mahoney stellt fest: »In dem ältesten der vier Evangelien spielt die Mutter Jesu kaum eine größere Rolle als bei Paulus«.[17] Es kommen nur zwei Textstellen in Frage, von denen eine deutlich ein negatives Bild von Maria zeichnet. In Mk 3,20-21 und 31-35 ist von der Familie die Rede, der Jesus angehörte. In Mk 6,1-6a reden Dritte über diese Familie und Jesu Zugehörigkeit zu ihr. Nach Mk 3,31 kam Jesu Mutter zusammen mit seinen Brüdern, um Jesus aufzusuchen, als er gerade von vielen Menschen umgeben war. Sie »standen draußen«, heißt es, »schickten zu ihm und und ließen ihn rufen«. V. 32: »Und das Volk saß um ihn. Und sie sprachen zu ihm: ›Siehe, deine Mutter und deine Brüder draußen fragen nach dir‹.« Einige Handschriften haben in V. 32 »und deine Schwestern« hinzugefügt, die in V. 31 aber nicht erwähnt waren. Jesus aber erwiderte (V. 33): »›Wer ist meine Mutter, und wer sind meine Brüder?‹« V. 34: »Und er sah rings um sich auf die, die um ihn im Kreis saßen, und sprach: ›Siehe, das ist meine Mutter und meine Brüder! (V. 35) Wer Gottes Willen tut, der ist mein Bruder und meine Schwester und meine Mutter‹.« Diese Reaktion Jesu ist befremdlich.[18] Sie zeigt nach W. Grundmann: »Er ist aus den naturhaften Bindungen der Familie völlig gelöst«.[19] Sie erscheint wie ein Affront gegen Maria und die Geschwister. »Für den geschichtlichen Jesus hat die Gottesfamilie Vorrang vor der eigenen Familie.«[20] Es »ist klar«, daß nicht »Maria (hier ohne Namen)« im Mittelpunkt dieser Geschichte steht, sondern daß es »um die verwandtschaftsartige Nähe der (den Willen Gottes erfüllenden) Jünger zu Jesus« geht.[21]

Noch befremdlicher als diese Perikope wirken die Verse 20-21. Vermutlich stellen sie die Einleitung zu dem folgenden dar. Matthäus und Lukas haben diese anstößigen Verse nicht mehr in ihre Darstellung aufgenommen. Rudolf Bultmann nahm an, daß V. 21 »offenbar auf guter alter Tradition« beruht.[22] Er hielt das darin Angedeutete für historisch wahrscheinlich. Die Verse lauten: »Er kam nach Hause, und da kam abermals das Volk zusammen, so daß sie nicht vermochten zu essen. Und da es die Seinen hörten, gingen sie aus und wollten ihn halten« – Mahoney übersetzt: »machten sie sich auf den Weg, um ihn mit Gewalt zurückzuholen«; »denn sie sprachen: ›Er ist von Sinnen‹.« Damit kann gemeint sein, daß sie, wie ja auch die Schriftgelehrten (V. 22), Jesus für besessen hielten.[23] Sie glaubten also nicht nur nicht an ihn, sondern hielten ihn für gefährdet und gefährlich und versuchten, seinem öffentlichen Wirken ein Ende zu machen. Ernst Haenchen schreibt: »Es ist nicht verwunderlich, daß diese Sicht der Dinge der Gemeinde bald unbegreiflich und unerträglich geworden ist«, und vermutet, daß schon Markus selbst diese Aussage abmilderte, indem er vermied, offen zu sagen, wer »die Seinen« waren.[24] Mahoney nimmt an: »Das Haus in V. 20 bildet die Szene für alles weitere bis V. 35. Die Angehörigen, die sich in V.

21 auf den Weg machen, haben Zeit bis zu ihrer Ankunft in V. 31«. »Ein Kontrast ergibt sich aus den Angehörigen und Schriftgelehrten auf der einen Seite und Jesu näheren Verwandten«, den wahren Verwandten, »auf der anderen«.[25] Wenn auch in V. 21 die Mutter Jesu nicht ausdrücklich genannt wird, »muß Maria« doch »zumindest von Markus – eventuell auch von der vormarkinischen Tradition – zu denen, die Jesus während seiner Mission kritisch gegenüberstanden, gezählt worden sein«.[26] Das hieße dann, im ältesten Evangelium fände sich die Andeutung, die Mutter Jesu habe, wie die Schriftgelehrten, zu denen gezählt, die nicht an Jesus glaubten. Maria erschiene hier also nicht als ein Vorbild des Glaubens, sondern als ein Beispiel des Unglaubens. (Dieser Anschein innerer Distanz zu aller »Jesulatrie« hätte eigentlich den radikalen Feministinnen nicht entgehen dürfen; man würde erwarten, daß er sie für Maria einnähme.) Nun muß allerdings, wie Mahoney im Unterschied zu manchen anderen Exegeten[27] vorsichtig anmerkt, diese Schlußfolgerung »nicht automatisch auf die historische Maria übertragen werden«.[28] Immerhin galt offenbar »für weite Teile des Urchristentums«[29] die Überzeugung, daß Maria zu Jesu Lebzeiten nicht zu seinen Unterstützern gezählt habe. Markus macht nicht viel Aufhebens davon.

Nach Mk 6,1-6a stieß Jesus in seiner Heimat auf Ablehnung. Seine Zuhörer waren erstaunt über ihn und fragten nach V. 3: »Ist er nicht der Zimmermann, Marias Sohn, und der Bruder des Jakobus und Joses und Judas und Simon? Sind nicht seine Schwestern allhier bei uns?« Einige Ausleger[30] nehmen an, daß die Nicht-Erwähnung Josefs einen Hinweis auf die Jungfrauen-Geburt darstelle, andere[31] finden dafür keine Grundlage im Text. Eindeutig werden dagegen Geschwister Jesu aufgezählt, die Brüder sogar namentlich genannt. Daraus folgt, daß Maria laut der Kenntnis des Evangelisten Markus nach Jesu Geburt mit Josef eine normale Ehe führte und eine Reihe weiterer Kinder bekam. Da sich diese Nachricht mit späteren Vorstellungen von Marias immerwährender Jungfräulichkeit nicht vertrug, wurden die Brüder und Schwestern bereits von Kirchenvätern des 4. Jahrhunderts in »Vettern und Basen« umgewandelt, woran die katholische Theologie nachdrücklich festhielt. Heutzutage stellen auch katholische Exegeten wie Rudolf Pesch fest: »Unvoreingenommene Exegese erlaubt nur die Feststellung, daß Mk 6,3 die Namen von vier leiblichen Brüdern Jesu und die Existenz von leiblichen Schwestern historisch bezeugt sind«[32]; das kollidiert freilich mit dem Dogma seiner Kirche. Aber auch Mahoney erklärt: »Natürlich wird ein Verständnis der ›Brüder und Schwestern‹ etwa als ›Vettern und Basen‹ nicht eindeutig ausgeschlossen; doch im *Markusevan-*

gelium gibt es keinen Grund, ein solch ungewöhnliches Verständnis in 6,3 anzunehmen«.[33]

Auf die Frage seiner Zuhörer, die seine Lehr-Autorität anzweifelten, erwiderte Jesus: »Ein Prophet gilt nirgend weniger als in seinem Vaterland und bei seinen Verwandten und in seinem Hause« (V. 6). Das ist eine schwerwiegende Aussage. Sie schließt die Angehörigen Jesu in den Unglauben der Nazarener ein, von denen berichtet wird: »Sie nahmen Ärgernis an ihm« (V. 3). Mahoney übersetzt die Angabe »und in seinem Hause«, wie auch sonst üblich, mit: »und in seiner Familie«. D.h., daß sich die Familie Jesu der ablehnenden Haltung ihrer Mitbürger Jesus gegenüber anschloß. Mahoney schreibt: »Für Markus steht fest, daß Jesu Familie – und seine soeben namentlich erwähnte Mutter bildet darin keine Ausnahme – zumindest zu dieser Zeit der Mission Jesu eher seinen Gegnern zuzurechnen sei.« Er folgert: »Dasselbe wird für die vormarkinische Zeit gegolten haben« und vermutet, daß es »wohl« »auf historische Erinnerung zurückzuführen ist«.[34]

Zusammenfassend ist festzuhalten, daß Maria in der im Markus-Evangelium greifbar werdenden vormarkinischen Überlieferung und in diesem Evangelium selbst kaum vorkommt, und daß sie, wo sie erwähnt wird, eher zu den Gegnern Jesu zählt, also eher ein Beispiel des Unglaubens als ein Vorbild des Glaubens darstellt.

Maria im Matthäus-Evangelium

Die beiden in Mk 3,31-35 und 6,1-6a geschilderten Szenen hat Matthäus in 12,46-50 und 13,53-58 übernommen und angeblich ein wenig abgemildert[35], was aber dem unbefangenen Leser nicht besonders auffällt. Auch neuere katholische Ausleger räumen ein, daß zwischen den Angaben über die Jungfrauen-Geburt in Mt 1 und den Aussagen über den »Sohn des Zimmermanns« und seine Geschwister in Mt 13 kein Widerspruch besteht[36], sondern erst zu dogmatischen Aussagen späterer Jahrhunderte.

Das Matthäus-Evangelium vermittelt also keine weiteren Informationen über Maria über das Markus-Evangelium hinaus, läßt aber die anstößige Mitteilung aus Mk 3,20-21 wegfallen, wodurch auch Mt 13,57 an Schärfe verliert; allerdings enthält das Matthäus-Evangelium in Kapitel 1 und 2 eine sogenannte »Kindheitsgeschichte«, in der Maria eine wichtige Rolle spielt. Nach dem Urteil vieler Exegeten darf »die historische Genauigkeit der einzelnen Aussagen nicht ohne weiteres angenommen werden«[37] – doch ist bei Kindheitsgeschichten eigentlich jemals »historische Genauigkeit« zu erwarten? –, allerdings ist auch aus kritischer Sicht »nicht ausgeschlossen, daß einige Details historisch zutreffen«.[38]

Der Stammbaum in Kap. 1,1-17 führt zu Josef. Er wird (V. 16) als »Mann der Maria« bezeichnet. »Von ihr«, heißt es, »wurde Jesus geboren, der der Christus genannt wird«. Nach Mt. 1,18 wird Maria, die zwar mit Josef verlobt ist, aber noch nicht mit ihm zusammenlebt, durch das Wirken des Heiligen Geistes schwanger. Sie befindet sich in einer zwielichtigen Situation. Josef meint, sich von ihr ohne viel Aufsehen trennen zu sollen. Da erklärt ihm ein Engel Gottes im Traum, er, der »Sohn Davids« (so wird er in V. 20 angesprochen), solle, wie vorgesehen, Maria heimführen; denn das werdende Kind sei »vom Heiligen Geist«. Er, der Davidide, werde das Kind »Jesus«, d.h. Retter des Volkes Israel, nennen (V. 22). Josef also gibt ihm den Namen. In diesem Ereignis wird sich erfüllen, was die Heilige Schrift geweissagt hat. Matthäus zitiert Jes 7,14 nach der griechischen Übersetzung des Alten Testamentes.[39] Diese gibt das Wort *almah,* das im hebräischen Urtext steht und »junge Frau«, aber sinngemäß meist auch Jungfrau, bedeutet, mit *parthenos* d.h. »Jungfrau« wieder. So ergibt sich als nunmehr erfüllte Verheißung: »›Eine Jungfrau wird schwanger sein und einen Sohn gebären, und sie werden seinen Namen Immanuel heißen‹, d.h. übersetzt: Gott mit uns« (V. 23). Dieses Zitat hat für Matthäus eine hohe christologische Bedeutung. Gott hat Maria dazu erwählt, die Mutter des Erlösers (»er wird sein Volk retten von ihren Sünden«, V. 21) zu werden. Josef hatte daran keinen Anteil. Bis zur Geburt Jesu pflegte er keinen Verkehr mit ihr (V. 25). Die Empfängnis des Kindes war ein Werk des schöpferischen Geistes Gottes. Der »Gott mit uns« stammt von Gott, und eine menschliche Jungfrau hat ihn geboren. Der Davids-Sohn Josef hat dieses Kind gleichsam adoptiert.

Nach Mt 2,1-12 huldigen die Sterndeuter aus dem Orient dem »neugeborenen König der Juden«. Dies ist eine Epiphanie-Geschichte[40]: Jesus ›erscheint‹ als Heiland der Welt; Gestirne weisen auf ihn hin, Vertreter fremder Völker finden sich ein. »Als Jesus geboren war«, ist nur in der Einleitung (V. 1) festgehalten. Am Ziel angelangt »fanden« die Sterndeuter »das Kindlein mit Maria, seiner Mutter« (V. 11). Nur Maria wird hier namentlich erwähnt (und der christlichen Ikonographie damit eines der beliebtesten Sujets geboten). Josef aber ergreift sogleich im nächsten Abschnitt (V. 13-15 u. 19-23) wieder die Initiative, und zwar aufgrund der erneuten Erscheinung eines Engels. Er brachte Mutter und Kind nach Ägypten in Sicherheit und übersiedelte später, gleichfalls aus Sicherheitsgründen, nach Nazareth. Viermal heißt es: Er nahm »das Kind und seine Mutter«, ohne daß Marias Name genannt würde. Mahoney stellt fest: »Maria ist passiv wie durchweg in Mt 1 und 2; an ihrer Person zeigt der Evangelist kein Interesse«.[41]

Maria im Lukas-Evangelium

Während weder die Briefe des Apostels Paulus, die Maria nicht einmal namentlich erwähnen, noch das älteste Evangelium, das sie nur am Rande, und zwar als ein Beispiel des Unverständnisses, wenn nicht Unglaubens, nennt, noch das Matthäus-Evangelium, dessen Kindheitsgeschichte die von Gott auserwählte Jungfrau in einer rein passiven Rolle schildert, irgendeinen Ansatzpunkt für weiterreichende Aussagen über die Mutter Jesu bieten, ist das Lukas-Evangelium die eigentliche Quelle christlicher Mariologie.

Maria als Gemeinde-Glied

Zunächst übernimmt auch Lukas, wie Matthäus, die beiden Stellen, an denen das Markus-Evangelium die Familie Jesu erwähnt, während auch er, wie Matthäus, die anstößige Andeutung aus Mk 3,20-21 übergeht. Mahoney registriert an beiden Stellen »nur leichte Veränderungen, insgesamt eindeutig in Richtung einer noch schonenderen Behandlung«.[42] In Lk 4,22 fragen die Nazarener nur: »Ist das nicht Josefs Sohn?«, ohne weitere Angehörige zu nennen, und in V. 24 sagt Jesus nur: »Kein Prophet gilt etwas in seinem Vaterlande«; die Klage, daß er auch in seiner eigenen Verwandtschaft und Familie nichts gilt, ist weggelassen. Die anstößige Erinnerung an die Ablehnung der »Jesulatrie« durch Maria (die, wie gesagt, radikale Feministinnen begeistern müßte), ist einer harmonisierenden Darstellung gewichen. Möglicherweise ist diese dadurch veranlaßt, daß Maria, wie Lukas in Apg 1,13f berichtet, nach dem Tod Jesu in den Jüngerkreis eingetreten ist, was z.B. Mahoney für historisch möglich hält[43], wenngleich er mit anderen Exegeten im Blick auf die summarische Angabe in Apg 1,14 meint, daß ihr »präziser historischer Wert« »zweifelhaft« ist.[44] Sicher sei allerdings, daß der Herrenbruder Jakobus zur Urgemeinde in Jerusalem gehörte.[45]

»Seine Brüder« sind neben »den Frauen« mit »Maria, der Mutter Jesu«, in Apg 1,14 genannt, was für die Zuverlässigkeit auch der übrigen Angaben sprechen könnte. Ernst Haenchen nimmt an, daß Maria und die übrigen Brüder Jesu sich aufgrund der in 1 Kor 15,7 für Jakobus berichteten Erscheinung des Auferstandenen der Gemeinde angeschlossen haben.[46] Und Mahoney hält dies für »nicht unwahrscheinlich« –, »sollte sie noch gelebt haben«; möglicherweise kam sie aber schon früher zum Glauben.[47] Lukas steht jedenfalls nicht unter dem Eindruck der Ablehnung Jesu durch seine Mutter, die einen Teil seiner Leidensgeschichte ausmachte, sondern sieht in Maria eine prominente und beispielhafte Gläubige. Es wäre denkbar, daß er angesichts dieses Ergebnisses auch die früheren Vorkommnisse in milderem Lichte sieht.

Lk 8,19-21 entspricht Mk 3,31-35, bzw. Mt 12,46-50, baut aber anscheinend »keinen Kontrast auf zwischen Mutter und Brüdern einerseits und denen, die das Wort hören und tun, andererseits«.[48] Ansonsten läßt auch Lukas »Maria praktisch unberücksichtigt«[49], von einer Stelle abgesehen, die aber eine eher mariologie-kritische Spitze enthält. Nach Lk 11,27 erhob sich aus der Stimme des Volkes eine Seligpreisung der Mutter Jesu. Es war »eine Frau aus der Menge«, die diese Seligpreisung formulierte, die im Lukas-Sondergut[50] überliefert worden ist. Hier ›schwieg die Frau‹ nicht, sondern ergriff das Wort. »Nach jüdischer Anschauung liegt das Glück einer Frau in der Größe ihrer Söhne.«[51] Nun pries eine Frau die andere glücklich. Die Frauen-Stimme hob die Frau hervor: »Selig die Frau, deren Leib dich getragen und deren Brust dich genährt hat!« Gewiß ist dies im Grunde »als Kompliment für Jesus gemeint«[52], wie die meisten Ausleger betonen, aber doch so, daß die Mutter ins Licht gerückt wird. Ist dies etwa als ein leises Anheben feministischer Theologie zu werten: Es soll nicht nur immer von Männern die Rede sein; es soll auch einmal auf die Frauen geachtet werden? Erklingt hier etwa die erste feministische Stimme im Evangelium? Zumindest enthält diese Seligpreisung einen ersten Ansatz zur Verselbständigung der Mariologie. Und eben dieser Versuch wurde von Jesus sofort abgebogen. »Er aber erwiderte« – hier berührt sich der Text mit seinem Wort von den wahren Verwandten –: »Selig sind vielmehr die, die das Wort Gottes hören und es befolgen« (V. 28). Damit scheint von vornherein die gültige Antwort auf alle Tendenzen zu einer sich verselbständigenden Marien-Verehrung und zu einem ›Feiern‹ der Frau formuliert zu sein. Es erscheint mir als bedeutsam, daß gerade im Sondergut des Lukas-Evangeliums, dessen Kindheitsgeschichte (ebenfalls Sondergut) im Neuen Testament den einzigen Ansatzpunkt für christliche Mariologie darstellt, dieses Korrektiv für alle Marien-Verehrung überliefert ist. Indem Jesus jene Frau korrigierte – er tat es auf nobel zurechtrückende Weise – hat er, so scheint es im Rückblick nach zwei Jahrtausenden Geschichte der Marien-Verehrung, den Anfängen wehren wollen. Karl Heinrich Rengstorf stellt in seinem Kommentar die Frage: »Sollte hier ein erster Protest gegen eine besondere Verehrung Mariens hörbar werden?«[53]

Maria als »Magd des Herrn«

Nicht in Lk 3-24, wohl aber in Lk 1-2 genießt Maria »eine ganz andere Stellung« »als bei Markus oder Matthäus«.[54] Die Vor- und Kindheitsgeschichte des Lukas-Evangeliums wurde nach Mahoney zum »Hauptpfeiler der späteren mariologischen Entwicklung«.[55] Er hebt hervor, daß, im Unterschied zur Kindheitsgeschichte bei Matthäus, Maria in Lk 1-2 »eine aktive, führende Rolle« spielt.[56] »In der Erzählung über die Ankündigung der Geburt Jesu, Lk 1,26-38, ist es Maria, die nicht irgendeinen Engel im Traum, sondern den Engel Gabriel sozusagen leibhaft empfängt; er grüßt sie dann auch mit größtem Respekt. Marias innere Reaktion, sogar ihre Gedanken sind dem Evangelisten erzählenswert, bevor er den Engel die eigentliche Ankündigung aussprechen läßt«.[57] Maria wurde schon in V. 27 als Jungfrau eingeführt. In V. 31 erfolgt die Ankündigung der Geburt Jesu, die bei Matthäus an Josef erging. Maria, nicht Josef, wird dem Kind den Namen geben: »Des Namen sollst *du* Jesus heißen«. Die Ankündigung wird aber in V. 32f gewaltig überboten: »Der wird groß sein und ein Sohn des Höchsten genannt werden; und Gott der Herr wird ihm den Thron seines Vaters David geben, und er wird ein König sein über das Haus Jakob ewiglich und seines Reiches wird kein Ende sein.« Alle Hoffnungen Israels werden sich in ihm erfüllen. Mahoney betont mit Recht: »Wir dürfen nicht vergessen, daß auch hier die wesentliche Botschaft nicht mariologisch ist, sondern christologisch«.[58] In V. 34 stellt Maria eine zweifelnde Rückfrage, die ihr aber im Unterschied zu Zacharias (Lk 1,18) nicht übelgenommen wird. Die Antwort des Engels lautet (V. 35): »Der Heilige Geist wird über dich kommen, und die Kraft des Höchsten wird dich überschatten; darum wird auch das Heilige, das von dir geboren wird, Gottes Sohn genannt werden.« Die Jungfräulichkeit Marias wird hier, wie Mahoney hervorhebt, »nicht als Auszeichnung ihrer Person« »präsentiert«, sondern als Gelegenheit für den Heiligen Geist, aus Gottes Schöpfermacht ein mächtiges Werk zu vollbringen.[59] V. 36 verweist auf das an Elisabeth sich vollziehende Wunder, das als bestätigendes Zeichen dienen kann, und V. 37 formuliert den Glaubenssatz, aufgrund dessen allein diese Ankündigung annehmbar werden kann: »Bei Gott ist kein Ding unmöglich« –, ein Satz, der auch unser modernes Denken mit der Glaubens-Frage konfrontiert.

Glauben wir das eigentlich? Glauben wir wirklich an Gott – oder doch im Grunde nur an Menschenmögliches? In V. 38 ergreift Maria noch einmal das Wort. Dieser Satz ist das bewegendste Glaubens-Bekenntnis, das, so scheint mir, die Weltgeschichte kennt. Aus dem Nachsinnen über diesen Satz und aus dem Versuch, ihn in den Dimensionen des eigenen Lebens nachzuvollziehen, erwächst eine wahrhaft christliche Mariologie und Marien-Nachfolge. »Siehe, ich bin des Herrn Magd; mir geschehe, wie du gesagt hast.« Dieser Satz ist Ausdruck tiefster Demut und stellt zugleich »die wahre Auszeichnung für Maria« dar[60]; sie begibt sich in die Passivität des Zur-Verfügung-Stehens für Gott, aber eben darin vollzieht sie die höchste und heilsame geschöpfliche Aktivität. In der in diesem Satz ausgedrückten Bereitschaft, das Handeln Gottes durch sich geschehen zu lassen, ist sie zum bleibenden Vorbild des Glaubens geworden. Alle Frauen und Männer, die an Gott glauben, werden lernen müssen, ihr darin nachzufolgen. Und wer sich gegen das ›Magd- (oder Knecht-)Sein‹ und das ›Geschehen-Lassen‹ auflehnt, wird an Gott scheitern. In der Auslegungs-Geschichte wurde dem berühmten »Fiat« (»mir geschehe«), das dem »Fiat« im Vaterunser (»dein Wille geschehe«) entspricht, reichlich und tiefgründig nachgedacht. Dieses Nachdenken wieder aufzugreifen und die in dieser Antwort Mariens sich ausdrückende Haltung, nachfolgend, wieder einzunehmen, wäre die Aufgabe der kirchlichen Theologie und Spiritualität in einer Zeit, in der Frauen im Begriff sind, sich selbst und ihre Möglichkeiten zu entdecken. Diese biblische Stimme einer Frau kann eine – »insbesondere in den letzten zweihundert Jahren«[61] – heillos männlich geprägte Welt zur Umkehr rufen, nicht die militanten Selbstbehauptungs-Stimmen (›auf keinen Fall Magd!‹ und ›nicht, wie du gesagt hast!‹), die nur im weiblichen Tonfall nachsagen, was Männer in ihrer Verblendung und Gottlosigkeit längst vorgesagt haben.

Maria als Beispiel des Glaubens

Was Maria in dieser im Neuen Testament singulären Geschichte angekündigt und wofür sie in Anspruch genommen wird, ist die Zumutung, ihre eigene Existenz dazu herzugeben, Mutter des Sohnes Gottes zu werden. In dieses ihr zugemutete Schicksal willigt sie ein. Dadurch wird sie in eine einzigartige und unwiederholbare heilsgeschichtliche Funktion eingesetzt. Sie wird die Mutter ›des Heiligen, das Gottes Sohn genannt wird‹. So wurde sie zur Mutter-Gottes. In dieser Stellung ist sie unnachahmlich. Sie ging in das Credo ein und wurde zum festen Bestandteil der christlichen Glaubenslehre. Zutreffend sagt Wolfgang Beinert: »Man kann das christliche Glaubensbekenntnis nicht aufsagen, ohne ihrer zu gedenken«.[62] Dennoch bleibt sie damit gewissermaßen eine Randerscheinung. Sie kommt zwar im Zentrum der Heilsgeschichte vor und wird an dieser Stelle von der theologischen Reflexion bemerkt und korrekterweise im Credo erwähnt. Die Verkündigung der Heilsbotschaft kann sich aber auf das Gekommen-Sein Jesu beschränken, ohne seiner Mutter ausdrücklich zu gedenken; es genügt, wie Paulus, zu betonen, daß er überhaupt eine menschliche Mutter hatte. Die früheste Christenheit fand es offenbar nicht nötig, nach ihr zu fragen. Wie sie sich verhielt und was sie dachte, ist nicht wesentlich: Ihr eigenes Zweifeln und ihr Unwille gegen den göttlichen Sohn tuen ihrer Gottes-Mutterschaft keinen Abbruch, sondern zeigen nur, daß sie auf alle Fälle auch, wie alle Menschen, zu den der Erlösung durch ihn Bedürftigen zählt. Hans Urs von Balthasar forderte die »Betonung der wirklichen Erlöstheit Marias (wie aller übrigen Menschen) durch Christus«[63] und kam damit dem Anliegen der Reformation entgegen. Darin ist Maria uns gleich. Deshalb kann sie uns aber auch nicht helfen. Man müßte – wie man es vielfach und folgenreich tat – vor den exegetisch aufgedeckten Realitäten die Augen verschließen, wenn man Maria so darstellen wollte, als ob sie uns doch helfen könnte. Sie hat »Gnade bei Gott gefunden« (Lk 1,38). Sie wurde auserwählt, die Mutter des Gottes-Sohnes zu werden, d.h. in eine unüberbietbar enge körperliche und seelische Verbindung mit ihm zu gelangen. Aber damit war noch nicht ohne weiteres die nach Lk 11,28 bzw. 8,21 als allein entscheidend bewertete Glaubens-Beziehung gegeben. Dazu trägt, wie Mk 3,21 erschreckend andeutet, die einmalige und unnachahmliche heilsgeschichtliche Funktion, Mutter-Gottes zu sein, nicht entscheidend bei. Weder ihre einzigartige Rolle in der Heilsgeschichte, noch das, was sonst von ihr überliefert ist, macht es »unerläßlich« »für das geistliche Leben«, sie »in unsere Frömmigkeit einzubeziehen«.[64] Nach meinem Verständnis ist der einzige Ansatzpunkt einer Marien-Frömmigkeit, den die Bibel bietet, dieser eine Satz in Lk 1,38, »mir geschehe, wie du gesagt hast«. Dieser Satz ist aber von so außerordentlichem Gewicht, daß ich es zwar nicht für »unerläßlich«, aber doch für sehr empfehlenswert halte, die Marien-Gestalt der lukanischen Vorgeschichte in unsere Frömmigkeit einzubeziehen. Unerläßlich ist es für christliche Spiritualität, sich jeweils in den Grenzen des eigenen Lebens diesen Satz Mariens der Sache nach anzueignen. Wer dagegen aufbegehrt, kann eigentlich nicht Christ sein. Man kann diesen Satz aber auch in anderen Formulierungen im Munde anderer Personen wiederfinden. Daher kann z.B. Abraham[65], ebensogut wie Maria, als Vorbild des Glaubens dienen. Paulus zog es vor, auf dieses Beispiel zurückzugreifen (Röm 4). Man könnte auch an Hiob erinnern[66] oder an den Vater des fallsüchtigen Knaben, der auf Jesu Wort: »Alle Dinge sind möglich dem, der da glaubt« antwortete: »Ich glaube; hilf meinem Unglauben!« (Mk 9,23-24). Jeder Mensch, der sich vorbehaltlos Gott anvertraut, statt Gott nach dem Maß seiner eigenen Vorstellungen und Wünsche zu begrenzen, kann zum Vorbild des Glaubens werden. Insofern geht es in jedem Menschenleben um das gleiche. Einige standen in der Heilsgeschichte an hervorgehobener Stelle, sei es, als Verkündiger des Glaubens, wie Jesaja (7,9) oder Paulus (Röm 3,28), sei es, als Beispiele des Glaubens, wie Abraham in ferner Vorzeit oder Maria, »als die Zeit erfüllt war« (Gal 4,4). In einer Zeit, die sich von der »Feminisierung der Gesellschaft«[67] vermutlich allzuviel erwartet, halte ich es für angebracht, ausgehend von Lk 1,38, eine ökumenische Marien-Frömmigkeit zu erwecken, die fähig sein wird, den ›Hoffärtigen zu widerstehen‹, die den Himmel stürmen und Gott durch ihresgleichen ersetzen möchten, wie – nach dem Psalm Marias – Gott selbst ihnen widersteht.

Das Magnificat

Aber zurück zur lukanischen Vorgeschichte! Kap. 1,39 berichtet, daß Maria, anscheinend ohne einen Mann – sei es den Verlobten oder ihren Vater – zu fragen, aufbrach, um Elisabeth zu besuchen. Elisabeth brach in einen unvergeßlichen Lobpreis aus, der aber offenbar im Unterschied zu dem späteren, der in Lk 11,27 berichtet wird, vom Heiligen Geist inspiriert war und entsprechend christozentrisch ausfiel (V. 42). Sie erkannte in Maria »die Mutter meines Herrn« (V. 43). Sie schloß die Begrüßung mit einer Seligpreisung, die sich von derjenigen in Lk 11,27 darin unterscheidet, daß sie gleichsam die Seligpreisung, die Jesus selbst aussprach (Lk 11,28), vorwegnimmt: »Selig bist du, die du geglaubt hast!« In V. 46 erhebt Maria selbst ihre Stimme und stimmt einen Psalm an; der Lobgesang Hannas (1 Sam 2,1-10) ist ein Vorbild dieser Szene. Mahoney sieht darin »Marias Rolle ihren vorläufigen Höhepunkt« erreichen.[68] In diesem mitreißenden Loblied ›erhebt sich‹ nicht die Frau, sondern ihre »Seele erhebt den Herrn«. Erneut bekennt sie »die Niedrigkeit seiner Magd« (V. 48). Daß sie dennoch seligzupreisen ist, kommt daher, daß der Herr »große Dinge« an ihr »getan« hat (V. 49). Das Magnificat hat die Lobgesänge der Kirche und die christliche Kunst durch die

Jahrhunderte inspiriert. Wegen V. 51-53 hat es in der kurzlebigen sog. ›Theologie der Revolution‹, ebenso wie neuerdings in der ›Theologie der Befreiung‹, und nun auch in der ›feministischen Theologie‹ eine seltsame Begeisterung ausgelöst, und wegen solcher matriarchalen Klänge wird Maria da und dort beinahe in eine Amazone umkostümiert. Frauen bemühen sich nun, anhand dieser Verse eine »Befreiungsmariologie« zu entwickeln, z.B. Rosemary Radford Ruether[69] und Catharina J.M. Halkes[70]. Sie vernehmen in Marias angeblich »radikalen, subversiven Worten«[71] gleichsam den Aufruf zum Aufstand. Sie nehmen an, Maria werde »das befreiende Handeln Gottes fortsetzen«[72], und wollen mittun; Maria nimmt dabei unversehens die Gestalt jener berühmten Allegorie der Französischen Revolution an, die Eugene Delacroix (1830) gemalt hat, jener die Tricolore schwingenden Jung-Frau, die, den Aufständischen voran, auf die Barrikaden steigt.[73] Allzugerne sehen diese für ein verkürztes Magnificat schwärmenden Frauen ihren »Auftrag« (wer hat ihn erteilt?) darin, »Dynamit anzubringen«.[74] Wie fern liegt das alles der anbetenden Maria in der lukanischen Vorgeschichte! Sie denkt nicht daran, zum Aufstand aufzurufen, sondern preist den barmherzigen Gott. *Er* »erhebt die Niedrigen« (V. 52); sie erheben sich nicht selbst, sondern sind dabei »wie die Träumenden« (Ps 126,1). Statt Dynamit zu legen, ›als ob es keinen Gott gäbe‹, sollten die erniedrigten Christen lernen, vertrauend und anbetend das Magnificat zu singen, wie die Kirche es in ihrem Abendgebet tut.[75]

Maria in der Kindheitsgeschichte

»Bei der Geburt Jesu in Lk 2«, findet Mahoney, »bleibt Maria weiterhin, besonders im Vergleich zum Matthäusevangelium, die Aktive«[76], was ich beim Blick auf V. 4-5 nicht bestätigt finde: »Da machte sich auf auch Josef . . ., auf daß er sich schätzen ließe mit Maria«. In den Fragen des täglichen Lebens ist es weiterhin Josef, der die Initiative ergreift. Maria ist nicht das Beispiel einer emanzipierten Frau – das sehen die mißmutigen Feministinnen ganz richtig –, sondern ein Vorbild des Glaubens. Daher wird in der Weihnachtsgeschichte als einzige auffällige ›Aktivität‹ ihrerseits berichtet: Sie »behielt alle diese Worte«, nämlich die vom Engel den Hirten gesagten Worte über ihren Sohn, »und bewegte sie in ihrem Herzen« (V. 19). Die kultischen Verpflichtungen erfüllt das Ehepaar einmütig (V. 22f) und sie »wunderten sich« gleichermaßen über die Worte, die Simeon fand (V. 33). Simeon allerdings redete Maria gesondert an und sagte ihr das dunkle Wort[77]: »Auch durch deine Seele wird ein Schwert dringen« (V. 35). Grundmann versteht, »daß sie über solcher Geschichte zur mater dolorosa werden wird«[78], und Rengstorf, daß sie »an dem Dienst ihres Sohnes zur Ehre Gottes und zur Scheidung der Menschen schwer wird mittragen müssen«.[79] Ob damit mehr gesagt ist, als daß Mütter normalerweise am Schicksal ihrer Kinder tief und gegebenenfalls schmerzlich Anteil nehmen, und daß das in diesem Fall besonders schmerzlich ausfallen wird, ist nicht ersichtlich. Eine Teilnahme am erlösenden Leiden Jesu dürfte damit kaum angedeutet sein. Von tiefgreifendem Widerspruch ist die Rede, auf den Jesus stoßen wird. Es könnte gemeint sein, »daß auch Maria aufgrund ihrer zukünftigen Reaktion zu Jesus«, die etwa Markus andeutet, »wird beurteilt werden müssen«.[80]

Einträchtig zieht das Elternpaar alle Jahre zum Passafest nach Jerusalem (V. 41), so auch noch nach zwölf Jahren, wo Jesus bei der Heimkehr abhanden kommt. »Beim Auffinden des zwölfjährigen Jesus im Tempel ist es Maria, die für sich und Josef spricht (2,48)«.[81] Erneut wird in V. 51 betont, daß »seine Mutter« »alle diese Worte in ihrem Herzen« »behielt«. Wie in Kap. 1, will Lukas auch hier Maria »als Beispiel« hinstellen, »indem sie das Wort aufnimmt und in sich wirken läßt: sie ist der ideale Jünger«.[82]

Maria im Johannes-Evangelium

»Jesus bezeugte, daß ein Prophet daheim nichts gilt«: dieser Vers, Joh 4,44 bestätigt, was in Mk 6,4 ausgesagt war. Die damit angedeutete Spannung tritt in Joh 7,5 deutlich hervor: »Auch seine Brüder glaubten nicht an ihn«. Maria-Sybilla Heister macht darauf aufmerksam, daß die Brüder nach Joh 7,3-5 ganz »ähnlich«, wie die Mutter in Joh 2,1-2, Jesus drängen wollen, sich zu offenbaren[84]: »Niemand tut etwas im Verborgenen und will doch gelten öffentlich« (7,4). »So wenig« wie die Brüder, »begreift Jesu Mutter, daß die verborgene ›Herrlichkeit‹ Jesu nicht in demonstrativer Aufdringlichkeit, vielmehr in dem ›menschgewordenen Logos Gottes‹ offenbar werden will.«[85]

Ebenso stellt Joh 6,42 eine Parallele zu Mk 6,3 dar: »Sie sprachen: ›Ist dieser nicht Jesus, Josefs Sohn, dessen Vater und Mutter wir kennen? Wie spricht er denn: Ich bin vom Himmel gekommen?‹« Damit setzten die murrenden Juden (Joh 6,41) der Offenbarungsrede Jesu, diese vermeintlich entkräftend, Informationen über seine irdische Herkunft entgegen. Die jungfräuliche Empfängnis Marias wird im Johannes-Evangelium nicht erwähnt. Als »Sohn Josefs« wird Jesus auch in Joh 1,45 bezeichnet. Daß Josef in der Zeit des öffentlichen Wirkens Jesu in den Evangelien nie auftaucht, auch nicht als Gast bei der Hochzeit zu Kana, haben Exegeten meist damit erklärt, daß er vermutlich zu diesem Zeitpunkt, etwa dreißig Jahre nach Jesu Geburt, nicht mehr lebte. Auch das Johannes-Evangelium spricht bedenkenlos von Jesu Brüdern, die neben der Mutter genannt und von den Jüngern unterschieden werden (2,12).

Mit Namen wird Maria im Johannes-Evangelium nicht genannt. »Nur zweimal« spielt sie eine Rolle, nämlich am Anfang und am Ende des öffentlichen Wirkens Jesu.[86] Es handelt sich um die Texte Joh 2,1-12 und 19,25-27. Sie haben in der Geschichte der Mariologie eine außerordentlich wichtige Rolle gespielt. Ob sie dabei sachgemäß interpretiert wurden, ist umstritten.

Maria als Mittlerin?

Bei der Hochzeit zu Kana war die Mutter Jesu schon dabei (2,1), als zu erwähnen war, daß Jesus und seine Jünger ebenfalls eingeladen wurden (V. 2). Mahoney stellt fest: »Ihre Rolle in dieser ersten der johanneischen Wundergeschichten oder Zeichen ist auf jeden Fall dem christologischen Thema untergeordnet: der ersten Epiphanie, die zum Glauben an Jesus führt« (V. 11).[86] Er erinnert an Rudolf Schnackenburgs methodologische Warnung: »Das Wichtigste« ist dem Evangelisten »die Herrlichkeitsoffenbarung Jesu (V. 11), und jede Deutung, die sich von dieser *christologischen* Sicht entfernt, führt vom Zentrum ab.«[87]

Maria machte Jesus in Kana auf einen Mangel aufmerksam. Joh 2,3: »Sie haben nicht Wein«. – »Fragt man, wie gerade Maria darauf komme, Jesus zu bitten«, so ist laut Bultmann »zu antworten, daß die Erzählung aus Kreisen stammt, in denen eine besondere Geltung der Herrenmutter schon selbstverständlich war«.[88] »Die Aufmerksamkeit« wird laut Frau Heister »auf Maria aus Nazareth und auf ihre Erwartungen« gelenkt, »die sie mit der verborgenen Herrlichkeit Jesu verbindet«.[89] Rudolf Bultmann erklärt: »Das gilt auch dann, wenn die Erzählung wirklich eine Polemik gegen die Marien-Verehrung enthalten sollte«.[90] Auffallend ist nämlich Jesu erstaunlich schroffe Reaktion. Distanziert[91] redet er seine Mutter an: »Frau, was habe ich mit dir zu schaffen?« (V. 4), bzw.: »Was gehts dich an, was ich tue?« Wenn Mahoney auch findet, daß diese »Zurechtweisung« »nicht übermäßig schroff« ausfiel, so »garantiert« sie doch »die ›christologische Distanz‹ und erinnert an das den Synoptikern und Johannes gemeinsame Thema, daß leibliche Verwandtschaft allein noch kein Kriterium wahrer Nähe zu Jesus darstellt«.[92]

Wichtig ist aber, daß Maria Jesus versteht. Bultmann umschreibt: »Was sich tun läßt, ist nur eines: bereit sein für die Befehle des Wundertäters. So weist sie die Diener an, die etwaigen Befehle Jesu zu erfüllen«.[93] Auch dieser Satz aus dem Mund der Mutter Jesu hat, wie der in Lk 1,38, weitreichende Bedeutung. Wie jener ein Bekenntnis des Vertrauens ist, so ist dieser eine Anweisung zum Glauben. Neben dem ähnlich formulierten Paulus-Wort in Apg 16,31 verblaßt sie freilich ein wenig. An anderer Stelle des Neuen Testamentes ist umfassender vom Glauben die Rede als hier. Daher sollte man diesen Text nicht überinterpretieren. Nach Bultmann ist die ganze Geschichte »eine vorbildliche Darstellung des Glaubens«.[94]

Der Papst jedoch liest in seiner Enzyklika »Redemptoris Mater« in traditioneller Weise aus dieser Szene heraus, daß Maria sich hier zur »Mittlerin« macht: »*Sie stellt sich ›dazwischen*‹«, und zwar »*in ihrer Stellung als Mutter*«. Sie »ist sich bewußt, daß sie als solche dem Sohn die Nöte der Menschen vortragen kann, ja sogar das ›Recht‹ dazu hat. Ihre Vermittlung hat also den Charakter einer Fürsprache«.[95] In ihrer Anweisung an die Diener erkennt der Papst Maria »*als Sprecherin für den Willen des Sohnes,* als Wegweiserin zu jenen Voraussetzungen, die erfüllt sein müssen, damit sich die erlösende Macht des Messias offenbaren kann«. »In diesem Sinne bietet uns das Geschehen zu Kana in Galiläa *gleichsam ein erstes Aufleuchten der Mittlerschaft Marias*«.[96] Sorgfältig versucht der Papst jede Verselbständigung der heilsvermittelnden Rolle Mariens zu vermeiden, womit er dem Anliegen der Reformation entgegenkommt. Die Mittlerschaft soll auf keine Weise in Konkurrenz zur alleinigen Mittlerschaft Jesu (1 Tim 2,5) verstanden werden. Sie ist »ganz auf Christus bezogen und auf die Offenbarung seiner Heilsmacht ausgerichtet«.[97] Allerdings entwickelt bzw. bestätigt der Papst ein Konzept von geistlicher Mutterschaft, das die Unmittelbarkeit des Zugangs zu Jesus, in dem Gott sich durch seine Menschwerdung in unüberbietbarer Weise als ›zugänglich‹ erzeigte, wieder komplizieren könnte, und das in dieser Form aus der Heiligen Schrift nicht zu erheben ist. Durch Lk 11,28 sieht er die Seligpreisung in Lk 11,27 nicht beiseite geschoben, sondern überboten. Das Reich Gottes und die ›Angelegenheiten des Vaters‹ (Lk 2,49) »sind auch eine neue Dimension und eine neue Sinngebung für all das, was menschlich ist, und somit auch für jede menschliche Bindung«.[98] »In dieser neuen Dimension« gibt es ebenso wie eine neue Brüderlichkeit, die anders ist als das Bruder-Sein ›nach dem Fleisch‹, eine neue, geistliche Mütterlichkeit. »Die ›Mutterschaft‹ enthält in der Dimension des Reiches Gottes, im Licht der Vaterschaft Gottes selbst, einen anderen

Sinn.«[99] Dagegen spricht allerdings das Jesus-Wort, nach dem nur »einer euer Meister« ist, »ihr aber alle Brüder« seid (Mt 23,8). Von Müttern und Vätern ist in diesem Zusammenhang nicht die Rede. Wenn Jesu Antwort auf den Hinweis, daß seine Mutter und seine Brüder nach ihm fragen, darin bestand, daß er auf seine Zuhörer blickte und sagte: »Siehe, das ist meine Mutter und meine Brüder!« und: »Wer Gottes Willen tut, der ist mein Bruder und meine Schwester und meine Mutter« (Mk 3,34-35), so scheinen Bruderschaft und Mutterschaft geistlich nivelliert zu sein. Wenn die Hörer und Täter des Wortes Gottes im geistlichen Sinne »Mutter« und »Brüder« sind, bleibt für eine besondere geistliche Mutter-Rolle kein Raum. Dafür spricht auch, daß Jesus seinen Jüngern ausdrücklich abriet, jemanden als geistlichen »Vater« zu bezeichnen »auf Erden; denn *einer* ist euer Vater, der im Himmel ist« (Mt 23,9). Für eine spezifische heilsmittlerische Funktion geistlicher Vater- oder Mutterschaft scheint das Neue Testament – abgesehen davon, daß diese Perikope mit solcher Deutung überfrachtet wäre – keinen Raum übrigzulassen. Der himmlische Vater ist in Christus den Menschen so nahe gekommen, daß sich, über den brüderlichen und schwesterlichen Beistand hinaus, jede väterlich oder mütterlich gemeinte geistliche Interzession erübrigt.

Maria als Mit-Erlöserin?

Mehr noch als Joh 2,1-12 hat die zweite Stelle, an der das Johannes-Evangelium eine über die anderen Evangelien hinausgehende Aussage über die Mutter Jesu macht, einer schon selbständig »fortgeschrittenen Mariologie mächtige Impulse gegeben«[100], nämlich Joh 19,25-27. Maria wurde daraufhin als Mutter aller Gläubigen bzw. der Kirche verstanden im Sinne einer heilsmittlerisch wirksamen geistlichen Mutterschaft, wie sie das päpstliche Lehrschreiben in achtsamer Bindung an Christus entfaltet; in diesem Sinne wurde sie auch als »Mediatrix aller Gnade« und »Co-Redemptrix«, d.h. Mittlerin und Mit-Erlöserin, dargestellt.[101] Mahoney betont: »Als Ausleger des vierten Evangeliums müssen wir aber besonders bei diesen Szenen auf die alles überragende christologische Ausrichtung des gesamten Evangeliums insistieren. Implikationen für die Person Marias sind höchstens spekulativ und unsicher.«[102]

Der Text selbst – eine Überlieferung, die nur Johannes mitteilt – setzt voraus, »daß Jesu Mutter mit anderen Frauen und der Jünger, den Jesus liebhatte, nicht – wie in der synoptischen Tradition – von ferne der Kreuzigung Jesu zuschauen, vielmehr nahe, bei dem Kreuz

Jesu stehen«.[103] Aber »der Hinweis Jesu in Joh 16,32 – der auch bei den Synoptikern vorliegt, daß in der Stunde seiner Passion ihn alle verlassen werden – läßt«, nach Frau Heister, »wenig Raum für eine historische Deutung dieser Szene«[104], obwohl sie sich über die Ikonographie der Kreuzigungs-Darstellungen dem allgemeinen Bewußtsein eingeprägt hat. Mahoney macht darauf aufmerksam, daß zwischen die Berichte von Jesu Kreuzigung in Joh 19,18 und von seinem Tod in 19,30f »vier Kurzszenen« eingeschoben wurden, »die alle christologisch bedeutsam sind«[105], nämlich das Streitgespräch über den Titulus (V. 19-22), das Würfeln um die Kleider (V. 23-24), unser Abschnitt (V. 25-27) und die Tränkung mit Essig (V. 28-30a).

»Die dritte erzählt von Jesu letzter Anweisung, wonach seine Mutter den Jünger, den Jesus liebte, als Sohn annimmt, und der Jünger Jesu Mutter als seine eigene nimmt«.[106] Nach Mahoney gibt es »zu dieser Episode wie auch zu der Person des Jüngers, den Jesus liebte«, »unzählige Interpretationen«, von denen noch »keine sämtliche Fragen beantworten noch alle Exegeten befriedigen« konnte.[107] Seiner Meinung nach könnte hier schlicht die menschliche Fürsorge und »Pietät des Sohnes« geschildert sein, die »ein letztes Beispiel für die in Joh 13,1 angegebene Überschrift über die zweite Hälfte des Evangeliums« gibt: »Da er die Seinen, die in der Welt waren, liebte, erwies er ihnen seine Liebe bis zur Vollendung«. Allerdings könnte die Erwähnung der Anwesenheit der Mutter beim Sterben Jesu angesichts der antidoketischen[108] Tendenz des Johannes-Evangeliums auch ein Hinweis auf das wirkliche menschliche Leiden und Sterben Jesu sein, wie es schon Ignatius von Antiochien, fast ein Zeitgenosse des vierten Evangelisten[109], auffaßte.[110] Die Worte Jesu an Maria und den anonymen Jünger können unterstreichen, daß er wirklich – und nicht nur zum ›Schein‹, wie die sog. Doketen, griechischen Götter-Mythen entsprechend, annahmen – sterben wird. Schließlich: »Mit Joh 19,27 wissen wir, daß Jesus nicht in ein solches irdisches Verhältnis zurückkehren wird, das mit Worten wie ›meine Mutter‹ umschrieben werden kann. Ab dieser Stunde, der Stunde seines Todes, werden die natürlichen Verpflichtungen, die er hatte, von einem anderen übernommen«.[111] Rudolf Bultmann meinte allerdings, daß »diese Szene« »ohne Zweifel« »einen symbolischen Sinn« habe: »Die Mutter Jesu, die am Kreuz ausharrt, stellt das Juden-Christentum dar«. »Das durch den Lieblingsjünger repräsentierte Heidenchristentum wird angewiesen, jenes als seine Mutter, aus der es hervorgegangen ist, zu ehren«.[112] Daß die Mutter Jesu »die Kirche repräsentiere«, empfand er hingegen als »eine unmögliche Behauptung«.[113] Der Papst aber beruft sich auf Konzilsdokumente und stellt fest: »In Anlehnung an die Tradition zögert das Konzil nicht, Maria ›*Mutter Christi und Mutter der Menschen*‹ zu nennen«; denn »›sie ist wahrhaft Mutter der Glieder (Christi), . . .denn sie hat in Liebe mitgewirkt, daß die Gläubigen in der Kirche geboren würden‹«.[114] Demnach würde Maria zwar nicht die Kirche repräsentieren, sondern in ihrer unvergleichlichen und bleibend wirksamen geistlichen Mütterlichkeit diese als Mutter der Gläubigen, vermittelnd, erst wirksam machen. Für diese Deutung aber scheint im Heilsgeschehen, wie es im Neuen Testament bezeugt wird, kein Raum zu bestehen. – Daß Offenbarung Kap. 12 nicht auf Maria zu beziehen ist, bzw. nur im Rahmen einer komplizierten, die Meinung des Textes weit unter sich lassenden Spekulation, ist herrschende Ansicht der Exegeten, obwohl gerade dieser Text in der marianischen Kunst zu eindrucksvollen Bildern inspiriert hat.

Maria als Jüngerin

Die biblische Basis für die Entwicklung einer Mariologie ist zweifellos schmal. Ein Großteil der neutestamentlichen Schriften, nämlich die für die kirchliche Lehre maßgeblichen Briefe, erwähnen die Mutter Jesu kaum. Aber auch in den Evangelien spielt sie eine überraschend geringe Rolle. Lediglich in der lukanischen Vorgeschichte zeigt sich ein gewisses Interesse an der Person Mariens. Die Entwicklung der Marien-Verehrung in der Kirchengeschichte steht in einem seltsamen Mißverhältnis zu diesem Befund. Wenn Joh 19,25-27 nicht nur eine Maßnahme menschlicher Fürsorge bezeugt, dann erscheint Maria hier allenfalls als Symbolfigur. In Joh 2,1-12 will sie Jesus zum helfenden Eingreifen drängen, steckt aber sofort zurück, wie er abwehrt, versucht also nicht, ihre – weibliche – Sicht der Dinge (der menschlichen Bedürfnisse) durchzusetzen, sondern gibt – Männern! – den Rat, sich unbedingt an die Anweisung Jesu zu halten. Zur Geltendmachung der Frauenrechte trägt sie damit selbstredend nicht bei. Mahoney hebt nachdrücklich hervor, daß lediglich in Lk 1-2 der »Rahmen der sozialen Anschauungen des ersten Jahrhunderts« (die sich jedoch nachweislich in hellenistischen Großstädten von denen des palästinensischen Judentums erheblich unterschieden) »gesprengt« wurde.[115] Hier spiele Maria die »führende menschliche Rolle«.[116] Bei unbefangener Durchsicht der Texte bestätigt sich dies jedoch höchstens teilweise. Selbst Anklänge an eine ›Befreiungsmariologie‹ finden sich bei Mahoney. Jedoch wird der Mutter Jesu vergeblich angedichtet, daß sie »als aktiv Mitwirkende« »Gottes erwähltes Instrument«[117] bei Umsturz oder Neuordnung der Gesellschaft war. So lautet das Magnificat nicht. Marias Auftrag war es, den Gottes-Sohn zu gebären. Auf dies Menschenunmögliche, heißt es, hat sie sich voll Gott-Vertrauen eingelassen. Im Glauben wurde sie zur Mutter-Gottes, wie der Papst mit Recht betont.[118] Wenn man sich ausmalen möchte, was geschehen wäre, wenn Marias Antwort anders hätte lauten können, als: »Siehe, ich bin des Herrn Magd; mir geschehe (fiat), wie du gesagt hast« (Lk 1,38), könnte man auf den Gedanken kommen, daß heilsgeschichtlich sehr viel von ihr abhing. Darüber reflektiert die Bibel aber nicht. Sie gewichtet nicht die denkbaren Mitwirkungsquoten menschlichen Gehorsams zum Heil, sondern preist Gottes Gnade, die »die Niedrigkeit seiner Magd angesehen« (Lk 1,48) und sich »in den Schwachen« als »mächtig« erwiesen hat (2 Kor 12,9). Auch die lukanische Vorgeschichte leitet nicht dazu an, Maria zu verehren, weil man ihr irgend etwas verdanke, sondern dazu, ihr zu folgen, weil der Barmherzigkeit Gottes alles zu verdanken ist; denn »Maria, die Mutter«, kann, wie der Papst schreibt, »in gewissem Sinn« als »die erste ›Jüngerin‹ ihres Sohnes« gelten.[119]

2. Die Entfaltung der Mariologie

Auf dieser schmalen Basis, wie gesagt, wurde im Laufe der Zeit ein ungeheures Gebäude mariologischer Spekulation und marianischer Frömmigkeit errichtet – so beeindruckend, daß Christa Mulack heute, durch die Brille der Frauenrechtlerin die Kirchengeschichte betrachtend, Maria als »die geheime Göttin im Christentum« ausgeben[1] und behaupten kann, »Gott Vater und Sohn hätten nie die Attraktivität entwickeln können, die das Christentum durch Maria erhielt«.[2] Wir können die verzweigte Geistes-, Kultus- und Kunstgeschichte der Marien-Verehrung hier nicht im einzelnen nachzeichnen, auch nicht die anhaltende Kontroverse darüber darstellen. Jedenfalls mußten die kargen Andeutungen der Bibel zunächst durch viele zusätzliche ›Informationen‹ angereichert und dann in deren Sinne maßlos ausgedeutet werden. Ist dieser Vorgang nur einer gewissermaßen übermütigen Abschweifung menschlicher Neugier von der biblischen Heilsbotschaft zuzuschreiben? Ist es angebracht, ihn als Fehlentwicklung abzutun? Genügt es, »mit der biblischen Rückfrage einzusetzen« und die Mariologie »als Fortspinnung und Überhöhung biblischer Aussagen über eine historische Person« zu diagnostizieren, der aus protestantischer Sicht »kaum mehr als ein schlichtes Nein« entgegenzusetzen wäre?[3] Was hat die Christen der ersten Jahrhunderte zu solcher »Fortspinnung« veranlaßt? Tatsächlich setzte ja das vermehrte Interesse an Maria schon sehr frühzeitig ein, nicht erst als die Bekenntnis-Situation der Minderheits- und Verfolgungszeit vorüber war, die zur Konzentration auf das Wesentliche zwang. Man wird die Beschäftigung der frühen Christenheit mit Maria nicht sozusagen als Allotria abwerten können; denn sie begann ja schon in den ersten Zeiten des Kampfes. Das sog. »Protevangelium des Jakobus«, ein apokryphes[4] Kindheits-Evangelium, dürfte etwa um das Jahr 150 n.Chr. verfaßt worden sein[5], also zwar ein Jahrhundert später als die frühesten Paulus-Briefe, und auch ebenso deutlich später als die kanonischen Evangelien, aber doch immerhin sehr frühzeitig, als die Kirche noch allseits als Sekte verfolgt wurde; da hatte man nicht Muße für unnütze Spekulationen. Etwa um die gleiche Zeit finden wir Spuren fortgeschrittener theologischer Reflexion über die heilsgeschichtliche Rolle Marias in einem Dialog des Christ gewordenen Philosophen Justin (110-165), der aus Nablus (Sichem) in Palästina stammte, mit einem Juden namens Tryphon. Etwa um die gleiche Zeit dürfte auch das Tauf-Bekenntnis formuliert worden sein, durch das Maria in der knappen

Formulierung des Credo ihren unverlierbaren Platz fand; uns ist es auch noch heute als sog. »Apostolisches Glaubensbekenntnis« geläufig. Zumindest auf drei Wegen, so scheint es, vollzog sich die ernsthafte und verantwortete »Fortspinnung« der biblischen Aussagen über Maria, deren erste ausgereifte Ergebnisse um die Mitte des 2. Jahrhunderts greifbar werden, nämlich erstens auf dem Wege des andächtigen Erzählens der Heilsgeschichte (»narrative« Theologie), zweitens auf dem Wege der theologischen Reflexion über die Heilsgeschichte (»dogmatische« Theologie) und drittens auf dem Wege der klärenden, auch abgrenzenden Formulierung des Glaubensbekenntnisses (»konfessionelle« Theologie). Diesen drei Wegen einer Weiterentwicklung der Mariologie soll nun nachgegangen und danach nur in einer knappen Skizze an den weiteren Verlauf erinnert werden.

Anfänge einer narrativen (erzählenden) Mariologie

Wenn Christus verkündigt wurde, und zwar als der Gekreuzigte, was Paulus als einziges Thema seiner gesamten Missionspredigt ausgab (1 Kor 2,2), und wenn diese Predigt Glauben fand, mußte zweifellos auch erläutert werden, wer denn dieser von Gott auferweckte Gekreuzigte war, den Gott »für uns zur Sünde gemacht hat, auf daß wir in ihm würden die Gerechtigkeit, die vor Gott gilt« (2 Kor 5,21). Es war nicht zu umgehen, daß die Frage nach Person, Geschichte und Herkunft Jesu gestellt wurde. Als Antwort konnte dienen, was an Erinnerungen gesammelt und formuliert wurde und was man allmählich zu Evangelien zusammentrug. Wenn von Jesus berichtet wurde, wie z.B. im Evangelium nach Markus, konnte es nicht ausbleiben, daß die Frage aufkam: Wer waren denn die in Mk 6,3 erwähnten Eltern, und wie ging es bei seiner Geburt zu? Die Kindheitsgeschichten bei Matthäus und Lukas geben darauf unterschiedliche Antwort. Und so war, je mehr man sich andächtig in die Heilsgeschichte versenkte, je mehr man darüber nachsann und sein eigenes Leben daran band, des Fragens kein Ende. Ich denke, man darf sich das so schlicht vorstellen. In dürren Lehrsätzen allein lebt kein lebendiger Glaube (wenngleich es abwegig wäre, das rettende Kerygma der Urgemeinde als ›dürre Lehrsätze‹ zu bezeichnen). Wenn Glaube volkstümlich werden, d.h. im Leben des Volkes Wurzeln schlagen soll – das wußten die großen Katecheten und Prediger aller Zeiten, und das wurde neuerdings unter dem Stichwort »Narrative (d.h. erzählende) Theologie« bedacht –, muß er in Form von

›Geschichten‹ mitgeteilt werden. Und jede existentiell eindringende Beschäftigung mit einer ›Biblischen Geschichte‹ beginnt damit, daß man sich in sie hineinversetzt. Wer aber damit beginnt, wird versuchen, die knappen Angaben für seine eigene Vorstellung ›auszumalen‹. Die Meditation über ›Biblische Geschichten‹ beginnt damit, daß man das Gesagte die eigene Phantasie ausfüllen läßt. Gewissenhafte Exegese darf der Versuchung auszumalen, nicht erliegen. Ihre Aufgabe ist es, sich unerbittlich auf das zu beschränken, was ›dasteht‹. Aber der andächtige Umgang mit der Heiligen Schrift würde absterben, wenn er sich gleichfalls darauf beschränken wollte. Feministischen Theologinnen kommt, neben anderen, das Verdienst zu, auf andere, auch die Phantasie mit einbeziehende Arten biblischer Besinnung zurückgekommen zu sein, die neben der strengen Exegese, aber keinesfalls statt ihrer, im kirchlichen Leben geübt werden müssen. Ich lese einige der apokryphen Evangelien nicht mit der indignierten Ratlosigkeit eines Historikers, der fragen müßte, was diesen ›Poeten‹ wohl eingefallen sei, solche Geschichten zu ›erfinden‹, für die kein Anhaltspunkt ausfindig zu machen ist. Ich lese sie vielmehr als weitererzählte Ergebnisse gläubiger Meditation, herzlichen Sich-hinein-Versetzens in die Erfahrungen der biblischen Menschen und liebevoller Anteilnahme. Wie gesagt, das Phänomen der Apokryphen zum Neuen Testament ist damit keineswegs zureichend eingeordnet. Häretische Umdeutungen, die Heilsbotschaft verschleiernde Nebeninteressen und von Christus ablenkende Neugier für Menschliches oder Phantastisches haben zu ihrer Entstehung beigetragen. Dennoch finde ich in manchen legendären Ausspinnungen eine rührende Frömmigkeit voller Gottes- und Menschenliebe. Als Norm christlicher Verkündigung kommt diese Literatur natürlich nicht in Frage. Man sollte die Berechtigung des Kanons, der sie ausgrenzte, nicht anzweifeln. Aber es sind ansprechende Beispiele narrativer Theologie darunter, und die Dichtungen syrischer Kirchenväter, wie Ephräms und mancher späteren, beweisen in der Dichte ihrer bildhaften Aussage mehr geistliche Kraft als manche theologische Abhandlung.

Das »Protevangelium des Jakobus«

Es lag nahe, daß fromme Phantasie sich auch mit der Jungfrau Maria befaßte und, dichtend, der Frage nachging, woher sie stammte und wie ihre Jungend verlaufen sei. Fragt man, woher die Christenheit später, angesichts der kargen Andeutungen des Neuen Testamentes, ihre üppigen ›Informationen‹ über Maria bezog, so ist vor allem auf eine apokryphe Schrift zu verweisen, die, wie gesagt, um das Jahr 150 n. Chr. verfaßt worden sein dürfte, das sog. »Protevangelium des Jakobus«.[6] Es ist in einer Handschrift aus dem 3. Jahrhundert und zahlreichen späteren Ausgaben und Übersetzungen überliefert. Eine wissenschaftliche Ausgabe des griechischen Urtextes hat erstmals Michael Neander im Jahre 1564 in Basel veranlaßt. Auf ihn ist auch die heute geläufige Bezeichnung »Protevangelium« (Erst-Evangelium) zurückzuführen, die damals wohl im Orient gebraucht wurde und besagen will, daß der Inhalt zeitlich vor den in den kanonischen Evangelien mitgeteilten Ereignissen liegt.[7] Das älteste Manuskript trägt die Überschrift: »Geburt der Maria. Offenbarung des Jakobus«. In späteren Handschriften wird der Inhalt meist mit »Geburt der heiligen Gottesgebärerin Maria« angegeben. In der syrischen Übersetzung lautet der Titel: »Geburt unseres Herrn und der Herrin Maria«. Die Schrift berichtet von der wunderbaren Geburt der Maria, der Tochter des reichen Joachim und seiner Frau Anna, von ihrem Aufwachsen im Tempel und ihrer Jungfrauschaft, die durch den Witwer Josef, dem sie durchs Los anvertraut wird, und durch die Geburt Jesu nicht verletzt wird.[8] Als Verfasser wird der Herrenbruder Jakobus angegeben, der nach dieser Schrift, wie alle ›Geschwister‹ Jesu, aus der ersten Ehe Josefs stammte. So wurde die Spannung zwischen der Jungfräulichkeit Marias und dem in den Evangelien bezeugten Vorhandensein von Geschwistern gelöst. Der Kirchenvater Hieronymus (345-420) war dagegen der Meinung, daß Jesu Brüder allenfalls Vettern sein konnten, worin ihm die katholische Kirche gefolgt ist; daher hat er sich gegenüber dem Protevangelium sehr kritisch geäußert. Die griechischen Kirchenväter, die auch den Inhalt nur zurückhaltend aufnahmen, zweifelten die Autorschaft des Herrenbruders – mit Recht – an.[9] Nach Cullmann ist »das Ganze« »zur Verherrlichung der Maria geschrieben«[10]. »Alle künftigen mariologischen Themen kündigen sich schon an.«[11] Vor allem wegen des Lobpreises der Jungfräulichkeit wurde diese Schrift in den Ostkirchen hoch geschätzt. »Zwar wird noch keine ›unbefleckte Empfängnis‹ der Mutter Jesu gelehrt, wohl aber ihre doch schon wunderbare Geburt berichtet.«[12] Das Protevangelium beweist nach Cullmann, daß »die Marienverehrung zu dem verhältnismäßig frühen Zeitpunkt seiner Abfassung schon weit fortgeschritten ist, und daß Züge, die in der alten Tradition Jesus vorbehalten bleiben, auf Maria übertragen werden«. Dieser Text hatte, obwohl er nie als kanonisch anerkannt und im Westen sogar ausdrücklich durch päpstliches Dekret verurteilt wurde, »einen gewaltigen Einfluß auf die Mariologie«.[13] Seine »Darstellung ist eindrucksvoll und höchst anschaulich und zeugt von Diskretion, Innerlichkeit und Poesie.«[14]

Die Herkunft Marias

In diesem liebenswürdigen Büchlein erfahren wir, daß Christen um die Mitte des 2. Jahrhunderts sich vorstellten, Maria sei ein ausgesprochenes ›Wunschkind‹ gewesen, den Eltern in einer Situation äußerster Verzweiflung und öffentlicher Demütigung wegen ihrer Kinderlosigkeit als wunderbare Gebetserhörung geschenkt und beiden Elternteilen durch Engels-Botschaft angekündigt. Anna gelobte, wie Hanna (1 Sam 1,11), deren Geschichte (wie auch die Saras) als Modell diente, das Kind dem Herrn »als Opfergabe« darzubringen (4,1). Die Prominenz und »ganz Israel« feierte den Geburtstag des Mädchens mit (6,2), und Anna stimmte anstelle des ergreifenden Klagelieds der Unfruchtbaren, das sie zuvor unter einem Lorbeerbaum angesichts eines Sperlingsnestes, seufzend, gesungen hatte (3,1-3), Gott ein Loblied an (6,2). Als das Kind drei Jahre alt war, wurde es im Tempel den Priestern übergeben (7,2-3). Jungfrauen mit brennenden Fackeln zogen voran, damit »sich das Kind nicht zurückwende und sein Herz nicht vom Tempel des Herrn weggelockt werde« (7,2). Zur großen Freude der Eltern hat sich die kleine Maria »nicht rückwärts gewandt« (8,1). Bewegend wird so das Ideal der Entsagung und ungeteilten Hingabe an Gott beschrieben. Engel ernährten das Kind. Das erste Problem trat auf, als Maria zwölf Jahre zählte. Die Priester fürchteten, sie könne den Tempel ›beflecken‹ (8,2), und beschlossen auf die Weisung eines Engels hin, die Witwer in Israel zu versammeln. Einer von ihnen war Josef. Als es um die Auswahl ging, setzte sich wunderbar eine Taube auf sein Haupt. »Du hast durchs Los die Jungfrau des Herrn zugeteilt bekommen; nimm sie in Obhut«, sagte der Priester. Bedenken Josefs, der schon erwachsene Söhne hatte, wurden zerstreut. Er war mit Bauarbeiten beschäftigt, Maria blieb allein zu Haus (9). – Hatte sich soweit fromme Phantasie die Vorgeschichte Marias ausgemalt, so setzt nun die erzählende Meditation über Nachrichten ein, die auch in den biblischen Kindheits-Geschichten anklingen. Durch Los hatte Maria den Auftrag erhalten, für einen Tempelvorhang Scharlach zu spinnen (10). Nun war sie gerade mit einem Krug unterwegs, um Wasser zu schöpfen. »Sei gegrüßt, du Begnadigte«, sagte ein Stimme. »Sie schaute sich nach rechts und links um, woher diese Stimme (komme)«, und erbebte. Ins Haus zurückgekehrt, stellte sie den Krug ab (an den fortan manche kundigen Maler sich erinnerten), setzte sich auf ihren Stuhl und spann weiter. Dann trat der Engel ein, und es entspann sich der aus Lk 1,30ff bekannte Dialog, wobei ausdrücklich erwähnt wird, daß Maria »bei sich selbst« »zweifelte« (11,2), am Ende aber doch ihr »fiat« sprach (11,3). Nun stellte man sich vor, daß die Jungfrau dieses Erlebnis wieder vergessen konnte, daß es ihr zumindest nicht immer gegenwärtig war (12,2). Es galt als asketische Tugend, eigene Vorzüge zu vergessen.[15] So erklärt es sich, daß sie über die Glücklich-Preisungen, die ihr entgegengebracht wurden, erstaunt war. Als sie 16 Jahre alt war, »nahm ihr Leib zu«, und sie »fürchtete sich« und »verbarg sich« (12,3). Groß war die Bestürzung, als Josef heimkam. Die Sündenfall-Geschichte schien sich »wiederholt« zu haben (»wie Adam in der Stunde seines Gebets (abwesend) war und die Schlange kam und Eva allein fand und sie betrog«). Aber Maria antwortete auf seine Vorhaltung: »Ich weiß nicht, woher mir das (kommt)« (13). Während, wie im Matthäus-Evangelium, ein Engel Josef aufklärte (14), befaßten sich nun Schriftgelehrte und Hohepriester mit der Affäre; ein Gottes-Urteil aber ergab die Unschuld beider (15-16). Es folgt die aus Lk 2,1 bekannte Volkszählungs-Geschichte. Unterwegs traten die Wehen ein (17). Josef fand eine »Höhle« (18,1). Auch Justin und die byzantinische Tradition (Geburts-Grotte in Bethlehem) kannten diese Version. Hier differieren die Handschriften: Wunder häufen sich, eine ›kosmische Gedenk-Minute‹ läßt im Augenblick der Geburt alles erstarren (18,2). Wolken und Licht umgeben die Szene (19), eine skeptische Hebamme (Salome) muß büßen, daß sie Josefs Aussage anzweifelt: »Maria ist mit mir verlobt, aber sie hat ihre Empfängnis vom Heiligen Geist«, aber ein Anfassen des Kindes bringt Heilung (19-20). Dann treten, wie in Matthäus 2, die »Magier« auf (21). Herodes läßt die Kinder töten (22). Elisabeth verschwindet mit Johannes in einem Berg, der sich zweckmäßig spaltete (22,2), Zacharias aber wird zum Märtyrer seiner Unwissenheit, wo sein Sohn sich befinde (23-24), während Maria das Kind nahm, in Windeln wickelte und – offenbar zur Tarnung – »in eine Ochsenkrippe« legte und anscheinend erfolgreich (hier bricht die Erzählung ab) verbarg (22,2).

Wollte man den neuen Blickwinkel, unter dem sogar Robert Mahoney in Lukas 2 die »aktive Rolle« Marias als einer einigermaßen emanzipierten Frau herausstreicht[16], auch hier ausnutzen, so würde Anna, die sowohl die Namens-Gebung selbständig vornahm (5,2) als auch ihrem Mann den Vorschlag ausredete, das Mädchen schon zweijährig zum Tempel zu bringen – sie befand, es genüge noch ein Jahr später, worauf er nur sagte: »›Einverstanden‹« (7,1) – wohl relativ günstig abschneiden. Aber es liegt auf der Hand, daß es nicht die

Absicht des Textes war, emanzipierte Frauen darzustellen – und »gegen seine Absicht« gelesen, gibt er nicht viel her; er wollte vielmehr gottesfürchtige, ganz Gott ergebene Frauen schildern, die eben daraus eine – ich möchte sagen: heilige – Selbständigkeit, Beherztheit und Entschlossenheit gewannen, wie man sie an gläubigen Frauen, denen nichts ferner liegt, als um ihre eigenen Rechte besorgt zu sein, immer wieder erlebt.

Anfänge theologischer Reflexion über Maria

An zwei Stellen seiner neutestamentlichen Briefe hat der Apostel Paulus den ihm offenbar wichtigen Gedanken eingeführt, daß zwischen Christus und Adam eine gewisse Entsprechung bestehe: In 1 Kor 15,21-22 und in dem gewichtigen Text Röm 5,12-21. In Röm 5 »meditiert« Paulus »einen für ihn selbst bereits ausgearbeiteten Gedanken«[1]; denn der 1. Korintherbrief wurde früher verfaßt als der Römerbrief: Durch *einen* kam die Sünde. Die Entsprechung ist eine antithetische. Christus ist der Gegenpol, der das, was einer an Schaden heraufbeschwor, wiedergutgemacht hat. Die Kommentare geben Auskunft darüber, wodurch Paulus zu diesem Gedanken angeregt worden sein kann.[2] Er stellt selbst fest, daß eine Entsprechung zwischen Adam und Christus nur in gewisser Hinsicht besteht, die Wirkung beider auf die übrige Menschheit aber in anderer Hinsicht unvergleichlich ist (Röm 5,15-17). Paulus will mit diesem Vergleich die befreiende Heilsbotschaft verdeutlichen, daß die bisher unentrinnbare Herrschaft der Sünde und des Todes entrinnbar geworden ist. Rechtfertigung und ewiges Leben sind für die Nachfahren Adams erreichbar geworden. Das Verhängnis herrscht nicht mehr. Die »Tat Christi« wirkt »als Aufhebung der Tat Adams«.[3] Ulrich Wilckens betont in seiner – heute ökumenisch akzeptierten – Auslegung: »Da . . . von Adam her *alle* Menschen ausnahmslos gesündigt haben und in ihrem Geschick nunmehr definitiv durch den Tod bestimmt sind, ist von Adam – und das heißt: vom Menschen her – keinerlei Möglichkeit gegeben, dieses Geschick zu wenden. Dies kann allein durch das schöpferische Wunder der Gnade geschehen. Während Adam *die Sünde* repräsentiert, repräsentiert Christus nicht deren Gegenteil, die Gerechtigkeit, sondern *die Gnade* als die Kraft der *Aufhebung der Sünde.* Die Gerechtigkeit ist darum Widerfahrnis durch die Gnade, ihr Geschenk. In diesem Sinn ist Christi Gehorsam nicht sozusagen ein Gegenbeispiel zum Ungehorsam Adams, wenn auch das einzige gegenüber dem Ungehorsam *aller,* sondern Übereinstimmung mit der *Gnade Gottes* und darum Tat *für* die ›Vielen‹, so daß durch seinen Gehorsam nicht endlich wieder ein Beispiel für Gerechtigkeit und also eine neue Möglichkeit zur Gerechtigkeit für die Vielen gegeben, sondern Rechtfertigung für die Vielen als Sünder geschaffen ist«.[4]

Die Entsprechung zwischen Eva und Maria

Angeregt durch diese Adam-Christus-Typologie, die »entscheidend das Werk original-paulinischer Reflexion« ist[5], haben schon sehr frühzeitig die Kirchenväter Justin (110-165) und Irenäus (ca. 140-190), »zunächst homiletisch«[6], eine ähnliche antithetische Entsprechung zwischen Eva und Maria entdeckt und formuliert. Der später zum Märtyrer gewordene christliche Philosoph Justin hat in der literarischen Form eines Dialogs eine Verteidigung des christlichen Glaubens gegenüber jüdischer Kritik veröffentlicht. Gegen Ende des Bar-Kochba-Aufstandes[7], d.h. um das Jahr 135 n.Chr., habe Justin, so berichtet er, als er »eines Morgens« »in den Wandelgängen des Xystus«, laut Euseb in Ephesus[8], »spazieren«-ging (I,1), einen vor den Kriegswirren geflüchteten Juden namens Tryphon getroffen (I,3), der, nachdem man sich bekannt gemacht hatte, »höflich« lächelnd fragte: »Welche Meinung hast du von Gott, und welches ist deine Philosophie?« (I,4) In dieser freundlichen Atmosphäre erfolgte ein Dialog, der Justin Gelegenheit gab, gegenüber einem Andersgläubigen seinen christlichen Glauben bekennend und argumentierend darzulegen. Im 100. Kapitel dieser bedeutenden theologischen Schrift, die in das Leben und Denken der früh-christlichen Zeit Einblick gewährt, kommt Justin, der erläutert, welche prophetischen Texte des Alten Testamentes dem Glauben, daß Jesus Gottes Sohn ist, als Bestätigung dienen können, erneut, nachdem er schon vorher ausführlich darüber geredet hat, auf die menschliche Herkunft Jesu aus der Jungfrau Maria zu sprechen. An diesen Hinweis knüpfte er, um die theologische Bedeutung dieses Vorgangs zu erläutern, den folgenreichen Satz an: Dies geschah, »damit auf dem gleichen Weg, auf welchem die von der Schlange verursachte Sünde ihren Anfang nahm, die Sünde auch aufgehoben werde«.[9] Diesen Gedanken entfaltete er im 5. Abschnitt dieses Kapitels: »Denn Eva, welche eine unverdorbene Jungfrau war, gebar, nachdem sie das Wort der Schlange empfangen hatte, Sünde und Tod. Die Jungfrau Maria dagegen war voll Glaube und Freude, als der Engel Gabriel ihr die frohe Botschaft brachte, der Geist des Herrn werde über sie kommen und die Kraft des Höchsten werde sie überschatten, weshalb auch das Heilige, das aus ihr geboren werde, Gottes Sohn sei. Und sie antwortete: ›Mir geschehe nach Deinem Worte!‹ Durch die Jungfrau Maria ist Jesus geboren worden, auf welchen, wie wir gezeigt haben, so viele Schriftstellen gesprochen sind, und durch welchen Gott die Schlange und die ihr ähnlich gewordenen Engel und Menschen vernichtet, diejenigen dagegen, welche ihre Sünden bereuen und an ihn glauben, vom Tode befreit«.[10]

Damit war die Eva-Maria-Typologie formuliert. Auch diese Entsprechung besteht natürlich nur in gewisser Hinsicht. Eva ›empfing‹ ein zweifelndes Wort. Der Gedanke fiel als Same in ihre Seele, man könne Gottes Wort in Frage stellen (1 Mose 3,1) und möglicherweise, indem man sich unabhängig macht, zu tieferer und eigenständigerer Erkenntnis gelangen (V. 3). Dieser Same ging in ihrer Seele auf, wie er unaufhörlich in Menschen-Seelen aufgeht, und brachte Frucht (V. 6). Nun ›gebar‹ sie die Sünde. Sie machte sich selbständig gegenüber Gottes Gebot, löste sich von der väterlichen Autorität des Schöpfers und tat das Untersagte. Da ›der Tod der Sünde Sold‹ ist (Röm 6,23), ›gebar‹ Eva zugleich den Tod. Wie Paulus schrieb, Adam habe die Sünde (Röm 5,12-21) und den Tod (1 Kor 15,21-22) in die Welt gebracht, so kann man auch, und zwar mit noch größerem Anhalt am Text der Sündenfall-Geschichte, sagen, durch Eva sei dies geschehen (vgl. 1 Tim 2,14).

Die antithetische Entsprechung bei Maria ist aber eine zweifache: Einerseits ›empfing‹ auch sie ein Wort. Sie verhielt sich, gegenüber diesem Wort entsprechend, wie Eva: Sie ging darauf ein. Die Antithetik liegt aber in Herkunft und Inhalt des Wortes. Hier sprach nicht die Schlange, sondern der Engel Gabriel, nicht das ›listigste‹ Wesen der Schöpfung (1 Mose 3,1), sondern ein ›dienstbarer Geist‹ (vgl. Hebr 1,14), der Gottes Geheiß nicht hinterfragt, sondern ausrichtet und ausführt. Dementsprechend ist auch der Inhalt des ›empfangenen‹ Wortes nicht eine Anfrage an Gottes Gebot, in der die Ahnung duftet, man werde die Freiheit kosten, wenn man sich darüber hinwegsetzt, sondern schlicht die auf den Glaubens-Satz, bei Gott sei kein Ding unmöglich (Lk 1,37), gegründete Ankündigung, was Gott tun und wozu er Maria dabei beanspruchen werde. Justin nahm das Antithetische offenbar auch in der unmittelbaren Auswirkung des Wort-›Empfangs‹ wahr: »Sünde und Tod« bzw. Verlegenheit (1 Mose 3,7) und Angst (V. 8-9) bei Eva, bei der Jungfrau Maria dagegen »Glaube und Freude«. Denn andererseits ist der Inhalt des Wortes, das Maria ›empfing‹, daß sie ›vom Heiligen Geist empfangen‹ werde und daß, was sie ›gebären‹ wird, Gottes Sohn sei.

Wie Wilckens es in der Auslegung von Röm 5,12-21 herausgearbeitet hat, so zeigt sich auch hier inmitten des Vergleichs die Unvergleichlichkeit. Eva ›gebar‹ die Sünde, Maria gebar Jesus. Sie ›gebar‹ nicht den Gehorsam oder den Glauben, sondern den Erlöser, der die Schlange und ihr Gefolge, nämlich das Reich der selbst-herrlichen und eigenmächtigen Anzweiflung Gottes und der Emanzipation von ihm, zunichte macht, die Glaubenden aber, die sich reuevoll davon abwenden, vom Tode befreit. Im Anklang an die Auslegung des Römerbriefs von Ulrich Wilckens könnte man formulieren: Während Eva *die Sünde* repräsentiert, repräsentiert – auch nach Justin – Christus die Gnade als die Kraft der *Aufhebung der Sünde*. Nicht Maria, sondern Christus macht den Schaden wieder gut. Maria dagegen repräsentiert, indem sie der Ankündigung des Heils Glauben schenkt, gewissermaßen das *»Gegenteil« der Sünde*: anstelle des zweifelnden In-Frage-Stellens vertritt sie das Vertrauen in Gottes Wort und die Bereitschaft, sich für seine Erfüllung selbst herzugeben. Eva ›empfing‹ das zweifelnde Wort aus dem Vorwitz der Schöpfung und ›gebar‹ Sünde und Tod. Maria ›empfing‹ Gottes Wort; aber sie ›gebar‹ nicht durch ihren Gehorsam das Heil. Sie vermochte nicht, durch ihr entgegengesetztes Verhalten rückgängig zu machen, was Eva, die wie Adam die Menschheit repräsentiert, angerichtet hat. Das verlangte Gott auch nicht von ihr. ›Man‹ und ›frau‹ (wie ein kurioser feministisch inspirierter Sprachgebrauch Gleichheit anzudeuten versucht) vermag zwar, Unheil in die Welt zu tragen; jedoch davon wieder zu erlösen, vermag ›man‹/›frau‹ nicht. ›Man‹ hüte sich, von ›Frauen‹ die Erlösung zu erhoffen! »Auf dem gleichen Weg«[11] traten Verursachung und Aufhebung der Sünde nach Justin nur insofern ein, als nach biblischer Darstellung in beiden Fällen eine Frau zuerst gefragt war, nur eben das eine Mal von der gott-verneinenden, sich gegen sein Wort erhebenden, und das andere Mal von der Gott bekennenden und sein Wort bezeugenden Stimme. In vergleichbarer Weise schlossen die Frauen sich dem jeweiligen Wort auf. Entsprechend ist also nur die – ambivalente – Aufgeschlossenheit. Daß Gottes Wort beim zweiten Mal nicht wieder, wie im ersten Fall, Gesetz (Verbot), sondern Evangelium (frohmachende Heilszusage) war, ist Gottes gnädige Entscheidung. Die Schlange bringt hier wie dort ihre Fragezeichen an, und die Meinung der Frauen und Männer geht nach wie vor auseinander, wem sie folgen wollen.

Ein radikaler Flügel des Feminismus hat die Stimme der Schlange ausdrücklich in sein Programm aufgenommen. Ist Sünde wirklich als Sünde zu bewerten? Müßten an die Stelle der biblischen Norm-Vorstellungen nicht andere, z.T. entgegengesetzte, treten? Hat nicht der Sünden-Begriff »ein alles beherrschendes Schuldgefühl ermutigt, welches das Leben und seine naturgegebenen Freuden verurteilt«, wie Mary Daly im Sinne psychoanalytischer Bibelkritik vermutet?[12] Wurde in diesem Sünden-Begriff »der männliche Standpunkt umgestaltet . . .zu Gottes Standpunkt«?[13] Birgt er nicht »eine falsche Benennung kosmischen Ausmaßes« in sich?[14] Es geht darum, den »Mythos vom Sündenfall« zu überwinden.[15] Der Kampf der Frauen soll Umstände herbeiführen, »die unverfälschtere, liebevolle Beziehungen ermöglichen«.[16] Dazu kann »eine gemeinschaftliche, erlösende Handlungsweise von Seiten der Frauen« führen.[17] Der erste Schritt ist, daß die herrschenden Maßstäbe von Gut und Böse zerbrochen werden.[18] Man kann sogar den »Sündenfall« ausdrücklich proklamieren. Er besteht darin, die Sündhaftigkeit der bis jetzt so genannten ›Sünde‹ zu bestreiten. Er vollzieht sich in der Schamlosigkeit, sich öffentlich zur Sünde zu bekennen. »Der Sündenfall, den die Frauen jetzt herbeiführen«, wird als Anfang der Erlösung gepriesen.[19] Angesichts dieses Programms könnte die Eva-Maria-Typologie neue Aktualität gewinnen.

Der »Kreislauf von Maria zu Eva«

Gegen Ende des zweiten Jahrhunderts schrieb Irenäus von Lyon[20] sein berühmt gewordenes Werk »Gegen die Häresien«, in dessen 3. Buch, Kapitel 22, er die Geburt Jesu aus der Jungfrau Maria verteidigt. In diesem Zusammenhang greift er Gedanken auf, die vor ihm Justin entwickelt hatte. Er zitiert Marias gehorsame Antwort nach Lk 1,38 und stellt ihr gegenüber: »Eva aber, die ungehorsame, gehorchte nicht«. Er geht davon aus, daß sie zu diesem Zeitpunkt »noch Jungfrau« war.[21] »Der Knoten des Ungehorsams der Eva« wurde nämlich »durch den Gehorsam Mariens gelöst; denn was die Jungfrau Eva durch ihren Unglauben angebunden hatte, das löste die Jungfrau Maria durch ihren Glauben«.[22]

Zwischen diesem gegensätzlichen Verhalten besteht seiner Ansicht nach ein heilsgeschichtlicher Zusammenhang. Er bezeichnet ihn als »Kreislauf von Maria zu Eva«.[23] Dabei »wurde« Maria, so formulierte Irenäus, »durch ihren Gehorsam für sich und das gesamte Menschengeschlecht die Ursache des Heils«.[24]

Dieser Satz kann so interpretiert werden, daß er über das, was Justin sagte, weit hinausgreift. Er wurde zum Ansatzpunkt eines mariologischen Denkens, über das die Christenheit uneinig wurde. Im Jahr 1958 konnte der Artikel über »Maria, Marienverehrung« im Evangelischen Kirchen-Lexikon noch mit dem Satz beginnen: »Die

Marienverehrung ist heute wohl das hervorstechendste Unterscheidungsmerkmal zwischen den Konfessionen«.[25] Und es konnte dort heißen: »Es ist heute soweit gekommen, daß der Katholizismus das Heil der Welt fast ebenso von Maria erwartet, wie von Christus, jedenfalls nicht ohne Maria.«[26] Die sog. ›mariologischen Exzesse‹ schienen an einen Satz wie diesen in der Eva-Maria-Korrelation bei Irenäus anknüpfen zu können. Seither hat aber eine ökumenische Besinnung über das eingesetzte, was Irenäus mit dieser Aussage gemeint haben mag und aufgrund des Neuen Testamentes nur meinen konnte.

Der nach dem Urteil des katholischen Dogmatikers Wolfgang Beinert »exzessive« und »durch antireformatorische Motive geprägte römisch-katholische Marienkult«, der unter Pius XII. »einen letzten Höhepunkt« erlebt hat, ist »in den sechziger Jahren« dieses Jahrhunderts, d.h. in der vom II. Vatikanischen Konzil geprägten Zeit, »einem großen, wenn auch verlegenen Schweigen gewichen«.[27] In der päpstlichen Enzyklika »Marialis cultus« vom 2. Februar 1974 hat Paul VI. in Aufnahme der ökumenischen Gesinnung dazu aufgefordert, in Mariologie und Marienverehrung alles zu unterlassen, was zu berechtigter Kritik Anlaß bieten könnte.[28] Nach Heinrich Petri wurde damit »zum mindesten implizit zugegeben«, daß es auf diesem Gebiet »Fehlentwicklungen und Mißstände gegeben hat und vielleicht auch heute noch gibt.«[29] Eine Zeitlang war daraufhin »eine beachtliche Tendenz hin zu einem mariologischen und marianischen Minimalismus« zu beobachten[30], die inzwischen wieder rückläufig ist. Die päpstliche Enzyklika »Redemtoris Mater« verfolgt die entgegengesetzte Tendenz. Damit soll aber nicht der sog. ›vor-konziliare‹ Stand der Dinge wiedererweckt werden. Die christologische Konzentration des päpstlichen Lehrschreibens und die darin zum Ausdruck kommende ökumenische Gesinnung ist unverkennbar. Daß »das primäre Motiv« für die Rede von Maria »ihr Christusbezug« ist, wie Beinert formuliert[31], ist nicht mehr umstritten.

In dieser Situation fragen wir erneut, wie die Aussagen des Kirchenvaters Irenäus über den »Kreislauf von Maria zu Eva«[32] zu deuten seien. Im 5. Buch »Gegen die Häresien«, Kapitel 19, kommt Irenäus noch einmal auf dieses Thema zu sprechen. Er redet davon, daß der »Ungehorsam am Holze«, d.h. an jenem verbotenen Baum der Paradies-Geschichte (1 Mose 2,17), »durch den Gehorsam am Holze«, d.h. am Kreuz, nach Gottes Ratschluß zu »rekapitulieren« war, wie Irenäus mit einem eigenartigen Ausdruck sagt: Die Angelegenheit war sozusagen noch einmal aufzurollen und in Ordnung zu bringen. Damit lehrt Irenäus in seiner von typologischen Beziehungen durchspielten Predigt-Sprache, daß der Sündenfall durch den

Opfertod Christi am Kreuz überwunden wurde. Gott nahm ihn nicht als irreversible Tatsache hin, sondern rollte die Geschichte noch einmal auf und führte sie, die verfehlt worden war, zum Ziel. In diesem Zusammenhang schreibt Irenäus: »Wie« Eva »durch die Rede eines Engels[33] verführt wurde, sich Gott zu entziehen und seinem Worte sich zu verschließen, so empfing« Maria »durch das Wort des Engels die Kunde, daß sie Gott tragen sollte, weil sie seinem Wort gehorsam war.«[34] Die Logik der Begründungen ist im typologischen Denken, das nicht linear folgerichtig, sondern in gegenseitigen Beziehungen denkt, nicht einlinig. Dieses »Weil« gibt daher nicht in dem Sinne die Begründung an, daß Maria es sich (zuerst) durch Gehorsam verdient hätte, (daraufhin) zur Mutter-Gottes zu werden. »War jene Gott ungehorsam, so folgte diese Gott willig, damit die Jungfrau Maria der Anwalt der Jungfrau Eva wurde«.[35] Auch dieses »Damit« ist nicht als das absichtsvolle einer durchschauten Mittel-Zweck-Relation zu deuten. Vielmehr leuchtet Gottes verborgener Ratschluß in der Andeutung solcher Einsichten auf. Darauf folgt bei Irenäus erneut ein Satz, der eine Deutung zulassen könnte, in der die heilsgeschichtliche Funktion Mariens geradezu neben die Christi träte: »Wie das Menschengeschlecht durch eine Jungfrau mit dem Tode behaftet wurde, so wird es auch gerettet durch eine Jungfrau. Gleichmäßig aufgewogen wurde der Ungehorsam der Jungfrau durch den Gehorsam der Jungfrau.«[36] Weitere Entsprechungen entdeckend, denen damals wohl ein beträchtliches Maß an Plausibilität zukam, schwenkt Irenäus jedoch sogleich wieder in ein christologisches und dann pneumatologisches Fahrwasser ein: »Weiterhin wurde die Sünde des ersten Menschen durch die Bestrafung des Erstgeborenen ausgeglichen und die Klugheit der Schlange besiegt durch die Einfalt der Taube, und gelöst wurden die Bande, durch die wir mit dem Tode verbunden waren«.[37]

Was Irenäus verkündigen will, ist die Oster-Botschaft, daß die Bande des Todes zerrissen sind. Daß es Christus ist, der »das Leben wiederbracht« hat (EKG 80,3), unterliegt keinem Zweifel. Indem er nun über dieses Heilsgeschehen reflektiert und es verkündigend entfaltet, entdeckt er Entsprechungen und Zusammenhänge, die die Weltgeschichte als Verwirklichung eines zusammenhängenden Planes Gottes ein Stück weit durchschaubar machen. Die Philosophie einer spekulativen Gnosis überwindet Irenäus durch eine Theologie der heilsgeschichtlichen Gnosis, die eine der frühesten Anleitungen dazu war, eine Sammlung unterschiedlicher Schriften sozusagen nach einem systematischen Muster zu lesen. Die erste Anregung dazu hatte der Apostel Paulus gegeben.

Menschliche Mitwirkung zum Heil?

Die von Justin und Irenäus neben die paulinische Adam-Christus-Typologie gestellte Eva-Maria-Entsprechung könnte den Gedanken menschlicher Mitwirkung zum Heil bestärken. Daß Eva und Adam, die in der Urgeschichte für alle Menschen stehen, zusammenwirkten, daß also Frau und Mann, was den Sündenfall betrifft, sich auf gleichem Fuße befinden, und daß dabei manchmal die Initiative von der Frau ausgeht, läßt sich ohne weiteres nachvollziehen. Daß aber in entsprechender Weise Maria und Christus zusammenwirken sollen, wirft Probleme auf. Es würde mit anderen Worten bedeuten, daß Mensch und Gott zusammenwirken. In irgendeiner Weise tun sie das zweifellos; denn Menschen sind nicht, wie »lapis« und »truncus«[38], Steinblock und Baumstumpf, willenlose und unbewegte Dinge, die sich passiv herumschieben lassen und keinerlei eigene Initiative entwickeln. Aber ob es sich so verhalte, daß Gott sein Teil beiträgt, und der Mensch ebenfalls, und daß Gott, wenn der Mensch ihm nicht entgegenkäme, allein nicht viel erreichen könnte, ist umstritten. Konfessionen trennten sich über dieser Frage, und bis heute ist es der Theologie nicht gelungen, sie übereinstimmend zu beantworten. Gott hat in Christus das Entscheidende getan, um die Menschheit von Sünde und Tod zu befreien. Aber er bedurfte dazu, so könnte man Irenäus deuten, der Mitwirkung entgegenkommender Menschen. Ohne die Einwilligung Marias hätte er sein Heilswerk nicht zustandebringen können. Marias »Fiat« wäre demnach die andere, nämlich die menschliche Seite des Heilsgeschehens. Gottes Gnade und der Gehorsam des Menschen wirken zusammen. Diese Mitwirkung an der Erlösung kann einerseits als eine heilsgeschichtlich einmalige, andererseits als eine jederzeit erforderliche angesehen werden. Marias Einwilligung war dann einerseits die unersetzliche Bedingung dafür, daß die Geschichte des Neuen Bundes überhaupt zustandekommen konnte. Sie ist andererseits das bleibend gültige Vorbild dessen, was – vielleicht unter ihrer mütterlichen Unterstützung – alle Menschen leisten müssen. Was die Reformatoren dagegen einzuwenden hatten, ist bekannt. Trotzdem betonte Otto Knoch in einem Rundfunkvortrag aus Anlaß des ›Marianischen Jahres‹ 1987/8, Gott habe Maria um ihre »Zustimmung und Mitwirkung ersucht«, nachdem er sie in seinen Heilsplan »eingeweiht« hatte.[39]

Diese Formulierungen scheinen aber doch in einem gewissen Kontrast zur Darstellung des Evangelisten Lukas zu stehen. Ein vorangehendes ›Einweihen‹ findet gerade nicht statt. Maria wird vielmehr von dem herrisch verfügenden Wort: »Du *wirst* schwanger werden und einen Sohn gebären« und »*sollst*« ihn Jesus heißen (Lk 1,31) geradezu überrumpelt. Und von einem ›Ersuchen‹ um Zustimmung kann kaum die Rede sein. Der biblische Text erweckt eher den von Knoch verneinten Eindruck, Maria werde von Gott »als Werkzeug für seinen Heilsplan benutzt«[40], freilich nicht wie ein willenloses Ding, wohl aber wie ein Geschöpf von seinem Schöpfer. Was Geschöpfe ›mitzureden‹ haben und was nicht, erläutert Paulus in Röm 9,20f: Nicht viel mehr, als ein Klumpen Ton in der Hand des Töpfers. Aber Knoch behauptet, Gott habe Maria um »Mitwirkung ersucht«. Und Maria habe »dazu ja gesagt«. Und daraus sei abzulesen: »So hängt Jesu Geburt, die Menschwerdung des Sohnes Gottes, letztlich vom Ja Marias ab«.[41]

Es könnte so scheinen, als hätten einzelne Formulierungen des Irenäus für solche das biblische Zeugnis auf den Kopf stellende Aussagen eine Schleuse geöffnet. Die Eva-Maria-Parallele zur Adam-Christus-Typologie öffnete ihnen den Zugang. Sie war ein ansprechender Gedanke in der andächtigen Reflexion über die biblische Geschichte. Da dieser Gedanke aber nicht selbst aus der Bibel stammt, sollte er wohl, wenn sich eine Spannung oder ein Widerspruch zur Darstellungsweise der Bibel ergibt, auch wieder zurückgezogen werden. Der Auslegung der Kirchenväter kann nur der Rang einer begleitenden Neben-Aussage zum biblischen Text zukommen, wie auch die Mariologie nur eine dienende Funktion neben der Christologie erfüllen kann. Die Bibel sagt, die Menschen seien »tot in ihren Sünden« (Eph 2,1) und Gott habe sie erst »mit Christus lebendig gemacht« (Eph 2,5). Das besagt, daß Sünder hinsichtlich ihrer geistlichen Qualität wie Tote sind und als Verhandlungspartner Gottes keine Stimme haben. Tote üben kein Recht der Mitbestimmung aus. Luther sagte, wie die Konkordienformel (1577) zitiert: »Aber in geistlichen und göttlichen Sachen, was der Seelen Heil betrifft, da ist der Mensch . . .wie (ein) Klotz und Stein«.[42] Mit anderen Worten heißt das: »Aus Gnade seid ihr gerettet worden« (Eph 2,5). Maria wird als »Begnadete« (Lk 1,28) angesprochen. Evas praktisches Nein zu Gottes Wort war eine Entgleisung mit katastrophalen Folgen; man könnte, eher zutreffend, sagen: Es war eine Weichenstellung zum Tod hin. Marias Ja war nicht die kooperationswillige Zustimmung zu einem Ersuchen Gottes, sondern die einzig mögliche Reaktion des verlorenen Geschöpfes auf den Rettungsplan des Schöpfers;

alles andere wäre selbstmörderisch gewesen. Man fühlt sich daran erinnert, wenn man Frau Dalys Aufforderung liest, »die Rolle der Hexe und Wahnsinnigen« anzunehmen (natürlich nur um aus der Unterdrückungs-Maschinerie des Patriarchats auszubrechen), »obwohl dies selbstmörderisch sein kann«.[43] Was zunächst nur im vordergründig-gesellschaftlichen Zusammenhang als selbstzerstörend erscheinen mag, gewinnt doch im Zusammenhang der metaphysischen Revolte der Frauen-Bewegung einen hintergründig-eschatologischen Sinn, nämlich als schamloses Auf-die-Spitze-Treiben der menschheitsalten Auflehnung gegen Gott.

Ursprung der Mariologie aus dem Christus-Bekenntnis

»Entscheidend wichtig ist zuerst, daß, seitdem die Theologen über die Gestalt Marias nachgedacht haben, dies immer unmittelbar mit dem Blick auf Christus und die Kirche geschah«.[1] Dieser Satz Hans Urs von Baltasars scheint heute nicht mehr umstritten zu sein. In dem katholischen »Handbuch Theologischer Grundbegriffe«[2] schreibt O. Semmelroth allen mariologischen Aussagen eine »christologische Dienstfunktion« zu.[3] Die frühe Christenheit hatte Marias Wort behalten, daß sie »des Herrn Magd« sei (Lk 1,38); bei aller Seligpreisung sollte von ihr nichts anderes gesagt werden. Was die frühchristliche Theologie über Maria sagte, sollte das Lob Christi verdeutlichen. Was sie mariologisch formulierte, war nichts anderes, als »das christologische Dogma«[4]: »Gegen die erste Häresie, die doketische Leugnung des echten Leibes und damit der wahren Menschheit Christi, wird das paulinische *ek gynaikós*, »von einer Frau« (Gal 4,4), geradezu ein kämpferisches Wort«.[5] Die Nennung Marias im Glaubensbekenntnis ist »von Anfang an die konkrete Gestalt des Bekenntnisses zu Christus mit seiner wahren Menschlichkeit«.[6] Auf der anderen Seite »dient« »das Bekenntnis zur jungfräulichen Empfängnis des Kindes in Maria« »dem Bekenntnis zur Gottheit Christi«.[7] Die Frage, wer ›Maria selbst‹ (C. Halkes) sei, abgesehen von ihrer magdlichen Funktion im Dienste der sog. ›Christolatrie‹ (M. Daly), stellte die alte Kirche nicht. Die Frage nach Maria, einer emanzipierten Frau, ist keine theologische Frage. Der gleiche Einwand wie schon gegen die feministische Suche nach einer ›anderen Maria‹ war aber auch gegen alle Tendenzen zur

Verselbständigung des Marianischen im patriarchalen Zeitalter zu erheben, die stark und vielfältig gewesen sind.

Das Konzil von Ephesus (431)

Beim Konzil von Ephesus im Jahr 431 ging es dagegen um die »Klärung der hypostatischen Verbindung beider Naturen[8] in der göttlichen Person des Logos«, die durch den Nestorianismus[9] fraglich geworden war: Das christologische Bekenntnis nahm »mariologische Gestalt« an.[10]

Die Frage, über deren Beantwortung die Einheit der Kirche zerbrach – wie es schon ein Jahrhundert früher einmal geschehen war, als die Arianische Kirche sich von der Reichskirche löste –, betraf die Auffassung, auf welche Weise die Gottheit in dem Menschen Jesus gegenwärtig sei. Eine theologische ›Richtung‹, die nach dem kirchlichen Zentrum Antiochia die ›Antiochenische Schule‹[11] genannt wurde, versuchte diese Frage mit Begriffen aus »der geistig sittlichen Sphäre« zu beantworten.[12] D.h. der Mensch Jesus bewies eine unvergleichliche Offenheit für das Göttliche; daher wirkte dieses auch in einzigartigem Maße durch ihn hindurch. Die Einheit des Menschlichen und Göttlichen in ihm hatte die Art einer persönlichen »Haltung« (s-chesis). Seine ungetrübte Gottes-Erkenntnis und seine uneingeschränkte Bereitschaft, zur Verfügung zu stehen, ermöglichte so etwas wie eine »geistige Einwohnung« Gottes[13] in ihm. Auf vergleichbare Weise, so mußte man zugeben, wohnte Gott »auch in den Propheten und Gerechten«[14], nur in geringerem Maße. Reinhold Seeberg formulierte: »Der psychologischen Art nach liegt also ein ähnliches Verhältnis vor wie bei den Frommen, aber der Grad der Vereinigung ist ein so hoher, daß er zu einer neuen Art führt«.[15] Eine damit verwandte Christologie wurde auch im neueren Protestantismus entwickelt, da der neuzeitliche Mensch über die sog. ›Zwei-Naturen-Lehre‹ befremdet war und sich unter ›göttlicher Natur‹ nichts vorstellen konnte. Ähnlich lautet Friedrich D.E. Schleiermachers (1768-1834) klassische Beschreibung der »stetigen Kräftigkeit« des »Gottesbewußtseins« Jesu, »welches ein eigentliches Sein Gottes in ihm war«.[16] Die neuprotestantische Dogmengeschichtsschreibung machte daher auch kein Hehl aus ihrer Sympathie für die sog. Antiochenische Christologie. Als ihr Exponent galt Nestorius, Patriarch in Konstantinopel.[17]

Widerspruch dagegen wurde in dem kirchlichen Zentrum Ägyptens, Alexandria, laut. Der dortige Patriarch, Kyrill[18], äußerte die Befürchtung, daß ›Mensch-Werdung des Gottes-Sohnes‹ dann eigentlich zu einem – übertriebenen – Ausdruck für einen besonderen Grad intensiven menschlichen Gottes-Bewußtseins, bzw. menschlichen Gehorsams, verblassen müßte *(en psilois onomasi,* etwas, das nur sprachlich existiert).[19] Konsequenterweise könne Jesus dann nur als Vorbild des Aufmerkens auf Gott und der Hingabe an ihn fungieren. Wie sollte dann aber sein für uns vergossenes Blut uns Vergebung der Sünden erwirken können? Wie sollten wir ›in ihm‹ von Sünden befreit und zu einer ›neuen Kreatur‹ umgewandelt werden können? Was könnte die Taufe dann bewirken, und was empfingen wir beim Abendmahl? Wir verzehren dabei doch nicht den Leib eines geheiligten und aufgrund seiner vorbildlichen Haltung einer Einwohnung Gottes gewürdigten Mitmenschen, sondern das wahrhaft lebenschaffende Fleisch des göttlichen Logos selbst, das von Natur aus heiligende Kraft besitzt![20] Nach Seeberg sind »in dieser Anwendung der Abendmahlsgedanken auf die Christologie«, die Luther später aufgriff, »die Anfänge eines neuen Typus der Christologie, die man eucharistische Christologie nennen kann, zu erblikken«[21], d.h. es handelt sich nicht um lebensferne Spekulationen, sondern um die im Leben der Gläubigen täglich aktuelle, ja, lebenswichtige Frage der Heils-Vergewisserung. Damit ist aber die Frage gestellt, ob Maria nur einen Menschen geboren hat, der sich später als dazu disponiert erwies, in unvergleichlichem Maße als ›Tempel des Heiligen Geistes‹ zur Verfügung zu stehen, oder den, der wirklich von Natur aus Heiland sein konnte. Wurde an Weihnachten »der Heiland geboren« oder nur jemand, der später durch sein beispielhaftes Verhalten solche, die ihm darin nacheiferten, zum Heil führen konnte? Ein bekannter ›Antiochener‹ namens Diodor[22] antwortete: Maria war natürlich »anthropo-tokos«, d.h. ›Menschen-Gebärerin‹. Als ›theo-tokos‹, d.h. ›Gottes-Gebärerin‹, kann man sie höchstens »im übertragenen Sinn« (Seeberg) bezeichnen, da Gott kraft einer geistigen Einstellung *(kata s-chesin taes gnoseos)* in dem Kind anwesend war.[23]

Wie stets, wenn unter Theologen Streit aufkam, waren auch hier gegenseitige Mißverständnisse im Spiel. Aber zweifellos bestand eine Uneinigkeit in einer Grundfrage des Glaubens. Diese Frage kann nicht unentschieden bleiben. Es ist die Frage: Auf welche Weise finden wir in Christus das Heil? Finden wir es auf die Weise, daß wir an ihm eine ›Haltung‹ wahrnehmen, die uns inspiriert, ihm nachzueifern? Oder begegnet uns in Christus Gott selbst, der alles, was mit ihm in Berührung kommt, in eine neue Schöpfung umwandelt? War Jesus ein einzigartiger Mensch, der unsereinen überzeugen, mitreißen, begeistern und auf diese Weise ›bekehren‹ kann? Hat er also etwas nach menschlichen Maßstäben Überzeugendes an sich? M.a.W., konnte sein Wort und Verhalten für Sünder einleuchtend werden? Trennte die Sünde nicht so sehr von Gott, daß sie zur unversöhnlichen Auflehnung gegen die Botschaft des Reiches Gottes und gegen den, der der Anbruch dieses Reiches in Person war, führen mußte, wenn sie sich nicht selbst aufgeben wollte? Mit Jesu Worten nach Johannes (3,3) gefragt: Kann man etwa doch »das Reich Gottes sehen«, ohne »von neuem geboren« zu werden? Ist »neue Kreatur« (2 Kor 5,17) nur ein Begriff für eine veränderte Haltung, die jemand einnimmt, den Jesu Wort und Beispiel überzeugte? Oder kann es umgekehrt zu solcher Überzeugung gar nicht kommen, ohne daß Gott auf eine nach psychologischen Regeln kaum erklärliche, daher als ›geheimnisvoll‹ empfundene, wunderhafte, nämlich göttliche Weise eine neue Grundlage, ja eine neue Person schafft? Die Beobachtung wirklicher ›Bekehrungen‹ spricht für das zweite. Das ›neue Leben‹ ist nicht durch eine auf das ›alte‹ wirkende und diesem einleuchtende Überzeugungskraft und Vorbildlichkeit aus diesem ›Alten‹ zu entwickeln. Es kommt vor, daß jemand ein neuer Mensch wird, daß er gleichsam von einer neuen Basis her lebt, denkt und handelt. Paulus jedenfalls behauptet: »Der natürliche Mensch vernimmt nichts vom Geist Gottes« (1 Kor 2,14); er ist dafür völlig unempfänglich.

Für Pfingsten 431 wurde ein Konzil nach Ephesus einberufen. Kyrill ergriff die Initiative und eröffnete, obwohl wichtige Teilnehmer noch nicht eingetroffen waren, das Konzil, wogegen Nestorius protestierte. Es gelang Kyrill, die Mehrheit zu gewinnen. Das ›nestorianische‹ Gegenkonzil war kümmerlich besucht. Der Vorgang nahm den Charakter eines Machtkampfes an, mit allen unerfreulichen Begleiterscheinungen ungeistlichen Verhaltens, und wurde in der Geschichtsschreibung entsprechend dargestellt. Immerhin sollen die ›Sieger‹ ihr Urteil über Nestorius »unter häufigen Tränen«[24], also keineswegs in triumphalistischer Haltung, ausgesprochen haben. Die theologische Absicht war nach Beinert »unzweideutig«[25]: Die Konzilsväter wollten sagen, Jesus ist wirklicher Gott und wirklicher Mensch, also ist in diesem wirklichen Menschen wirklich Gott anwesend, »der Totes lebendig macht und dem, das nicht ist, ruft, daß es sei« (Röm 4,17), der also auch uns verdorbene und entstellte Menschen neu schaffen und zurechtbringen, unsere Sünden abwaschen und uns heiligen kann. Dieses Bekenntnis wurde in eine mariologische Aussage gekleidet. In einer Verurteilung des Nestorius durch Kyrill und seine Anhänger heißt es: »Wer nicht bekennt, daß der Immanuel in Wahrheit Gott und die heilige Jungfrau deshalb *Gottesgebärerin* ist, weil sie das fleischgewordene, aus Gott entstammte Wort dem Fleische nach geboren hat, der sei ausgeschlossen.«[26] Zu dieser Entscheidung des Konzils von Ephesus bekennen sich heute mit unterschiedlicher Deutlichkeit offiziell so gut wie alle orthodoxen, katholischen und evangelischen Kirchen, wenngleich dieses Bekenntnis, wie viele andere, weithin ›nur auf dem Papier‹ steht. Luther hat daran nicht nur festgehalten, sondern es ausdrücklich verteidigt (vgl. unten S. 116ff). Petri stellt fest: »So spricht er immer wieder Maria als Mutter Gottes an und sieht darin das Höchste, was von ihr gesagt werden kann«.[27] Einen stattlichen Band voller Zeugnisse reformatorischen Marienlobs hat Walter Tappolet zusammengestellt.[28] Zweifellos war das mariologische Dogma von Ephesus nur ein Hilfs-Satz zur Klärung des Christus-Bekenntnisses. Theodor Koldes These von 1908, »die Entstehung des christologischen Dogmas« sei auf die Marien-Verehrung zurückzuführen, stellte die Dinge auf den Kopf.[29]

Mutter-Gottes-Lehre und Mutter-Gottes-Kult

Eine wichtige Unterscheidung hat Hermann Sasse getroffen, nämlich zwischen Marien-Dogma und Marien-Kult.[30] »Man betrachtet gewöhnlich« die Proklamation des Dogmas, daß Maria als Theotokos, d.h. Mutter Gottes, zu verstehen sei, »als den eigentlichen Anfangspunkt des Marienkultes in der Kirche«. Richtig daran ist, daß dieses Ereignis einen »großen Aufschwung der Marienverehrung« einleitete.[31] Aber Sasse teilt die Beobachtung mit, »daß dieser Kult keine geringere Rolle dort spielt, wo man das Theotokos ablehnte«.[32] Nestorius hat sich »in der Verehrung Marias« »nicht von Kyrill unterschieden«.[33] Daher ist es »ganz verkehrt, die Bezeichnung Marias als Mutter Gottes für den Marienkult verantwortlich zu machen«.[34] Sasse hat (1951) als »das älteste uns erhaltene Gebet zu Maria« einen bei Rabbulas von Edessa am Anfang des 5. Jahrhunderts überlieferten Text angesehen, in dem sie gebeten wird: »Erwirb uns Gnade durch deine Fürbitte«.[35] Heute weiß man: »Das erste Gebet, das sich ausdrücklich an die Mutter Gottes wendet, ist die Anrufung ›Unter deinen Schutz und Schirm‹; es ist frühestens am Ende des dritten, wahrscheinlich aber erst zu Beginn des vierten Jahrhunderts entstanden« (Wolfgang Beinert).[36] Der folgenreiche Übergang dazu, Gebete an Maria zu richten, ist also lange vor dem Konzil von Ephesus erfolgt. Gleichwohl gilt, was Beinert feststellt: »Die Christen der ersten Jahrhunderte« »haben nicht zu Maria gebetet«.[37] Aber der Kirchenvater Epiphanius von Salamis[38] mußte schon warnend die Stimme erheben, damit man nicht aus Maria einen Abgott mache: Man halte sie in Ehren; die Proskynese (kniefällige Anbetung) erweise man aber nur Gottvater, Sohn und Heiligem Geist; niemand bete Maria an![39]

Heidnische Elemente im Marien-Kult

Schon im 4. Jahrhundert kamen unterschiedliche Legenden über eine leibliche Aufnahme Mariens in den Himmel auf.[40] »Ein wirklicher Kult«[41] ist aufgekommen, der den Christuskult »ergänzt«.[42] Sasse behauptet, wie Miegge[43] und andere evangelische Autoren, »im Bewußtsein der Volksmassen, die nun aus dem Heidentum in die Kirche einströmen«, seien »Maria, die Apostel und Märtyrer an die Stelle der alten Götter« getreten[44], ein polytheistisches Element habe sich also ins Christentum eingedrängt.

Auch der katholische Mariologe Wolfgang Beinert verweist, wo er die »relativ spät« einsetzende volkstümliche Marien-Verehrung der Christen herzuleiten versucht, auf die heidnischen Kulte der Muttergottheiten als Anregung. Verwechslungen sollten vermieden werden. Aber Beinert erkennt etwas Gemeinsames an: »Die heidnischen Kulte haben die Muttergottheiten, weil das mütterliche Element in der Religion ungeheuer wichtig ist – und das gilt auch für die der Christen.«[45] Und er hebt die Aktualität dieser Erkenntnis hervor: »Gerade wir heute spüren das wieder sehr gut, weil die Feministinnen uns darauf aufmerksam gemacht haben«.[46] Sasse hat 1951 scharf formuliert: »Der Marienkult war der christliche Ersatz für die Kulte der großen weiblichen Gottheiten«.[47] Er bewertete sie als »eine heidnische Religion in christlichem Gewande«.[48]

In Ephesus traf offenbar beides aufeinander: Einerseits das Christus-Bekenntnis, das der Deutung Jesu als eines unvergleichlich gottesbewußten und darin absolut vorbildlichen Menschen entgegentrat und das, um zu unterstreichen, daß in Christus wahrhaftig »die ganze Fülle der Gottheit leibhaftig« gewohnt hat (Kol 2,9), demonstrativ seine Mutter als »Theotokos« »Gottesgebärerin« bezeichnete, und andererseits eine die Volksseele bewegende Verehrung der Mutter-Gottes, die diese nicht eine gottesbewußte und vorbildliche

Frau bleiben ließ, sondern ihr unvergleichliche Herrlichkeit beimaß und sie nahe an Gott heranrückte.[49] Ephesus war nach Apostelgeschichte 19 die Stadt, in der auf die Christus-Verkündigung des Apostels Paulus hin »viele« (V. 18) zum Glauben kamen und Buße taten, indem sie das große Autodafé[50] der öffentlichen Verbrennung der Zauber-Bücher (V. 19) veranstalteten; Ephesus war aber zugleich auch die Stadt, wo Demetrius und seine Zunft-Genossen das Zum-Glauben-Kommen von »viel Volks« als Abfall denunzierten (V. 26) und die Menschen-Massen in Bewegung setzten, im Amphitheater durch zweistündiges Geschrei für die Bedeutung der »Diana der Epheser« zu demonstrieren (V. 34), einer Mutter-Gottheit. Friedrich Heiler hat anschaulich beschrieben, daß »jene ephesinischen Volksmassen«, die 431 »stundenlang vor der Konzilskirche warteten« und die Versammlung unter Druck setzten, »noch fünfzig Jahre vorher der großen Muttergöttin Artemis gehuldigt« hatten; »erst Chrysostomos (gestorben 404) hatte dem Artemis-Kult ein Ende gemacht«. »Diese Volksmassen, die am Abend des 22. Juni 431 in den Freudenruf ausbrachen: ›Ehre sei der großen, erhabenen, ruhmreichen Gottesmutter‹, waren die Nachkommen jener Epheser, die nicht ganz vierhundert Jahre vorher stundenlang durch die Stadt gerufen hatten: ›Groß ist die Diana der Epheser‹ (Apg 19,28-34).[51]

Synkretistische Tendenzen in der Volksfrömmigkeit

Die der Christologie dienenden mariologischen Hilfs-Aussagen des Konzils und jene Volksbegeisterung stammten aus verschiedenen Quellen. Wurde dort die Reinheit des Christus-Glaubens verteidigt, so regte sich hier der synkretistische Wunsch, Heidnisches in die kirchliche Frömmigkeit zu integrieren; denn ›das mütterliche Element ist ungeheuer wichtig in der Religion‹, der Feminismus erinnert daran, und nach Frau Mulack hätte das Christentum mit Christus allein »nie die Attraktivität entwickeln können«, die es »durch Maria erhielt«.[52] Sasse urteilt: »Das Bedürfnis nach einer weiblichen Gottheit« gehört »zum Wesen des natürlichen, des gefallenen Menschen«.[53] Was man nach Jahrzehnten der Säkularisierungs- und Religionslosigkeits-Hypothese gegenwärtig wieder wahrnehmen muß, stellte er schon 1951 fest: »Der natürliche Mensch ist religiös. Denn die Religion gehört zum Wesen des Menschen«.[54] Aber das bedeutet nicht, daß der Mensch sich in angemessener Weise zu Gott verhält. »Gerade als religiöses Wesen ist der Mensch Feind Gottes, des wirklichen Gottes.«[55] Dem entsprechend, was Paulus am Anfang des Römerbriefes (1,18ff) über die ›natürliche Religion‹ schrieb, stellte der lutherische Theologe fest: Sie »ist ja der Versuch, sich Gottes zu bemächtigen, sich Gott zurechtzumachen, so wie man ihn haben möchte. In der natürlichen Religion formt der Mensch sich Gott nach seinen Wünschen, seinen Bedürfnissen, nach seinem Bilde. Ein solches Bild aber ist das Bild der weiblichen Gottheit«.[56] Weil der Mensch – als Mann und Frau – sich Gott dem Herrn nicht unterwerfen will, deshalb hat er sich männliche und weibliche Götter gestaltet. Männer und Frauen waren an weiblichen Gottheiten interessiert, – aus unterschiedlichen Motiven, wobei die Motive der Männer verschämt verschwiegen wurden, während die der Frauen im Feminismus schamlos veröffentlicht werden. »Auf dieser Tatsache«, behauptete Sasse, »beruht der Erfolg, wenn man so sagen darf, der Marienverehrung«.[57]

Oft wurde an die ikonographische, örtliche und funktionelle Anknüpfung des Marienkultes an den älteren Kultus weiblicher Gottheiten erinnert, wie etwa unter Bezugnahme auf ein Werk von C. Cecchelli[58] von Giovanni Miegge[59]: Die thronende Jungfrau mit dem Kind entspricht z.B. dem Typus der Isis, die ihren Sohn Horus auf den Knien trägt; bei der römischen Marienkirche »Santa Maria sopra Minerva« erinnert der Name selbst an das Göttinnen-Heiligtum, über dem sie errichtet wurde, und als Schutzpatronin hat Maria unter anderem die Funktionen der Juno, Athene, Tyche und Fortuna in der griechischen und römischen Welt übernommen.

Das Weibliche in gnostischen Strömungen

Während sich, wie gesagt, der Marienkult in der christlichen Kirche nur langsam – wohl im Zuge einer gewissen Verweltlichung – durchsetzte[60], und Maria lange nur als »›Zeugin‹ der Menschwerdung – und zwar, sagen wir es ruhig, als Zeugin zweiten Ranges« – betrachtet wurde und »klar auf der menschlichen Ebene« blieb (Miegge)[61], boten die sektiererischen Randströmungen der Christenheit ein erheblich anderes Bild. Die gnostischen Richtungen, für die gegenwärtig im Feminismus neues Interesse erwacht, haben in ihren religions-philosophischen Gedanken-Gebäuden dem »Weiblichen in der transzendenten Welt der göttlichen Archetypen« Raum angewiesen.[62] Aus dem Urgrund steigen geistige Wesenheiten auf, die in der Regel als zweigeschlechtliche Paare vorgestellt werden. Als Projektionen menschlicher Bedürfnisse und Ideen bilden die gnostischen Systeme das Menschliche in ausgewogener Weise ab und werden anscheinend den Anliegen der Frauen und Männer eher gerecht, als die Sünde anklagende und Erlösung anbietende biblische Botschaft. Synkretistische Sekten, die biblische und heidnische Elemente in bunten Spekulationen miteinander mischten, wollten die Gnosis als verbesserte und vertiefte Form des Christentums erscheinen lassen. Nach den Angaben Hippolyts (160-238) und des Irenäus wurde beispielsweise in der Gnosis der Ophiten oder Naassener die Schlange des Paradieses verehrt. Biblische Erinnerungen fanden in seltsam verkehrter Form religiöse Verwendung.

Irenäus berichtet von einer gnostischen Gruppe[63], die im »Urabgrund« ein unvergängliches Licht vermutete, das sie »Allvater« nannte und sich als »Ersten Menschen« vorstellte. Er brachte die Idee seiner selbst aus sich hervor, den »Menschensohn« oder »Zweiten Menschen«. Unter ihm steht »Ruach«[64], ›die Geistin‹, d.h. der Heilige Geist, der als Frau gedacht wird. Vom Vater und Sohn mit Licht durchtränkt, wird diese »Erste Frau« zur Mutter des »Äons Christus«. Aus ihr geht außerdem der »Äon Sophia«[65] hervor. »Sophia« läßt die sinnliche Welt entstehen. Als böser »Demiurg« tritt ihr der »alttestamentliche Schöpfergott« entgegen, der es wagt, sich den einzigen Gott zu nennen, und der die Existenz des »Ersten Menschen« ignoriert. Er schafft Adam nach seinem Bilde und gibt ihm Eva als Gefährtin. Nun bereut es »Sophia«, die unglückselige Sinnenwelt geschaffen zu haben. »Sophia« verführt mittels der Schlange –, bzw. sie selbst als Schlange verführt Eva und verleiht ihr »Gnosis«, d.h. Erkenntnis ihrer wahren Licht-Natur, damit sie sich gegen den »Demiurgen«, nämlich den biblischen Gott, auflehne. Ein ermüdender Streit entbrennt um die Menschen zwischen dem »Demiurgen« und der »Sophia«. Schließlich kommt »Ruach«, die ›Heilige Geistin‹, »Sophia« zu Hilfe. Sie bittet den »Ersten Menschen«, »Christus« zu senden. Der »Äon Christus« steigt herab und nimmt mit »Sophia« zusammen in dem von der Jungfrau Maria geborenen »weisesten, reinsten und gerechtesten Menschen, den es je gab, Jesus«, Wohnung. Beide bleiben in ihm bis zur Kreuzigung: Nur der Mensch Jesus wird gekreuzigt und stirbt; nachher wird er von dem unsterblichen Geistwesen »Äon Christus« in Anerkennung seines Dienstes wieder auferweckt.[66] Dieses Beispiel krauser Spekulation mag einen Eindruck von ›Gnosis‹ vermitteln, die im sogenannten ›New Age‹ Konjunktur hat und Nachfolger findet. Die ›Brauchbarkeit‹ für feministische Anliegen liegt auf der Hand. Ein Kennzeichen aller ›Gnosis‹ war die Ablehnung der minderwertigen Heilsgeschichte des Alten Testamentes. Bei den Ophiten ging sie so weit, wie Miegge formuliert, daß »Evas Fall als ruhmreiche Auflehnung und Wahrheitsgewinn gegen den eifersüchtigen Widerstand des Demiurgen gerechtfertigt wird«.[67] »Eben diese Umkehrung der

Werte hat der Sekte, die die weise und verständige Schlange (ophis, na'as) als Sinnbild der Weisheit verherrlicht, den Namen gegeben.«[68] In der Befreiungs-Philosophie des Deutschen Idealismus hat diese Umkehrung der Werte ebenso weitergewirkt wie heute in emanzipatorischer Psychologie und in der Frauen-Befreiungs-Bewegung.

Diese Art von Gnosis hat aber vor ihrer unverhüllten Wiederkehr auch unter der Herrschaft des sie bekämpfenden Christentums im Verborgenen fortgewirkt. Miegge nimmt an, daß durch allerlei Umwandlungen hindurch die arme Jungfrau Maria zur himmlischen Mutter des gnostischen »Äons Christus« erhoben wurde, um schließlich mit ihr, die die Bibel nicht kennt, der ›Heiligen Geistin‹, zu einer einzigen Person zu verwachsen.[69] »Damit soll nicht behauptet sein, der Marienkult habe tatsächlich diesen Verlauf genommen«, aber »die psychologischen und historischen Voraussetzungen« seiner Entwicklung könnten damit angedeutet sein.[70] Epiphanius jedenfalls mußte am Ende des 4. Jahrhunderts gegen eine Frauen-Sekte argumentieren, die sich »Marienpriesterinnen« nannte und einen seltsamen Opferkult praktizierte[71], der nach Miegge an den von Jeremia kritisierten (7,18-19) Kult der »Himmels-Königin« erinnert, die wohl mit Astarte identisch war. »Angesichts der Identität des Kults, der in beiden Fällen in einem Kuchenopfer besteht, liegt die Annahme nahe, der Kult, den die Kollyridianerinnen der Jungfrau Maria darbrachten, sei an die Stelle jenes anderen getreten, den die Frauen Judas ein Jahrtausend zuvor Astarte zu Ehren begingen.«[72] Immerhin wurde dieser Kult, der heute unter christlichen Theologinnen Anwälte findet, am Ende des 4. Jahrhunderts von dem Kirchenvater (eben!) Epiphanius noch mit Heftigkeit zurückgewiesen.

3. Die Entwicklung der Mariologie

Als die Kirche schließlich mit fragwürdigen Mitteln, aber sachlichem Recht die Gnosis aus dem Feld geschlagen hatte, setzte eine Geschichte der Verselbständigung der Mariologie und der Marien-Verehrung innerhalb der christlichen Kirche ein. Die Theologen in der Konzils-Aula und die Menschenmassen auf der Straße hatten schon in Ephesus Verschiedenes gemeint. Eine quasi-heidnische Marien-Frömmigkeit gewann Raum in der christlichen Kirche. Gegen diese Geschichte der »geheimen Göttin im Christentum«[1] machte die Reformation das »Solus Christus« (Christus allein) geltend, das einst durch das Dogma, Maria sei als Mutter-Gottes zu bezeichnen, unterstrichen werden sollte. In Abgrenzung gegen die Reformation haben die römisch-katholische Theologie und das kirchliche Lehramt, vor allem in dem Jahrhundert von 1850 bis 1950 versucht, einiges von dieser verselbständigten Marien-Frömmigkeit einzuholen, dogmatisch zu ordnen, damit aber auch verbindlich zu machen. Nur auswahlweise und sozusagen mit wenigen Strichen skizziere ich diese drei Phasen einer Geschichte der Mariologie.

Der verselbständigte Marien-Kult

Man könnte gewissermaßen von einer ›theologischen Emanzipation der Frau‹ reden, wenn man die Entwicklung des Marien-Kults beobachtet. »Ephesus« hatte nach Beinert »die Wirkung einer Explosion«.[2] Entgegen der christologischen Absicht seiner Aussage wirkte der Konzils-Beschluß wie das Öffnen einer Schleuse: »Maria wird zu einem beherrschenden Thema, zuerst im Osten, etwas später ... dann im Abendland«.[3] Zunächst folgte sozusagen eine theologische Verselbständigung Mariens. »Ein Mensch, der so eng mit dem Mysterium von Christus und Kirche verwoben ist, tritt« nach Beinert »ganz von selber auch als Persönlichkeit«, wie Catharina J.M. Halkes fordert[4], »in den Blick«. »So entsteht«, wie gezeigt, »eine Romanliteratur um Maria«, die Apokryphen.[5] »Zaghaft« begann man in der 2. Hälfte des 5. Jahrhunderts Mutmaßungen über den Tod Marias theologisch zu erwägen. Im 6. und 7. Jahrhundert entwickelte sich das Fest Marien Himmelfahrt.[6] Die Lehre folgte zögernd der Praxis.[7]

Besonders Ildefons von Toledo (gest. 667) hat das Lob Mariens außerordentlich gesteigert. Er bat die »domina (Herrin) Maria«, sie möge ihm den Geist ihres Sohnes schenken, damit er *sie* richtig und auf würdige Weise erkenne (»ut de te vera et digna sapiam«).[8] Die bleibende, immerwährende Jungfräulichkeit Marias wurde bis ins einzelne durchdacht, was hier nicht nachgezeichnet werden soll. Ich teile die Antipathie der Feministinnen gegen Männer-Spekulationen über weibliche Jungfräulichkeit, ohne den Wert eines gottgeweihten und, wie es im Mönchtum gelebt wird, ›gottverlobten‹ Lebens zu verkennen.

»Es gab jetzt in der Kirche eine selbständige Marienlehre und einen besonderen Marienglauben«, resümierte Seeberg, als er begann, von der »folgenschweren Fortbildung der »Mariologie« im 12. Jahrhundert zu berichten.[9] Wer von der Bibel als Norm ausgeht, kann in diesem Zusammenhang nur von ›Wucherungen‹ reden. Petrus Damiani[10] erklärte Maria zur Ehefrau des Heiligen Geistes, Hermann von Tournay[11] und andere zur »sponsa Dei« (Frau Gottes). Bernhard von Clairvaux[12] predigte, Maria sei gleichsam der Aquädukt, der den Strom der Gnade des Vaters und Sohnes in die Welt leitet, – nicht nur historisch einmal geleitet hat, als sie Jesu Mutter wurde, sondern fortwährend als Mittlerin leitet.[13] Fast alles, was man von Christus erhoffen kann, wird jetzt von ihr erbeten.[14] »Maria ist« nach Seeberg »ein überirdisches Wesen geworden, das mit göttlicher Würde ausgerüstet, auf dem Thron der Trinität sitzt«[15]. Sie soll ungefähr das erfüllen, was Jesus von dem verheißenen Parakleten (Joh 14,15ff; 16,5ff) sagte. Noch lehrte Bonaventura[16], sie sei mit der Erbsünde empfangen worden, weil Christus sonst nicht der Erlöser aller Menschen wäre, aber schon nimmt man an, sie habe vermutlich nie ›in Gedanken, Worten und Werken‹ gesündigt.[17] Erst Duns Scotus[18] begründete, inwiefern die sog. unbefleckte Empfängnis Marias eine theologisch plausible Annahme sei.[19] Die Frage blieb umstritten. Vor der Reformation – und noch Jahrhunderte nach der Reformation – wurde keine lehramtliche Entscheidung gefällt.

Dem sich allmählich verselbständigenden theologischen Interesse an Maria ging eine Marien-Verehrung voraus, die sich schon frühzeitig selbständig machte, ja die, wie gesagt, einen eigenen, außerchristlichen Ursprung hatte. Die Ausdrucksformen, die Marien-Verehrung fand, gehören nach dem Urteil Hermann Sasses, »rein menschlich gesehen, rein ästhetisch geurteilt, zu dem Schönsten in der christlichen Religion«.[20] Man denke nur an die Marien-Bilder der christlichen Kunst, von denen Maria-Sybilla Heister in ihrem Maria-Buch[21] fünf in Bild-Meditationen vorstellt; jeder denke an seine ›Lieblings-Bilder‹ (ich würde etwa Simone Martinis ›Verkündigung‹ nennen und die ›Stuppacher Madonna‹ Grünewalds). Man denke an die berühmten Vertonungen des ›Magnificat‹ und an Monteverdis ›Marien-Vesper‹. »Was für eine Poesie liegt in den Marienlegenden!«[22] Höhepunkte christlicher Dichtung sind die Marien-Hymnen Romanos' des Meloden[23] und Ephräms des Syrers[24]. »Der absolute Höhepunkt«, sagt Beinert, sei »der ›Hymnos Akathistos‹, das Lied, das – so wörtlich übersetzt – nicht im Sitzen gesungen wird«, aus dem Byzanz des 6. Jahrhunderts, ein kunstvolles griechisches Akrostichon.[25]

Oder man vergegenwärtige sich Marien-Kirchen von Santa Maria Maggiore, die seit dem 5. Jahrhundert den Esquilin in Rom krönt, bis zu der Asam-Kirche des niederbayerischen Klosters Rohr aus der Blütezeit der Gegenreformation. Der Papst versäumt es nicht, in der Enzyklika »Redemptoris Mater« ausführlich auf die Kunstwerke hinzuweisen, die Marien-Verehrung in denen orientalischen Kirchen hervorgebracht hat, z.B. Ikonen, wie die der Madonna von Wladimir, in denen »die Jungfrau« aufleuchtet »als Abbild der göttlichen Schönheit«, »als Bild der Herrlichkeit«. In der Tat – »wie schön«, rief der Lutheraner Sasse aus, »im Unterschied zum Kreuzestod Jesu«![27]

Marienfeste werden gefeiert, innige Gebete werden an die Mutter-Gottes gerichtet, in Weihnachtspredigten wird gesagt: »Die ganze Welt frohlockt, weil sie durch *sie* erlöst ist« (per ips*am* redemptus). Erstmals hat hiermit, nach Auskunft Beinerts, Ambrosius Autpertus, Abt eines Klosters in Benevent, Maria als Mit-Erlöserin, ja, als Erlöserin gepriesen.[28] »Am Ende des ersten Jahrhunderts sind alle wichtigen Entwicklungen eingeleitet, die Lehre und Verehrung der Mutter Gottes künftig bestimmen. Sie erscheint als tragende Figur in der Heilsgeschichte«.[29] Leidende richten ihre Hoffnung auf Maria. Beinert nennt als Beispiel eine Wundergeschichte: »Um 972 berichtet ein Kleriker aus Utrecht, als der Bischof krank darniederlag, sei ihm Maria als Tor des Heiles und Herrin der Welt erschienen, um ihm zu sagen, daß er geheilt werde. Sie hinterließ einen herrlichen Duft – und sogleich war der Bischof gesund.«[30]

Der Aufstand des christlichen Gewissens

»Einige von uns haben gesehen, daß zur Tröstung eines sterbenden Lehrers der Theologie irgendein theologischer Mönch hinzugezogen wurde. Dieser schärfte dem Sterbenden nur dieses Gebet ein: ›Mutter der Gnaden, behüte uns vor dem Feind, nimm uns auf in der Todesstunde‹.« So berichtet Philipp Melanchthon 1530 in der Apologie des Augsburger Bekenntnisses zu Artikel 21 (»Von der Anrufung der Heiligen«).[31] Wir geben zwar zu, fährt er fort, »daß die selige Maria für die Kirche betet«, stellt dann aber die Frage: Bedeutet das, daß »sie selbst« die Seelen im Tode aufnimmt? »Besiegt sie den Tod, macht sie lebendig? Was tut Christus, wenn das die selige Maria tut?«[32] Melanchthon räumt zwar ein: Sie ist die »der höchsten Ehren Würdigste«, betont aber, daß sie »nicht Christus gleichgestellt werden« »will«. Dann beklagt er: »Aber die Erfahrung selbst bestätigt, daß nach der öffentlichen Meinung die selige Jungfrau ganz und gar an die Stelle Christi getreten ist«. Sie hat sich in der Volksfrömmigkeit Christus gegenüber verselbständigt und ihn schließlich nahezu verdrängt. »Die Menschen riefen sie an, vertrauten auf ihre Barmherzigkeit, wollten durch sie Christus versöhnen, wie wenn jener nicht der Versöhner, sondern nur der schreckliche Richter und Rächer wäre.«[33] Melanchthon setzt dagegen: »Wir aber glauben, daß man nicht darauf vertrauen soll«, daß uns durch die Verdienste der Heiligen geholfen ist. Der grundsätzliche Einwand der Reformation war: Erstens steht nichts davon in der Bibel, und zweitens wird dadurch die Bedeutung Christi geschmälert, d.h. das Vertrauen zu ihm, durch das allein man selig werden kann, wird gemindert und untergraben.[34] Die »Gegner«, sagt Melanchthon, machen »nichts anderes, als daß sie die Verdienste Christi und die Ehre, die Christus gehört, auf die Heiligen übertragen.«[35] Er stellt fest, daß die Evangelischen »weder ihre Anschauungen über den Heiligenkult noch ihre Sitte der Anrufung übernehmen« können. Das gilt auch für Mariologie und Marien-Frömmigkeit solcher Art. Das seelsorgerliche Anliegen der Reformatoren gestattet es nicht, in dieser Frage Kompromisse einzugehen. »Wir wissen, daß das Vertrauen auf die Fürsprache Christi gegründet werden muß, weil diese allein die Verheißung Gottes hat«.[36] Was davon ablenkt, kann das Heil nur fraglich machen. Wir aber wissen: »Christus ist hier, der gestorben ist, ja vielmehr, der auch auferweckt ist, welcher ist zur Rechten Gottes und vertritt uns« (Röm 8,34).

Die dreifache evangelische Marien-Verehrung

Das Augsburger Bekenntnis (1530) hatte in Artikel 21 »Vom Dienst der Heiligen«[37] gelehrt, »daß man der Heiligen«, also auch der Mutter Gottes, »gedenken soll, damit wir unsern Glauben stärken, wenn wir sehen, wie ihnen Gnade widerfahren und auch wie ihnen durch den Glauben geholfen worden ist, außerdem soll man sich an ihren guten Werken ein Beispiel nehmen, ein jeder in seinem Beruf«. »Aus der Schrift kann man aber nicht beweisen, daß man die Heiligen anrufen oder Hilfe bei ihnen suchen soll.«

Wegen dieser Verneinung wurde Artikel 21 in der »Widerlegung« (*Confutatio*) schärfstens verurteilt. Daraufhin wiederholte und verdeutlichte Melanchthon in einer »Verteidigungsschrift« (Apologie) die Aussagen des Augsburger Bekenntnisses. Er sprach darin von einer dreifachen evangelischen Verehrung der Heiligen (*triplex honos*): »Die erste ist die Danksagung (*gratiarum actio*). Denn wir müssen Gott danken, daß er Vorbilder der Barmherzigkeit hat sichtbar werden lassen, daß er (in ihnen) ein Zeichen aufgerichtet hat, daß er die Menschen erlösen wolle, daß er Lehrer und andere Gaben der Kirche gegeben hat.« »Die Heiligen selbst müssen gelobt werden, die diese Gaben treu angewandt haben, wie Christus die treuen Dienstleute lobt«.[38] Das öffnet auch dem Marienlob einen Raum. »Die zweite Verehrung ist die Stärkung unseres Glaubens (*confirmatio fidei*)«, wofür Melanchthon bezeichnenderweise als Beispiel anführt: »Wenn wir sehen, daß Petrus die Verleugnung vergeben wird, richten wir uns auch auf, um stärker zu glauben, daß wirklich die Gnade über die Sünde triumphiert«. »Die dritte Verehrung ist die Nachahmung (*imitatio*) zuerst des Glaubens, dann der übrigen Tugenden, die jeder für seine eigene Berufung nachahmen muß.«[39]

Meist nimmt man an, evangelische Heiligen-Verehrung bestehe nur in diesem dritten Aspekt, den Beinert die »*ethische* Zuwendung zu Maria« nennt.[40] Aber selbst die »Nachahmung« bezieht sich in erster Linie auf den Glauben. Wenn Beinert sagt: »Das primäre Motiv für die Rede von Maria ist also ihr Christusbezug, der für alle Christen maßgeblich und maßstäblich ist«[41], oder: Maria ist »ein Zeichen, in dem sich uns das Heilshandeln zuspricht«[42], oder: »Nur in ihrem Christsein ist sie der Christen Leitbild«[43] –, dann kommen solche Formulierungen dieser dritten Form evangelischer Heiligen-Verehrung nahe. Noch weiter gehen Aussagen, wie die: »Marianische Frömmigkeit ist nicht identisch mit Marienverehrung«[45], bzw.: »Das Wesen marianischer Spiritualität kommt nicht darin zur Erfüllung, daß man *zu Maria* betet, sondern daß man *wie Maria* betet«.[45] Wenn man bei einem katholischen Theologen solche Aussagen liest, meint man auch seiner Annahme zustimmen zu können, »es bestehe ein weitgehender ökumenischer Konsens darüber, daß Maria ein wesentliches Leitbild für die Verwirklichung der christlichen Existenz ist.«[46] Allerdings werden die zitierten Aussagen in den folgenden Kapiteln durch anders lautende ergänzt, wodurch sie an Bedeutung verlieren.

Das Problem der Anrufung Marias

Die Kirche, so betont Beinert, habe »das Recht«, sich mit den Heiligen »in Verbindung zu setzen«.[47] »Aus der Pflicht zur *imitatio*« ergebe sich die »*veneratio,* die Heiligenverehrung«. Darunter ist die »Kommunikation mit ihnen« zu verstehen. Beinert erklärt im Widerspruch zum Bekenntnis der Reformation: »Wir dürfen zu den Heiligen beten und ihre Fürsprache . . .erwarten«.[48] Das stößt nach wie vor auf Widerspruch. »Der Kult der Heiligen erregt« »Ärgernis«. Beinert nimmt die Einwände auf: »Rührt er nicht geradezu an die Fundamente des Christentums? Er scheint der Einzigkeit Gottes zu widersprechen. Jesus hat uns gelehrt, zu ihm *Vater* zu sagen. Wendet man sich daneben noch an andere Menschen, erscheint das wenigstens als unstatthafte Ablenkung. Gott ist kein Bürokrat, zu dem man nur über einen Dienstweg kommen kann«.[49] Durch den Hinweis darauf, daß Gottes- und Menschenliebe in der Bibel immer miteinander verbunden seien, versucht er die Einwände zu entkräften, wobei unerfindlich bleibt, inwiefern die Formulierung: »*indem* wir uns ihnen«, nämlich den Mitmenschen, »zuwenden, wenden wir uns Gott zu«[50], die Anrufung Verstorbener zur Interzession (Fürbitte) bei Gott einschließen soll.

Es wird behauptet, Luther selbst habe Maria um Fürbitte angerufen.[51] Dazu verweist man auf den Gebetswunsch, mit dem Luther im Jahre 1521 seine Auslegung des Magnificat abschloß: Wir »bitten Gott um rechtes Verständnis dieses Magnificat, das da nicht allein leuchte und rede, sondern brenne und lebe in Leib und Seele. Das verleihe uns Christus durch Fürbitte und Willen seiner lieben Mutter Maria! Amen«.[52] Aber diese Formulierung stellt gerade nicht ein Beispiel unmittelbarer Kommunikation mit Maria dar. Max Thurian beschließt sein Marien-Büchlein mit einem Maria-Gebet Luthers: »O du selige Jungfrau und Mutter Gottes, wie hat uns Gott in dir erzeigt einen so großen Trost, da er deine Unwürdigkeit und Nichtigkeit so gnädiglich angesehen, dadurch wir ermahnet hinfort, er werde uns arme, nichtige Menschen deinem Beispiele nach auch nicht verachten und gnädiglich ansehen« (WA 7,569).[53] Dieser Anruf stellt einen Lobpreis der Barmherzigkeit Gottes dar und ist ein Beispiel der von Melanchthon an erster und zweiter Stelle genannten Form evangelischer Heiligen-Verehrung. Es führte in der Tat, wie Walter Tappolet[54] und andere betont haben, zu einer geistlichen

Verarmung des Protestantismus, daß er im Widerspruch zum verselbständigten römisch-katholischen Marien-Kult Maria gleichsam jegliche Beachtung versagte und sogar das in der Confessio Augustana, Art. 21, empfohlene Marien-»Gedenken« als ›katholisch‹ empfand. Nur die auch nach der Aufklärung noch einleuchtende moralische Vorbild-Funktion blieb bestehen. – Aber Melanchthon hatte – und seine »Apologie« ist ein Bestandteil der verbindlichen Bekenntnisschriften der evangelisch-lutherischen Kirche – ausdrücklich an erster Stelle die Danksagung als Ausdruck gebotener evangelischer Heiligen- und Marien-Verehrung genannt. Dieser Dank richtet sich auf die Konkretion des Heils-Willens Gottes in bekannten Lebensläufen. An ihnen kann man sehen, wie barmherzig Gott ist. Luthers angebliches Marien-Gebet gleicht eher einer Seligpreisung. Sie ist »Danksagung« im Sinne Melanchthons. Maria wird als ein anschauliches Beispiel dessen ins Auge gefaßt, was Gott »uns« erweisen will und erwiesen hat. Dadurch werden wir »ermahnt«, in der Anfechtung »deinem Beispiele nach« zu Gott Vertrauen zu fassen. Damit erweist sich dieses Marien-Lob Luthers zugleich als ein Beispiel der von Melanchthon an zweiter Stelle angeführten Art von Verehrung. Sie besteht darin, daß wir durch das Beispiel von Gott begnadigter Menschen erfahren, daß »wirklich die Gnade über die Sünde triumphiert«.

Gegen eine ›Verkopfung‹ des Glaubens

Am Ende seiner Auslegung des Magnificat hob Luther hervor, daß er eine Überwindung der ›Verkopfung‹ des Glaubens anstrebte. Er bat Gott darum, daß das Gesagte nicht nur ›einleuchten‹ möge, wie Gesprochenes und Geschriebenes der Vernunft einleuchten kann, sondern daß es das Herz ›entzünden‹ und im Leben ganzheitlich wirksam werden, d.h. »in Leib und Seele« leben möge. ›Insbesondere in den letzten zweihundert Jahren‹ hat sich auch eine emotionale Auskühlung des Protestantismus ereignet, die die Predigt zu Lehrvorträgen oder moralischen Appellen hat verkümmern lassen, die doch Gottes eingreifendes und neuschaffendes Wort bezeugen und darstellen sollte. Gerade wenn die christliche Verkündigung weder Aufklärung, noch Handlungsanweisung sein, also nicht Beispielhaftes zum Nachahmen vortragen, sondern Gottes Handeln bezeugen soll, kann sie dies in anschaulicher und glaubwürdiger Weise nur tun, wenn sie an Beispielen menschlichen Lebens zeigt, wie Gott handelt. Die »Verehrung« der Heiligen im Sinn der Danksagung und der Glaubensstärkung, d.h. das Gedenken an ihr menschliches Leben als ein Feld des konkreten Erweises göttlicher Gnade, ist eine unentbehrliche Gestalt gerade der Verkündigung des zum Heil allein wirksamen Gottes. Ein Heiligen-Kult, der die ›Verehrten‹ dadurch verselbständigt, daß er ihnen Funktionen Christi ›andichtet‹, aber auch die pädagogisch gemeinte Darstellung moralischer Vorbilder, die diese dadurch verselbständigt, daß sie ihre ›Tugenden‹ dem Nachahmenden als Weg zum Heil empfiehlt, leiten dazu an, das Werk Christi zu vernachlässigen. Dagegen besteht evangelische Heiligen-Verehrung ausschließlich in der Verherrlichung Christi. Damit das Evangelium »nicht allein leuchte und rede«, also nicht nur einleuchtende Rede bleibe, »sondern brenne und lebe in Leib und Seele«, also kenntlich werde als ganzheitlich erneuernde »Kraft Gottes, die selig macht alle, die daran glauben« (Röm 1,16), muß es sich in den Beispielen der Heiligen ergehen, also auch Mariens. Nur müssen diese gerade nicht selbständig, sondern von Gott abhängig sein. Die Betrachtung der durch Personen-Kult oder Vorbild-Funktion verselbständigten Heiligen lenkt von Gottes Gnade ab; die Danksagung für Gottes Barmherzigkeit und die Glaubensstärkung durch den Blick auf Beispiele, wie Gott gescheiterte Menschen wieder beauftragt und bevollmächtigt hat, erfährt am konkreten ›Fall‹, was ›Gnade‹ im Leben bedeutet. Daher dürfen Maria und das Leben der Heiligen durchaus in die Danksagung, d.h. ins Gebet der Glaubenden eingehen. Es ist nicht lutherisch zu meinen, Maria habe in christlichen Gebeten keinen Raum. Die Kirchen der Reformation mögen wieder einstimmen in das Marienlob der Reformatoren! »O du selige Jungfrau und Mutter Gottes«, rief Luther aus, »wie bist du so gar nichts und geringgeachtet gewesen, und Gott hat dich dennoch so überaus gnädig und reichlich angesehen und große Dinge an dir gewirkt!«[55] Wer nicht in solche Ausrufe ausbrechen und in diesem Sinn in Kommunikation mit den Heiligen treten kann, nämlich in die Kommunikation des Lobpreises Gottes, der hat wohl nie in der Tiefe erfahren, was Gnade bewirkt. Selbst das überschwengliche Marien-Lob ostkirchlicher Liturgien klingt für evangelische Ohren nicht anstößig, solange es die »Theotokos«, die Gottesgebärerin, nicht verselbständigt, als hätte sie einen Rang neben Gott-Vater und Sohn, kraft dessen sie Einfluß ausüben und ergänzend oder verstärkend zu unseren Gunsten wirksam werden könnte, sondern sie als Kreatur der Gnade und also in ihr die schöpferische Gnade Gottes preist.

Luthers Auslegung des Magnificat

Im ökumenischen Kontext wird Luthers Auslegung des Magnificat oft erwähnt und zitiert. Luther hat diese Auslegung nicht den

›Aufständischen‹, sondern einem ›Herrschenden‹ gewidmet, nämlich Herzog Johann Friedrich von Sachsen, der für ihn, den vom Papst Gebannten, bei seinem Onkel, dem regierenden Kurfürsten, Friedrich dem Weisen, erfolgreich eingetreten war. Daß er sich damit nur bei einem Einflußreichen bedanken wollte, wäre zu oberflächlich geurteilt. So wenig er sich von einer Fürsprache verselbständigter Heiliger versprach, so wenig auch von selbstherrlichen Machthabern. Die Pointe dieser Widmung war eine andere. Nicht die Gunst der ›gnädigen Herren‹ zu erbitten oder sich zu bedanken, war der Zweck, vielmehr die seelsorgerliche Absicht, den künftigen Landesherrn vor Überheblichkeit zu warnen. Alle »Oberherrn« müssen, gerade in ihrer Machtposition, »Gott mehr als andere fürchten«.[56] Wer gut regieren will, meinte Luther, muß das Magnificat lernen und behalten.[57] Denn es singt von dem, was Gott tut. In dieser Inhalts-Angabe, nicht in der Widmung, deutet sich der grundlegende Unterschied zur sogenannten ›Befreiungs-Mariologie‹ an. Das Magnificat wird nicht als Aufruf zum Umsturz gedeutet, sondern, wie es der Wortlaut einzig gestattet, als Lobpreis der Taten Gottes. Nicht eine ›sich erhebende‹, selbständig das Wort ergreifende und womöglich zur Tat schreitende Maria, sondern ›der Herr‹ wird besungen.

Selbstverständlich ist das Magnificat in keiner Weise ein Dokument des Marien-Kultes, sondern des marianischen Gotteslobes. »Das Wörtlein Magnificat, das heißt groß machen«, zeigt schon »wie ein Titel eines Buches« an, »wovon darin geschrieben sei«: »nämlich von großen Taten und Werken Gottes, zu stärken unsern Glauben, zu trösten alle Geringen, und zu schrecken alle hohen Menschen auf Erden.«[58] »Dies ist gar ein hoher Artikel und begreift viel in sich, legt alle Hoffart, Vermessenheit, Frevel, Ruhm, falsches Vertrauen mit einemmal darnieder und erhebt nur Gott, ja, zeigt die Ursache an, warum Gott allein zu erheben sei, nämlich daß er alle Dinge tue.«[59] Das Magnificat ist nicht ein Text menschlichen bzw. weiblichen Selbstbewußtseins und Aufbegehrens. Daher gibt es auch kein ›Pendeln‹ »zwischen ›Fiat‹ und ›Magnificat‹«[60], als wäre das »Fiat« ein Ausdruck der Unterwerfung, während das »Magnificat« die Auflehnung bezeichnen würde. Beides liegt vielmehr auf der gleichen Linie. Luther stellt fest, daß das »leicht gesagt« ist, daß es aber schwer fällt, dies »zu glauben und ins Leben zu übertragen.«[61] Allein Gottes Taten werden besungen, und zwar so, daß deutlich wird, wie Gott handelt.

Maria hat »aus eigener Erfahrung«[62] verstanden, »daß Gott ein solcher Herr sei, der nichts anderes zu schaffen habe, denn nur erhöhen, was niedrig ist, erniedrigen, was da hoch ist.«[63] Wie der Schöpfer am Anfang »aus nichts« geschaffen hat, »so bleibt seine Art zu wirken«. »Aus dem, das nichts, gering, verachtet, elend, tot ist«, macht er »etwas, etwas Köstliches, Ehrenvolles, Seliges und Lebendiges«, während er umgekehrt »alles, was etwas, köstlich, ehrenvoll, selig, lebendig ist, zunichte, gering, verachtet, elend und sterbend macht.«[64] D.h. er erweist seine Unentbehrlichkeit. Nichts hat in sich selbst Bestand, nichts ist aus sich selbst gerechtfertigt. Gott ist die Kraft und Herrlichkeit dessen, was in sich selbst schwach und nichtig ist, und er ist die Infrage-Stellung und der Zusammenbruch alles dessen, was in sich selbst stark und ansehnlich zu sein meint. Dadurch wird, was in der Welt gilt, in sein Gegenteil verkehrt. Diese ›Revolution‹ entspringt aber nicht dem Ressentiment derer, die zur Abwechslung auch einmal ›oben‹ sein möchten, sondern dem Anspruch, den Gott geltend macht, und der Umkehr aus gottloser Selbstherrlichkeit zum demütigen Ernstnehmen Gottes. Das entscheidende »Wörtlein« im Magnificat ist »Gott«.[65] Alles selbstbezogene oder gesellschaftsbezogene Denken wird dadurch zu dem einzigen Thema des Glaubens zurückgebracht. »Denn Maria sagt nicht: Meine Seele macht groß sich selbst, oder: hält viel von sich.«[66] Diese Frau hat nicht sich selbst und ihre Möglichkeiten entdeckt. Nicht dafür fordert sie Beachtung. »Sie wollte auch gar nichts von sich gehalten haben, sondern allein Gott macht sie groß.«[67] Sie wußte sich ›begnadet‹ und »ist nicht mehr denn eine fröhliche Herberge und willige Wirtin eines solches Gastes gewesen«.[68] Nach Luther war es ein ebenso großes Wunder, daß Maria »sich der Hoffart und Anmaßung enthalten« hat, wie das Wunder, daß sie Mutter Gottes wurde.[69] Er preist die Demut der Erhabenen. »Sie findet sich als eine Gottesmutter, über alle Menschen erhaben, und bleibet doch so einfältig und gelassen, daß sie darum nicht eine geringe Dienstmagd hätte unter sich gehalten«.[70] Anerkennung zu fordern und um Macht zu kämpfen, kam ihr nicht in den Sinn. Man mache nicht eine »Abgöttin« aus ihr, indem man meint, »daß sie geben oder helfen möge, wie etliche meinen, die mehr zu ihr, denn zu Gott, rufen und Zuflucht haben«.[71] »Sie gibt nichts, sondern allein Gott.«[72] Es ist auch nicht zu erweisen, daß sie ihre Erwählung irgendwie verdient oder sich dafür disponiert habe. Luther vergleicht Maria in dieser Hinsicht mit dem Holz des Kreuzes, also einem willenlosen Ding, das keiner Mitwirkung fähig ist: »Gleich wie das Holz kein anderes Verdienst und Würdigkeit gehabt hat, denn daß es zum Kreuze tauglich und von Gott verordnet war, also ist ihre Würdigkeit zu dieser Mutterschaft keine andere gewesen, als daß sie tauglich und verordnet dazu gewesen ist.«[73] Grundsätzlich meint Luther, »es ist besser«, wenn man ihrer Ehre zu viel abbricht, als wenn man der Gnade Abbruch tut. »Ja, man kann ihr nicht zuviel abbrechen, so sie doch aus Nichts geschaffen ist wie alle Kreaturen.«[74]

Daraus folgt für die ›rechte‹ Marien-Verehrung: Man darf »sie nicht allein vor sich hinstellen«, also gerade nicht fragen, wer sie ›selbst‹, abgesehen von ihrer Verfügbarkeit für Gott, war, »sondern sie vor Gott und weit unter Gott stellen«. Da muß man sie aller ihrer angedichteten Herrlichkeit entblößen »und ihre Nichtigkeit (wie sie sagt) ansehen; darnach sich wundern der überschwenglichen Gnade Gottes, der ein solch geringes, nichtiges Menschenkind so reichlich, gnädiglich ansiehet, umfängt und benedeiet[75]; daß also aus dem Anblick du bewegt werdest, Gott zu lieben und zu loben in solchen Gnaden und dadurch gereizt werdest, dich alles Guten zu versehen zu solchem Gott, der geringe, verachtete, nichtige Menschen so gnädiglich ansiehet und nicht verschmähet, daß also dein Herz gegen Gott im Glauben, Liebe und Hoffnung gestärkt werde.«[76] Dieser Satz ist wie ein Kompendium dessen, worauf bei evangelischer Marien-Verehrung zu achten ist: Maria darf erstens nicht verselbständigt, sondern muß im Zusammenhang mit Gott gesehen werden. Man muß zweitens, entgegen aller Marien-Verherrlichung, ihre ›Niedrigkeit‹ ernst nehmen, d.h. sie als hinfälligen und Gottes unwürdigen Menschen, nämlich als Unseresgleichen betrachten. Man muß drittens das Erstaunliche der unerwartet gnädigen Zuwendung Gottes zu diesem Menschenkind wahrnehmen. Dies soll den über Gottes Gnade Verwunderten viertens bewegen, auch für sich selber Gottes Gnade zu erhoffen. Die geistliche Frucht solcher Marien-Verehrung im Sinne von Apologie, Artikel 21, ist die Stärkung von Glaube, Hoffnung und Liebe.

An dieser Stelle fügt Luther eine Kritik der marianischen Kunst an. Wie Hermann Sasse die vollendete Poesie der Legenden über die »Entschlafung Mariens« pries, sie aber dadurch in ein kritisches Licht stellte, daß er den Unterschied zum Kreuzesleiden Christi hervorhob[77], kritisiert Luther die Andachts-Bilder, »die uns die selige Jungfrau also abmalen und vorbilden, daß nichts Verachtetes, sondern eitel große, hohe Dinge an ihr zu sehen sind«[78]; denn sie konfrontieren den Betrachter auf diese Weise mit der Mutter-Gottes »allein«, ohne die Beziehung zu Gott zu verdeutlichen. Dadurch wird sie über die Bedingungen des Mensch-Seins »hinausgehoben«. »Es bleibt kein Exempel da, dessen wir uns trösten können«.[79] Ehe er abschließend seinen Herzog warnte, die größte Gefahr liege im »mens cordis sui«, nämlich in der Gesinnung des eigenen Herzens

(Lk 1,51)[80], die einen hoffärtig macht, ›spazierte‹ er mit den Versen des Magnificat »durch Gottes Werke«[81]. Der Satz: »Gott übt Gewalt mit seinem Arm« (Lk 1,50), enthält nicht eine Aufforderung, zu den Waffen zu greifen, sondern bezeugt umgekehrt das, was Gott »ohne Vermittlung der Kreaturen« bewirkt.[82] Vordergründig, d.h. überall da, wo Gott sich der Kreaturen bedient, also Aufstände niederschlagen oder aber gelingen läßt, sieht es so aus, daß die jeweils Stärkeren gewinnen. (Luther redet einem ›Herrschenden‹ ins Gewissen!). Im Verborgenen aber macht Gott diese Erfolge zunichte. Er »erhebt die Niedrigen« (V. 52). »Siehe, also ward Christus kraftlos am Kreuz und eben daselbst tat er die größte Macht (= Tat), überwand die Sünde, Tod, Welt, Hölle, Teufel und alle Übel.«[83] »Das sind zwei Werke Gottes widereinander«[84], entsprechend den sog. Zwei Regimenten: Vordergründig und vorübergehend läßt Gott die »Gewaltigen« siegen (das können auch erfolgreiche Aufständische sein), hintergründig und für ewig erhebt er aber die »Niedrigen«. »Das muß aber auch alles im Glauben erkannt und ausgewartet sein.«[85] Er »zerstört die Gewaltigen so bald nicht, als sie es verdienen« (Luthers eigenes Seufzen über die »Gewaltigen« scheint bei dieser Formulierung die Feder zu führen; er befand sich schließlich bis zum Tod in Reichs-Acht und Kirchen-Bann). Aber eines Tages vergehen sie »ohn' alles Rumoren und Brechen, und kommen dann empor die Gedrückten, auch ohn' alles Rumoren«[86].

Der dogmatisch eingeholte Marien-Kult

Jeder Verselbständigung einer Marien-Verehrung hat die Reformation eine unerbittliche Absage erteilt. Da der Marien-Kult aber z.T. aus heidnischen Wurzeln selbständig gewachsen war, fiel dieser, zusammen mit mariologischen Sätzen, die weder biblisch herzuleiten, noch mit dem Christus-Bekenntnis verträglich waren, in den ›reformierten‹ Kirchen in vollem Umfang weg. Die Anrufung Mariens und der Heiligen unterblieb, Wallfahrts-Orte wurden nicht mehr aufgesucht –, an die Bürgerschaft der Stadt Regensburg, wo die Wallfahrt zur »Schönen Maria« aufgeblüht war, schrieb Luther (1523), »das Evangelium« könne »nicht schön werden« zu Regensburg, »die Schöne Maria werde denn häßlich«[87]; auch der Rosenkranz kam ab. Man predigte Jesus Christus, den Gekreuzigten – ihn allein (1 Kor 2,2), und ›malte‹ den Gläubigen Christus ›vor Augen‹ (Gal 3,1); Maria und die Heiligen waren keine Predigt-Themen mehr.

Die römische Hierarchie aber verschloß sich solcher einschneidenden Reformation, wie man auch immer ihre Motive beurteilen mag. Das Konzil von Trient[88] bestätigte und rechtfertigte offiziell und kirchenamtlich den von den Reformatoren in Frage gestellten Marien- und Heiligen-Kult. Marien-Verehrung wurde zum Kennzeichen der Gegenreformation. Was vor der Reformation zwar verbreitete, aber keineswegs allgemein herrschende Überzeugung und Übung gewesen war, wurde nun zum Kennzeichen des anti-reformatorisch definierten Katholizismus.

In vergleichbarem Maß, wie der römisch-katholische Marien-Kult an Bedeutung gewann, nahm wohl die evangelische Marien-Verehrung ab. Nach oft genug gewaltsamen Auseinandersetzungen kam das Marien-Lob den Protestanten nicht mehr unbefangen über die Lippen. Sie erinnerten sich, daß Luther im Jahr vor seinem Tod geäußert hatte: Wie »die Heiden« »Merkur, Diana, Venus« »angerufen« haben und »von einem Götterbild zum andern« gelaufen sind, so haben es die Christen auch gemacht. »Die ganze Welt hat gebetet: ›Maria, mater Dei, miserere mei‹. (Maria, Mutter Gottes, erbarm dich meiner!) Ich hatte auch so getan im Papsttum.«[89] »Solches will der Papst auch heute noch erhalten«[90] (19. 4. 1545). Er zog eine Parallele zum Baals-Kult der von Gott abgefallenen Israeliten.[91] Petri registriert, daß in der nachreformatorischen Zeit »eine marianisch geprägte Frömmigkeit immer mehr zurückgegangen ist und daß vor allem in der Aufklärungszeit sogar die Feier auch der biblisch begründeten Marienfeste weithin aus der Übung gekommen ist«, und fügt verständnisvoll hinzu: »Daß z.B. das Marienbild der Gegenreformation und des Barock nicht gerade die Zustimmung der evangelischen Christen finden konnte, wird man ihnen kaum verdenken können«[92]. Gewiß wurde »protestantischerseits die Aufklärung im 18. Jahrhundert eine tiefgreifende Zäsur«[93]. Aber auch die römische Kirche veränderte sich.

Die »Unbefleckte Empfängnis« Marias

Die römische Kirche war nun bestrebt, die selbständig gewachsene, in der Abwehr der Reformation ausdrücklich bejahte Marienfrömmigkeit, soweit es nicht schon im Mittelalter geschehen war, theologisch zu integrieren und das, was bisher noch kontrovers diskutiert werden konnte, lehramtlich festzulegen. Was jahrhundertelang nur eine umstrittene Lehrmeinung war, gegen die sich biblische Argumente meist als durchschlagend erwiesen, daß Maria nämlich durch einen Akt vorgreifender Gnade von dem auf der Menschheit liegenden Makel der Erbsünde, der sich nach augustinischer Anschauung bei der Empfängnis vererbe, gereinigt, daß sie also von ihrer legendären Mutter Anna »unbefleckt empfangen«, d.h. der Erbsünde entnommen worden sei, erhob Papst Pius IX. im Jahr 1854 zum Dogma, d.h. zu einem Glaubens-Satz, den jeder Christ glauben müsse, wenn er selig werden will. Dogmen sind Lehr-Sätze, die zu glauben »heilsnotwendig« (*de necessitate salutis*) ist. Die bis dahin in der römisch-katholischen Kirche noch erlaubte Lehr-Meinung, auch Maria sei eine ungeachtet ihrer Gottes-Mutterschaft der Erlösung durch Christus bedürftige Sünderin gewesen, war nunmehr verboten. Selbst Thomas von Aquin (1225-1274), der weithin maßgebliche theologische Lehrer des Katholizismus, hatte erklärt, auch Maria sei von Erbsünde befallen gewesen, weil Christus doch der Heiland (ausnahmslos) aller Menschen ist (1 Tim 4,10). Er nahm aber an, sie sei durch ein gnädiges Eingreifen Gottes noch vor ihrer Geburt davon gereinigt worden.[94] Im 12. und 13. Jahrhundert bestand darüber unter den großen Theologen noch Einigkeit. Nach Miegge bedeutete dies: Grundsätzlich »respektiert« man »auch in Marias Person das allgemeine Gesetz von Sünde und Erlösung«.[95] Zwar hatte schon, wie gesagt, beispielsweise Duns Scotus die Theorie begründet, Maria sei nicht sozusagen nachträglich gereinigt, sondern von vornherein, d.h. von der Empfängnis an, von dem allgemeinen Menschheitsgesetz der Erbsünde ausgenommen gewesen, und es wurde auch längst ein Fest dieses Inhalts gefeiert (seit 1140 in Lyon[96]), aber erst im Februar 1849 erließ Pius IX. ein Rundschreiben, in dem er die Bischöfe befragte, was sie davon halten würden, wenn er diese fromme Glaubens-Meinung zur geoffenbarten Wahrheit erklären wollte. Etwa zwei Drittel der Befragten hatten keine, ein Drittel aber z.T. gewichtige theologische Einwände. Den Ausschlag gab die persönliche Meinung des Papstes. Am 8. Dezember 1854 erklärte der Papst die Lehre von der Unbefleckten Empfängnis feierlich zum Dogma. Maria wurde »im ersten Augenblick ihrer Empfängnis vor jedem Makel der Erbschuld bewahrt«. Dies sei »von Gott offenbart« und müsse »darum von allen Gläubigen fest und beständig geglaubt werden«.[97] War bis dahin immerhin von einem großen Teil der katholischen Theologen das allgemeine Gesetz von Sünde und Erlösung für ausnahmslos gültig gehalten worden, so unterstreicht Miegge nun die Bedeutung der Neuerung: »Die unbefleckte Empfängnis dagegen zerbricht diesen Zusammenhang und führt hinsichtlich Marias etwas völlig Neuartiges ein.«[98] »Sündlos empfangen, hatte Maria in Wirklichkeit die Bedingungen unserer menschlichen Existenz niemals kennengelernt. Ausnahmegeschöpf im strengsten Sinne des

Wortes, wurde sie zur vollkommenen Analogie ihres Sohnes, des Erlösers, auf der menschlichen Ebene.«[99] Der Waldenser-Theologe Miegge erinnerte daran, daß die Dominikaner-Theologen des Mittelalters, also Thomas von Aquin und seine Schüler, »die Vertreter der unbefleckten Empfängnis der Gottlosigkeit und Häresie beschuldigten – Gottlosigkeit, weil sie Maria allzu sehr dem göttlichen Christus anglichen, Häresie, weil die unbefleckte Empfängnis eine erste, unheilbare Bresche in die augustinische Konzeption von Sünde und Erlösung schlug«.[100] Allerdings ist zu beachten, daß die Dogmen-Verkündigung von 1854 aussagte, Maria sei »in Ansehung der Verdienste Jesu Christi, des Heilands des Menschengeschlechtes, durch einzigartige Gnade und Privileg des Allmächtigen Gottes« diese Sonderbewahrung zuteil geworden.[101] Damit ist immerhin die Überzeugung gewahrt, daß auch Maria grundsätzlich erlösungsbedürftig war; aber es wird gelehrt, daß ihr die Erlösung sozusagen schon vor ihrem Eintritt in die Existenz zuteil wurde. Maria wird demnach nicht durch den Glauben an Christus gerecht, sondern sie ist schon vor ihrer Geburt, »vom ersten Augenblick der Empfängnis an«, gerecht, zwar irgendwie auch um Christi willen, aber doch schon von vornherein. Da sie ›in Gedanken, Worten und Werken‹ niemals gesündigt haben soll, bedarf sie auch keiner Vergebung der Sünden. Was Markus eventuell hinsichtlich ihres zeitweiligen Zweifelns oder Unglaubens Jesus gegenüber andeutet, kommt im Grunde nicht in Betracht. Die Gnade kann nicht nur im Glauben als Vergebung der Sünden angenommen werden, sondern sie kann ausnahmsweise auch gleichsam vorbeugend wirken: Es kommt gar nicht erst so weit, daß Vergebung nötig wäre. Gott hat die zur Mutter Gottes Ersehene von vornherein auf seine Seite gezogen und dem Zusammenhang der sündigen Menschheit entnommen. Inwiefern diese aller natürlichen Befleckung überhobene, einer Göttin ähnelnde Gestalt ein wirklicher Mensch sein und also als »Mutter-Gottes« zur Begründung der »wahren Menschheit« des Gottes-Sohnes in Frage kommen kann, wird undeutlich. Auf jeden Fall ist Maria durch dieses Dogma unvergleichlich geworden. Als »Exempel«, »dessen wir uns trösten können«, wie Luther hoffte, eignet sich die »Immaculata« nicht. Dem entspricht die glorifizierende Darstellung Marias als »Himmelskönigin« und »Miterlöserin«.[102]

Die »leibliche Aufnahme Marias in den Himmel«

Im Jahr 1950 hat Pius XII. einen weiteren Schritt in diese Richtung getan. Er erklärte die leibliche Aufnahme Mariens in den Himmel

(»Mariae Himmelfahrt«) zum Dogma. Was seit alter Zeit als religiöse Volksmeinung nur geduldet war, wurde nun zum Lehrsatz erhoben, an den zu glauben, für jeden Christen heilsnotwendig ist. Wie sehr diese Dogmen-Verkündigung die nicht-römische Christenheit erschütterte, ist aus den »Bemerkungen zum Dogma von der Himmelfahrt Mariae« zu entnehmen, die Hermann Sasse in seinen »Briefen an lutherische Pastoren« (Nr. 17) am 17. Februar 1951 machte.[103] Sasse erklärte: Dieses »Ereignis« geht alle Kirchen, alle Christen an. »Denn entweder ist das Dogma wahr oder es ist falsch.«[104] Er ging so weit, zu sagen: »Entweder ist es wirklich ›göttlich geoffenbartes Dogma . . .‹«, »oder« es ist »eine Lästerung Gottes«.[105]

Biblisch zu begründen war dieses Dogma zugegebenermaßen nicht. Aber auch außerbiblische Stimmen der frühen Christenheit ließen sich nicht geltend machen.[105a] In diesem Sinne war die Verkündigung des Dogmas ein Akt kirchlicher (päpstlicher) Selbst-Herrlichkeit, doch sie erfolgte »unter schier endlosem Jubel des Volkes«.[106] Zugespitzt gesprochen, begründete sich diese Dogmatisierung weder aus dem Glauben an die Bibel, noch an die frühchristliche Tradition, sondern aus einem Glauben der Kirche an sich selbst. Auch das, was sich in ihr ›selbständig‹ entwickelt hat, mag die Herkunft noch so ›heidnisch‹ sein, ist für den Gläubigen verbindlich. Nach Sasse kann man Entscheidungen von solcher Tragweite nicht wie einfache menschliche Irrtümer behandeln, wie sie »jedem Theologen passieren« können.[107] Auch durch anthropologische Umdeutungen wird man schwerlich den Kopf aus der Schlinge ziehen können, die die Formulierung, es sei »eine von Gott geoffenbarte Glaubenswahrheit, daß die unbefleckte, immer-jungfräuliche Gottesmutter Maria . . .mit Leib und Seele zur himmlischen Herrlichkeit aufgenommen worden ist«[108], um den Hals der Gläubigen zieht. Sasse deutete den Vorgang so, daß hier »die Kreatur sich selbst in der Gestalt eines zur Göttlichkeit aufsteigenden Menschen« »apotheosiert«.[109] Er zweifelt (1951!) nicht, daß als nächstes Dogma »die formelle Definition der schon in zahlreichen liturgischen und theologischen Dokumenten vertretenen Lehre von Maria der ›*mediatrix* omnium gratiarum und der *corredemptrix*‹« (»Mittlerin aller Gnaden« und »Miterlöserin«) erfolgen werde.[110] Dann aber trat, unerwartet, jene »epochale Wende im Verständnis des Christentums« ein[111], die sich im II. Vatikanischen Konzil artikulierte und den römischen Katholizismus zunächst unberechenbar machte. Sie führte zu der bekannten, im Augenblick wieder rückläufigen, »Tendenz hin zu einem mariologischen und marianischen Minimalismus«[112], die den

Eindruck erwecken konnte, als sei die Marien-Verehrung nicht mehr ein Stein des Anstoßes, der der Annäherung getrennter Kirchen im Wege steht. Die ›verselbständigte‹ Mutter-Gottes schien in ihre Bindung an Christus und die ›Himmels-Königin‹ auf die neutestamentliche ›Magd des Herrn‹ zurückgeführt zu werden.

Papst Johannes Paul II. wollte mit der Ausrufung eines Marianischen Jahres zur Vorbereitung auf die zweite Jahrtausendwende nach Christus und durch seine Enzyklika »Redemptoris Mater« der »marianischen Spiritualität« Impulse geben.[113] Er wirbt in der Enzyklika um das Einverständnis der getrennten Christen. Unverkennbar ist der Versuch einer Anbindung der mariologischen Aussagen an die Christologie. Die verselbständigte marianische Frömmigkeit wird in eine durchgängige Christus-Bindung zurückgeholt. Diese Tendenz und die Form der Enzyklika, die überwiegend eine Meditation über biblische Texte darstellt, erweckt den Eindruck einer Annäherung an reformatorische Anliegen. Auffallend ist der Unterschied zur Bulle »Munificentissimus Deus« von 1950, in der nur »wenige Bibelstellen«, und diese in der Auslegung mittelalterlicher Theologen, zitiert werden, was nach Miegge »offenbar das Eingeständnis« einschloß, »daß diese Schriftzeugnisse bei Entstehung der fraglichen Lehre keinerlei Rolle gespielt haben«.[114] Gleichwohl stellt auch die Enzyklika »Redemptoris Mater« den Versuch dar, Themen, die nicht aus der Bibel stammen, biblisch zu interpretieren. Dabei stellt sich die Frage, ob Inhalte, die ›selbständig‹ entstanden sind, ›heimgeholt‹ werden können, und ob das, was nicht der Bibel entnommen oder durch sie angeregt, sondern ›heidnischen‹ Ursprungs ist, dem biblischen Glauben angepaßt werden kann.

Am Anfang seiner Enzyklika weist der Papst darauf hin, daß »die Kirche« »in der Liturgie« »Maria von Nazaret als ihren Anfang« grüßt, und spricht damit den Zusammenhang von Mariologie und Ekklesiologie[115] an, der uns im folgenden noch beschäftigen soll. Dieser Zusammenhang besteht zunächst darin, daß die Kirche »denselben Weg« geht, »den auch die Jungfrau Maria zurückgelegt hat«.[116] In welchem Sinne aber kann man sagen, daß Maria, die einsam Erhöhte, eben doch nicht so »hinausgehoben« ist, daß »kein Exempel da« bleibt, »dessen wir uns trösten können« (Luther)[117], sondern daß sie als eine von vielen erscheint, als Frau unter Frauen, als Gläubige unter Gläubigen (bei denen nach Gal 3,28 ›nicht mehr Mann noch Frau‹ ist, sondern ›alle eins‹ sind in Christus), als Angefochtene, mit einem Wort als »Exempel«, das uns Gottes Wort verdeutlicht?

III. Die exemplarische Maria

Rosemary Radford Ruether, eine »der wenigen feministischen Theologinnen, die sich thematisch mit der Gestalt Marias beschäftigt haben« wie Catharina J.M. Halkes feststellt[1], schreibt in der Einleitung zu ihrem Büchlein »Maria – Kirche in weiblicher Gestalt«[2], in der sie über das Verhältnis des Protestantismus zur Mariologie nachdenkt: »Im Protestantismus ist Maria nichts als das Symbol der Kirche oder des geschöpflichen Willens in der ihm angemessenen Selbstverleugnung und Passivität in den Händen einer männlichen Gottheit«[3]. Protestantische Mariologie wäre demnach nur als eine ekklesiologische Mariologie denkbar, d.h. als eine Lehre, die Maria als Beispiel kirchlichen Verhaltens auffaßt. Daher sei es »nicht verwunderlich«, daß der neue ökumenische Dialog zwischen Katholiken und Protestanten in der Übereinstimmung endete, daß Maria einzig als Symbol der Kirche, in dem Sinne des passiven Empfängers der Gnade, zu deuten sei[4].

Maria als Modell der Kirche

In der Tat spielte dieser Gedanke, wie Walter Tappolet anhand einiger Predigt-Beispiele nachweisen konnte[5], im Denken Luthers eine gewisse Rolle. Der Reformator sagte (1521), in der Verkündigungs-Szene stelle der Erzengel Gabriel sozusagen das Predigt-Amt dar, und »Maria ist an der Stelle der christlichen Kirche«[6]. In einer Weihnachts-Predigt 1523 führt er aus: »Wir sind Kinder Mariens«[7], und im Jahr 1545: »Die Kirche ist die Mutter, der(en) Kinder sind wir«[8]. Aber er warnte auch (1528/9): »Billig ist Maria unsere Mutter. Aber daß wir wollten auf sie bauen und Christo seine Ehre und Amt nehmen und es der Mutter geben, das hieße Christi Leiden verleugnen.« Vielmehr sollen wir, »weil er selbst die Mutter hingibt und mit ihr auf Erden nicht sein noch ihr anhangen will«, »auch nicht der Mutter anhangen und den Sohn verlassen«, wie es im Papsttum geschieht.[9]

Nun hat das II. Vatikanische Konzil in der Konstitution »Lumen Gentium« den Aspekt, daß Maria als »Typus oder Modell« der Kirche[10] anzusehen sei, besonders hervorgehoben. Darauf nimmt der Papst in der Enzyklika »Redemptoris Mater« durchgängig Bezug. Das päpstliche Rundschreiben ruft diese Konzils-Aussagen in Erinnerung und legt sie aus. »Maria ist ja als Mutter Christi *in ganz besonderer Weise mit der Kirche verbunden*«.[11] Diese besondere Weise besteht darin, daß die Kirche, wenn sie als Leib Christi verstanden wird, »gleichsam« eine »Fortsetzung« der Menschwerdung darstellt. »Und an die Wirklichkeit der Menschwerdung wiederum kann man nicht denken, ohne sich auf Maria, die Mutter des menschgewordenen Wortes, zu beziehen«.[12] Diese Auffassung der Kirche als Leib Christi hat der Konzils-Text besonders »nahe neben die Wahrheit, daß der Sohn Gottes ›durch den Heiligen Geist aus Maria, der Jungfrau geboren ist‹«, gerückt. Die Kirche wird also gewissermaßen mit Christus identifiziert und erhält dabei, wie er, Maria zur Mutter. Im Rahmen des sogenannten »Fröhlichen Wechsels«[13] spielt dieser Gedanke in Luthers Predigten eine beachtliche Rolle. Andererseits wird – und darauf liegt in der Enzyklika der Nachdruck – die Kirche mit Maria zusammen gesehen, und zwar auf vielfältige Weise.

Laut »Lumen Gentium« ist Maria »der Typus der Kirche auf der Ebene des Glaubens, der Liebe und der vollkommenen Einheit mit Christus«.[14] Als Glaubende und Gott Liebende, die sich für Christus öffnet, ist Maria ein Vorbild der Christen und stellt das dar, was deren Gemeinschaft in der Kirche ausmacht. Auf der anderen Seite, so erklärt »Lumen Gentium«, sei die Kirche auch »selbst Mutter«, wie Maria, »weil sie . . . die vom Heiligen Geist empfangenen und aus Gott geborenen Kinder zu neuem und unsterblichem Leben gebiert.«[15] Maria selbst behält aber innerhalb dieser mütterlichen Funktion der Kirche und ihr gegenüber eine eigene, bleibende Mutter-Rolle. Diese beiden Beziehungen zwischen Maria und der Kirche entfaltet die Enzyklika vor allem.

Maria als Vorbild des Glaubens

Eine hervorragende Rolle spielt in der Argumentation des Papstes die Seligpreisung Elisabeths gegenüber Maria: »Selig bist du, die du geglaubt hast« (Lk 1,45).[16] Der Glaube war ihre Antwort auf die Fülle der Gnade, die ihr geschenkt worden ist. Vor allem in ihrem Glauben ist Maria der Typus der Kirche. Diese Aussage ähnelt der dritten Form evangelischer Heiligen-Verehrung, die Melanchthon in der »Apologie«, Artikel 21, vorschlug.[17] Glaube bedeutet, daß ein Mensch sich ganz Gott überantwortet. Das hat Maria getan, indem sie auf die ›Verkündigung‹ des Engels »*mit ihrem ganzen menschlichen, fraulichen ›Ich‹* geantwortet« hat.[18] Ihre Antwort nach Lk 1,38 zeigt »eine vollkommene Verfügbarkeit gegenüber dem Wirken des

Heiligen Geistes« an.[19] Der Papst erinnert an den Gedanken einiger Kirchenväter, daß Maria Christus zuerst im Glauben und erst danach im Leib empfangen hat.[20] Der beispielhafte Glaube Marias wird mit dem Abrahams, den Paulus als Beispiel wählte, verglichen[21]: Mit dem Glauben Abrahams begann der Alte, mit dem Marias der Neue Bund. Im Glauben war sie »vollkommen offen« für Gottes Geschenk.[22] Diesen Glauben durchzuhalten, kostete *»eine besondere Mühe des Herzens«*.[23] Lumen Gentium hat – trotz Mk 3,21! – betont, daß Maria jederzeit in Treue die Verbundenheit mit dem Sohn bewahrt hat und auf dem Weg des Glaubens unbeirrt voranging.[24] Und der Papst deutet Lk 2,50: »*Doch sie* (Josef und Maria) *verstanden nicht*, was er damit sagen wollte« (nämlich der zwölfjährige Jesus im Tempel), als Beleg dafür, daß selbst Maria »nur durch den Glauben in Vertrautheit mit diesem Geheimnis« lebte.[25] Obwohl auch sie so etwas wie eine »Glaubensnacht« (Johannes vom Kreuz) durchlitten haben muß[26], blieb sie doch »die erste unter denen«, die, wie Lumen Gentium formuliert, »›das Wort Gottes hören und danach handeln‹«.[27] – Auch wenn unter allen Schriften des Neuen Testamentes nur die Vorgeschichte des Lukas-Evangeliums den Glauben Marias betont, während das Markus-Evangelium eher ihre Zweifel beleuchtet, tut sie dies doch in so bedeutsamer Weise, daß gegen den Gedanken des geschichtlichen Voran-Gehens und der bleibenden Vorbildlichkcit des Glaubens der Mutter Jesu nichts einzuwenden ist. In dieser Hinsicht ist Maria in der Tat eine von vielen oder, wie Hans Urs von Balthasar formulierte, »irgendwie in die Kirche hinein nivelliert«.[28] Maria ist, wie das Augsburger Bekenntnis in Artikel 21 meint, ein bleibendes Beispiel der Kirche hinsichtlich des Empfangs der Gnade und hinsichtlich des Glaubens – wie z.B. auch Paulus und viele andere.

Maria als Mutter der Kirche

Die Kirche als Mutter?

Ist sie aber auch, wie der Papst im Sinne des II. Vatikanischen Konzils ausführt, hinsichtlich ihrer Mütterlichkeit ein Modell der Kirche? Ist es überhaupt angebracht, die Kirche als Mutter zu bezeichnen, wie es gelegentlich in traditioneller Weise auch Luther tat? Gewiß, wer in der Kirche aufgewachsen ist und durch ihre Veranstaltungen zu Christus hingeführt und mit ihm vertraut gemacht wurde, wird zugeben können, daß die Kirche gleichsam seine geistliche

Mutter sei. Aber zeigt nicht die tiefe Entfremdung vieler ihrer getauften Glieder vom Glauben, die sich manchmal in Kirchen-Austritten äußert, daß die Kirche tatsächlich nicht zum Glauben ›gebiert‹? Es ist wohl nicht von ungefähr, daß der Prolog des Johannes-Evangeliums formuliert, die Christus »aufnahmen«, »die an seinen Namen glauben«, sind »von Gott geboren« (1,13). Zum Glauben wird man geboren in der Wiedergeburt durch den Heiligen Geist. Nur »was vom Geist geboren wird, das ist Geist« (Joh 3,6). Gewiß geschieht dieses Geboren-Werden aus dem Geist im Gebrauch der Gnaden-Mittel.[29] Wo Gottes Wort gepredigt wird und die Sakramente vollzogen werden, öffnet der Heilige Geist, »ubi et quando visum est Deo« (»wo und wann Gott will«), wie die Confessio Augustana formuliert[30], Menschen-Herzen für den Glauben. Da dies in der Kirche geschieht, und da dieses Geschehen das ausmacht, was die Kirche ist[31], kann man sagen: In der Kirche und durch die Kirche, nämlich durch ihre Christus-Verkündigung, werden Menschen zum Glauben geboren. Das Neue Testament aber gebraucht diese Formulierungen nicht. Der Missionar und Prediger, beispielsweise der Apostel Paulus, kann sich einerseits als ›Vater‹ der zum Glauben Gekommenen bezeichnen (1 Kor 4,15) und kann andererseits sagen, er habe die Gemeinde unter Schmerzen ›geboren‹ (Gal 4,9), sich also gleichsam als Mutter darstellen. Die Kirche als Gemeinschaft oder Institution, also gewissermaßen in ihrer soziologischen Vorfindlichkeit, die über ihre Funktion als Trägerin der Verkündigung hinausgeht, dürfte den Mutter-Titel dagegen kaum beanspruchen, es sei denn, in einem unbetonten Sinne. In der päpstlichen Enzyklika nimmt aber dieser Gedanke, wie in Lumen Gentium, breiten Raum ein. Sie »*gebiert*«, erklärte das II. Vatikanische Konzil, »durch Predigt und Taufe« die »aus Gott geborenen Kinder *zum neuen und unsterblichen Leben*«.[32]

Die Mutter der Kirche?

In ihrer »mütterliche(n) Dimension« ist die Kirche bleibend auf die Mutter-Gottes verwiesen und mit ihr verbunden.[33] Maria ist für die ›Mutter Kirche‹ nicht nur ein Vorbild, sondern sie behält gleichsam als ›Mutter der Mutter Kirche‹ eine bleibende mittlerische Funktion. Diese Annahme wurzelt in der problematischen Deutung des marianischen »Fiat« (Lk 1,38) als Ausdruck einer entscheidenden menschlichen Mitwirkung bei der Menschwerdung des Gottes-Sohnes in Maria. In traditionell römischer Weise erklärt der Papst: »Dieses Fiat Marias – ›mir geschehe‹ – hat von der menschlichen Seite her über die Verwirklichung des göttlichen Geheimnisses entschieden.«[34] D.h.: »*Im Glauben Marias* hat sich«, von seiten des Menschen »jener *innere Raum* wieder geöffnet, in welchem der ewige Vater uns ›mit allem geistlichen Segen‹ erfüllen kann.«[35] Obwohl Paulus sagte, daß dieser ›Raum‹ bereits in Abraham geöffnet war, und obwohl der Hebräer-Brief (Kap. 11) eine ganze »Wolke« der Glaubens-»Zeugen« (12,1) aus der Zeit des Alten Bundes anführt, erweckt diese Formulierung den Eindruck, erst durch Maria sei eine – vorher verschüttete – anthropologische Möglichkeit neu eröffnet worden.

Zwar war der Gedanke, daß Maria als Mutter Christi auch die Mutter der Christen sei, wie gesagt, auch Luther nicht fremd. Er fand darin ausgedrückt, daß wir, wenn wir, wie Christus, Kinder Marias sind, teilhaben an allem, was Christus auszeichnet. Wir sind adoptiert zu Geschwistern Christi. Auch der Papst erinnert an das Paulus-Wort, daß Jesus der »Erstgeborene unter vielen Brüdern« (Röm 8,29) ist. In einer Weihnachts-Predigt (1529) konnte Luther sagen: »Also ist nun Maria seine und unser aller Mutter, obwohl er allein ihr im Schoß liegt.«[36] Diese Aussage dient als Veranschaulichung des Grund-Gedankens des »Fröhlichen Wechsels«. Unsereins soll vor Gott wie Christus gelten, weil Christus sich aus lauter Gnade zu uns Sündern gestellt und für unsere Sünde hat verantwortlich machen lassen. Weil Christus »für uns zur Sünde gemacht« worden ist, damit »wir in ihm die Gerechtigkeit werden, die vor Gott gilt« (2 Kor 5,21), was als klassische Formulierung des »Fröhlichen Wechsels« gelten kann, darf Luther in einer Weihnachts-Predigt sagen, unsereiner »soll das feine Kindlein sein auf dem Schoß« Marias.[37] Denn »wenn er unser ist, so sollen wir an seiner Statt sein; wo er ist, da sollen wir auch sein, und alles, was er hat, soll unser sein, und seine Mutter ist auch unsere«.[38] Daß Maria unsere Mutter sei, ist hier nur eine Veranschaulichung der Botschaft, daß wir in Christus Vergebung der Sünden haben, und daß, wo Vergebung der Sünden ist, auch Leben und Seligkeit geschenkt sind, wie Luther im Kleinen Katechismus lehrte.[39] Die Tatsache der Menschwerdung Gottes durch Maria verbürgt unser Heil, weil Christus sich dadurch mit uns vermählt, die aus Sündern bestehende, seiner völlig unwürdige ›Kirche‹ zu seiner Braut gemacht und sie, wie in Epheser 5 ausgeführt, »geliebt« und »sich selbst für sie gegeben« hat (V. 25), »auf daß er sie heiligte, und hat sie gereinigt durch das Wasserbad im Wort« (V. 26), d.h. durch die Taufe, »auf daß er sie sich selbst darstellte als eine Gemeinde, die herrlich sei, die nicht habe einen Flecken oder Runzel oder etwas dergleichen« (V. 27). Er hat uns tadel-los gemacht. ›In ihm‹ sind wir ›neue Kreatur‹, die ihm gleicht. Wenn man will, kann man das indirekt so ausdrücken, daß er uns Maria zur Mutter gegeben habe. Daß Maria »unser aller Mutter« sei, war für Luther eine – unwesentliche, also auch entbehrliche – Folgerung aus der Tatsache, daß Christus »unser Bruder geworden ist«[40], worin unser Heil besteht. Während für Luther der Gedanke einer auch uns einbeziehenden bleibenden Mutterschaft Mariens nur ein Hilfs-Gedanke ist, durch den volkstümlich verdeutlicht werden soll, daß wir zu Christus gehören, hat diese Aussage für den Papst, wie für das II. Vatikanische Konzil ein Eigen-Gewicht. Hier ist sie ernstlich mariologisch gemeint. Sie handelt von einer bleibend wirksamen Funktion Marias. Es ist nicht nur eine rhetorische Variante in der Predigt, wenn man die Wahrheit, daß wir Glieder am Leib Christi sind, in die Formulierung hüllt, Maria sei »unser aller Mutter«, sondern Maria ist an unserer Wieder-Geburt, die ein Geboren-Werden durch die ›Mutter Kirche‹ ist, bleibend und wirksam beteiligt. Sie ist also an unserem Heil beteiligt, und zwar nicht nur indirekt dadurch, daß sie, biographisch unwiederholbar, Jesu Mutter wurde, sondern durch bleibende persönliche Mittlerschaft. Wenn auch in einer »untergeordneten Art«, »*nimmt*« sie doch aktiv und wirksam »*teil am allumfassenden Charakter der Mittlerschaft des Erlösers*«.[41] In diesem Sinne kann Maria ernstlich als ›Mit-Erlöserin‹ (*corredemptrix*) bezeichnet werden. Diese Mitwirkung ist auf »*die Sorge Marias für die Menschen*« zurückzuführen[42], die sich erstmals bei der Hochzeit zu Kana (Joh 2,3-4) zeigte, wo sie eine Mittler-Rolle gespielt haben soll. Der Papst sagt, sie trug dort »in bezeichnender Weise zu jenem ›Anfang der Zeichen‹ bei, die die messianische Kraft ihres Sohnes offenbaren«.[43] Sie wirkte also bei der Offenbarung, bzw. bei dem Wirksam-Werden Christi in der Weise mit, daß sie es auslöste. Immer tiefer hat Maria »ihre mütterliche *Mitwirkung* an der gesamten Sendung des Heilandes mit ihren Taten und ihren Leiden vollzogen«[44], indem ihre »Mutterschaft«, die zu einer geistlichen Mutterschaft verwandelt und erweitert wurde, »sich immer mehr mit einer ›brennenden Liebe‹ zu all denjenigen anfüllte, denen die Sendung Christi galt«[45]. Durch diese ›brennende Liebe‹ ist sie »*auf ganz persönliche Weise in die alleinige Mittlerschaft zwischen Gott und den Menschen eingetreten, in die Mittlerschaft des Menschen Jesus Christus*«[46].

Dies zeigte sich, als sie – zwar nicht nach den synoptischen Evangelien, aber nach Joh 19,25 – unter dem Kreuz ihres Sohnes stand. Indem sie in ihrem Mit-Leiden mit dem Sohn trotz tiefster Anfechtung angesichts der scheinbaren »Verneinung« dessen, was ihr in der ›Verkündigung‹ in Aussicht gestellt worden war (Lk 1,32-33), am Glauben festhielt, hat sie sich »*durch diesen Glauben*« »*vollkommen* mit Christus in seiner Entäußerung verbunden«. [47] Durch ihre – historisch fragliche – Glaubens-Treue bis in die Stunde des Todes Jesu nahm sie »teil am Tod des Sohnes – an seinem Erlösertod«.[48] Die Jünger waren geflohen. Sie besaß »im Gegensatz« zu ihnen »einen erleuchteteren Glauben«.[49] Kraft dieses »heroischen«, d.h. heldenhaften, leistungsstarken, Glaubens wirkte Maria, begleitend, an der Selbst-Hingabe Christi in den Opfer-Tod mit. Daher wurde ihr in Gestalt des Lieblings-Jüngers die Kirche anvertraut (Joh 19,26), und diese wurde an sie verwiesen.

Maria als aktiv Mitwirkende

Exegetisch läßt sich diese heilsmittlerische ›Aktivierung‹ der Mutter-Gottes kaum begründen, aber sie könnte dem Bedürfnis vieler Frauen, »weibliche Symbole im Christentum« zu entdecken[50], entgegenkommen. In der Vorstellung einer bleibenden geistlichen Mutterschaft Mariens kommt eine Tendenz zur Verselbständigung der Mutter-Gottes zum Ausdruck, zwar nicht in dem Sinne, daß sie ohne Christus oder neben ihm Heil vermitteln könnte, wogegen die Reformatoren Einspruch erhoben hatten, aber im Sinne einer aktiven Rolle der Mitwirkung, in der sie »auf diskrete, aber unmittelbare und wirksame Weise« das Geheimnis Christi »für die Menschen gegenwärtig« macht.[51] Maria ist hier nicht von Christus abgelöst, sondern ihm in zwar untergeordneter, aber doch gewissermaßen partnerschaftlicher Weise zugeordnet.

»Protestantische Frauen«, die, wie vor ihnen schon »ein so bedeutender Theologe wie Paul Tillich«, auf der Suche nach weiblichen Elementen, »die im Katholizismus durch Maria vorhanden sind«, begonnen haben, »die Lehren über Maria mit anderen Augen zu sehen«, wie Frau Radford Ruether sich ausdrückt[52], könnten darin eventuell das im allzu ›maskulinen Protestantismus‹ Vermißte entdecken. Frau Radford Ruether beklagt den »Verlust der unabhängigen, weiblichen Gestalt« »im Protestantismus«.[53] »Das Weibliche als Symbol der menschlichen Natur in ihrer Empfänglichkeit für Gott ist nicht mehr wahrnehmbar.«[54] Während der Papst von einer Empfänglichkeit spricht, die Gottes Gnade in der ›vor-erlösten‹ (Hans Urs von Balthasar[55]) Jungfrau Maria bewirkte, ist hier »das Weibliche« als Symbol einer bestimmten Qualität »der menschlichen Natur« gemeint. Die einzigartige Mutter-Gottes vertritt »das Weibliche«, und an die Stelle der Gnade tritt die »Natur«. Man wird daraus entnehmen müssen, daß die Entfernung des Feminismus, auch in seinen protestantischen Ausprägungen, von dem, was die Reformation glaubte und bekannte, größer ist, als die des ›offiziellen‹ römischen Katholizismus heute. Während nach Frau Radford Ruether »in der Mariologie der römisch-katholischen und der östlich-orthodoxen Traditionen« »die Vorstellung bewahrt« sei, »daß im Geschöpf ein guter Kern erhalten ist, der das geschöpfliche Sein mit dem heiligen Sein Gottes verbindet«, und während »Maria als Symbol der Mitarbeit an Christi Werk« »die Heiligkeit des geschöpflichen Seins mit der des göttlichen Seins« »vereinigt«[56] – wie sie es platt ›pelagianisch‹[57] ausdrückt –, ist nach reformatorischem Verständnis »die Menschheit« »gegenüber der Gnade Gottes völlig passiv. Weder die Kirche noch Maria als ihr Symbol können als Mitwirkende im Heilsgeschehen angesehen werden.«[58] Der »Niedergang der Mariologie im Protestantismus«[59] und ihre möglicherweise als wünschenswert empfundene Wieder-Gewinnung hängen also, wie diese Sätze mit großer Deutlichkeit zeigen, nicht nur von der biblischen Begründung oder Unbegründetheit der Einzel-Aussagen ab, sondern von der theologischen Anthropologie, der Auffassung der Sünde und damit auch der Versöhnung und Erlösung. Die Entscheidung fällt in der Stellungnahme zur Rechtfertigungslehre, zu der Frage also, ob ›der Mensch‹ wirklich ›allein durch den Glauben an Christus‹, oder doch durch eigenes Mit-Wirken mit der Gnade ›gerecht‹ werde (vgl. Röm 3,28). Die Feministin Radford Ruether formuliert in dem Kapitel »Maria – Mutter Jesu«, das dem neutestamentlichen Marien-Bild gewidmet ist, in der Darstellung ihrer Rolle in der Kindheits-Geschichte nach Lukas ungeschminkt und viel deutlicher als der Papst den römisch-katholischen Standpunkt: Maria spielt eine »aktive Mittlerrolle«[60], sie wird »eine aktive Partnerin, die mit Gott bei der Erlösung der Menschheit zusammenarbeitet«[61], »eine theologische Gestalt sui generis«, »eine Schlüsselgestalt in der Verwirklichung von Gottes Heilsplan«, jedenfalls nicht »nur ein passives Werkzeug Gottes«, sondern noch einmal: »eine aktive Partnerin, die mit Gott aufgrund ihres freien Willens und ihrer Zustimmung zusammenarbeitet, um die Ankunft des Messias zu verwirklichen«.[62] Im Blick auf Joh 19,25-27 referiert sie: »Die neuere katholische Theologie hat in der Gestalt der Maria unter dem Kreuz, wie sie im Johannesevangelium beschrieben ist, einen Hinweis darauf gesehen, daß Maria das Symbol der Kirche und sogar ein ›Mit-Opferer‹ seines Opfers auf Golgatha ist«, muß aber feststellen: »Im Bericht des Johannes gibt es allerdings keinen Anhaltspunkt für diese übertriebene Deutung.«[63]

Maria als Vollendete und Erhöhte

Neben dieser ›Aktivierung‹ der Mutter-Gottes fällt in der päpstlichen Enzyklika ihre alles menschliche Maß zurücklassende ›Pro-motion‹ auf: Sie wird über jede Vergleichbarkeit hoch »hinausgehoben« (Luther[64]). Sie ist, wie Pius IX. behauptet hat[65], »auf erhabenere Weise« erlöst worden, als die übrige Menschheit.[66] Was ihre Begnadung betrifft, ist sie also gerade kein »Exempel«, sondern uneinholbar distanziert, und zwar nicht nur in ihrer in der Tat einmaligen und unnachahmlichen Gottes-Mutterschaft, sondern auch in ihrer Erlöstheit, in dem also, was sie mit allen Menschen verbindet. Maria ist demnach gerade nicht ein »Exempel« dafür, wie Gottes Gnade ›nichtige‹ und ›niedrige‹, hinfällige und sündige Menschen erhöht, sondern sie ist »vom ersten Augenblick ihrer Empfängnis«, also ihrer menschlichen Existenz, an der Erlösungsbedürftigkeit entnommen, indem sie ›vorerlöst‹ wurde. Damit ist die Aussage des Magnificat, daß Gott ihre »Niedrigkeit angesehen« habe (Lk 1,48), die für Luther zum Angelpunkt der Auslegung wurde, scheinbar widerrufen. Maria war über die »Niedrigkeit« hinweggehoben, sie wurde nicht aus dem Übel erlöst, sondern war von Anfang an davor bewahrt: das war die »erhabenere Weise« ihrer Erlösung. Dazu paßt »*die außergewöhnliche Größe und Schönheit* ihres ganzen menschlichen Seins«[67], die ihr im Unterschied zu ihrem Sohn, sofern man Jes 53,2-3 auf ihn bezogen hat, nachgesagt wurde. Während sich die übrigen Christen in der Kirche »noch« »bemühen«, »die Sünde zu besiegen und in der Heiligkeit zu wachsen«, ist die Jungfrau Maria bereits »ohne Makel«, bestätigte das II. Vatikanische Konzil[68], und der Papst formuliert, »daß *die Mutter Gottes bereits die eschatologische Vollendung der Kirche ist*«.[69] Daher richten sich aller »Augen auf Maria« (Lumen Gentium), und sie leuchtet als »›Meerstern‹ (Maris Stella)«[70] über Nebel, Todesschatten und Finsternis des Menschen-Lebens, wie Bernhard von Clairvaux in der berühmten Weihnachtspredigt sagte, in der er Maria auch als »Aquädukt« aller Gnade rühmte.[71] Im Sinne Luthers ist »kein Exempel da, dessen wir uns trösten können«[72], nämlich kein Beispiel dafür, wie ein Mensch aus Finsternis und Todesschatten erlöst wird. Statt dessen ist am Himmel das Zeichen eines zweiten Erlösers erschienen, einer Erlöserin nämlich, die einer weiblichen Gottheit ähnelt, was der Papst verschweigt, während es die Feministinnen ungeniert ausplaudern.

Schließlich hatte Pius XII. 1950 erklärt, daß Maria »nach Vollendung ihres irdischen Lebenslaufs« mit Leib und Seele in die himmlische Herrlichkeit aufgenommen wurde[73], wobei entsprechend der Widersprüchlichkeit altkirchlicher Legenden[74] offen bleibt, ob sie diesen »mit dem Tode beendet hat oder ob sie lebendig in den Himmel aufgenommen wurde«[75]. Damit »haben sich an Maria alle Wirkungen« Christi, des Erlösers der Welt, bereits »auf endgültige Weise erfüllt«, womit gesagt ist, daß Maria so eng und unauflöslich mit Christus verbunden ist, daß sie, wie sie bei seinem ersten Kommen mitwirkte, auch bei seiner zweiten Ankunft ›aktiv‹ sein wird: Sie wird ihre »Aufgabe als Mutter und Mittlerin der Gnade auch bei seiner *endgültigen Ankunft*, wenn alle zum Leben erweckt werden, die Christus angehören«, ausüben.[76] Damit ist die »Magd des Herrn« (Lk 1,38) zur »Königin des Alls« (Lumen Gentium 59) aufgestiegen.[77]

Rosemary Radford Ruether, die hinter der vordergründigen Mariologie, die dazu »benutzt« wurde, »bestimmte, in unserer« patriarchalen »Kultur vorherrschende Motive auszudrücken«, nämlich das »Bild des Weiblichen als Prinzip passiver Empfänglichkeit«, »häufig Ansätze eines unterdrückten, aber sehr mächtigen Bildes von der Frau in der Religion« durchscheinen sieht[78], zeigt folgerichtig eine gewisse Sympathie für die Maria ins Übermenschliche erhebenden neueren Marien-Dogmen. Sie macht auch kein Hehl aus ihrer Neigung zu »volkstümlichen katholischen Ausformungen« der Marien-Verehrung[79], die von Protestanten herkömmlich als biblisch nicht begründbare »Mariolatrie«, d.h. als eine Form von »Götzendienst«, abgelehnt wurden.[80] Der volkstümliche Marien-Kult enthält nämlich »noch Reste von machtvollen Alternativen« zu dem im Christentum herrschenden patriarchalen Bild des Weiblichen. »Die Mariologie des Volkes hat die Traditionen einer autonomen Mutter Erde bewahrt.«[81] In diesem Satz klingen verschiedene Motive an, nämlich das befreiungs-theologische einer »Mariologie des Volkes« und das matriarchalische einer älteren (›uralten‹), heidnischen Tradition von Mutter-Gottheiten, wobei auf jeden Fall klar ist, daß die ›autonome Mutter Erde‹ sich nicht einer ›Herrschaft des Himmels‹, bzw. Gott-Vaters beugt. Auf abwegige Weise bringt Frau Radford Ruether die Bezeichnung Mariens als »Theotokos« (deren Proklamation sie irrtümlich dem Konzil von Chalcedon (451), statt dem von Ephesus (431) zuschreibt) mit der Erinnerung an eine allumfassende »Mutter der Götter« in Verbindung[82], obwohl sich die Forschung darüber einig ist, daß die Kirchen-Väter eine Verwechslung der Mutter-Gottes mit einer Mutter-Göttin eifrig zu verhüten suchten – was sich freilich im Bereich der Volks-Frömmigkeit nicht restlos vermeiden ließ. »Die dunkelhäutige Jungfrau von Guadalupe«, an die auch die Enzyklika im Rahmen einer »›Geographie‹ des Glaubens und der marianischen Frömmigkeit« neben anderen (wie natürlich Jasna Gora) erinnert[83], ist »viel mehr als der Christus der spanischen Eroberer«

»die Erlöserin des indianischen Volkes«.[84] Damit ist, von allen mißlichen und schändlichen Begleitumständen einmal abgesehen, gesagt, daß nicht Christus, sondern diese Volks-Göttin als Erlöser gilt. »Die Himmelfahrt Marias und ihre unbefleckte Empfängnis« deuten nach Frau Radford Ruether »auf ein Bild von der Frau hin, wo diese . . .die neue, befreite Menschlichkeit von Frauen und Männern vertritt, die andere Seite der Ausleerung (*kenosis*)[85] eines entfremdeten, transzendenten Göttlichen«.[86] Mit den Worten ›die andere Seite‹ scheint hier das Gegenteil, die Ablösung oder Überwindung, gemeint zu sein: Anstatt des ›transzendenten Göttlichen‹, das sich selbst erniedrigt, erinnert die Vergöttlichung Mariens an ›befreite Menschlichkeit‹, die sich selbst unbefangen erhöht. Diese in der sündlos empfangenen und zum Himmel erhöhten Mutter-Gottes sich in Erinnerung rufende Menschlichkeit »reicht zurück vor den Fall der Menschheit in die Entfremdung«, also in einen womöglich geschichtlich gedachten, ›uralten‹ Zustand paradiesischer ›Sündlosigkeit‹, und »sie vertritt die einst sündlose, unschuldige Menschheit«[87], was der Hebräerbrief ausschließlich Jesus zubilligte (Hebr 4,15). Nicht Jesus, sondern Maria »gibt uns den Blick frei auf ein Göttliches, das einst und in Zukunft den versöhnten Kosmos umfangen hat und umfangen wird«[88], wobei auch das Ursprungs- und Zielbild nicht ohne weiteres mit der neutestamentlichen Protologie[89] und Eschatologie[90] übereinstimmt.

Zwischen einer katholisch-kirchlichen Mariologie, die die Mutter-Gottes in eine zeitlos wirksame Mutter-Rolle gegenüber dem Leib Christi erhöht, und einer feministisch-emanzipatorischen Mariologie, die in der Mutter-Gottes das Modell einer gleichrangig neben die männliche Gottheit erhobenen Frau erkennen möchte, bestehen gewisse Berührungspunkte. Während aber in der ekklesiologischen Mariologie die ›Mutter-Göttin‹ sozusagen nur verhüllt auftritt oder ausdrücklich und mit Überzeugung verleugnet wird, wird in der feministischen Mariologie der Schleier abgenommen. Die heidnische ›Mutter-Göttin‹, bzw. ihre Erfinderinnen, verlangen nach Macht. Ohne ein Blatt vor den Mund zu nehmen, fordern sie die Ablösung Gottes, des Vaters und des Sohnes, sowie dessen, »der beiden gleich / im höchsten Himmelsthrone« (EKG 228,3): Ihre Zeit sei abgelaufen; weibliche Wesen müßten an ihre Stelle treten. Neuartig ist an dieser Forderung sozusagen die Unverfrorenheit, mit der verlangt wird, einen neuen Gott nach dem Bild der Frauen zu gestalten oder zumindest den alten unter Zuhilfenahme des Bildes der Frau umzugestalten.

2. Maria als Repräsentantin der Frauen

Vielfalt und Einheit des religiösen Feminismus

Der Feminismus zeigt viele Gesichter. Gemeinsam ist allen, daß sie »für die Ausrottung des Sexismus« kämpfen, »wobei unter Sexismus jegliche Unterordnung oder Entwertung einer Person oder Gruppe auf Grund ihres Geschlechtes zu verstehen ist.«[1] »Viele Feministinnen«, stellt Ursula King fest, »haben sich von allen religiösen Bindungen gelöst«. Die feministische Bewegung kann selbst »als ein Symptom der tiefgreifenden Säkularisierung unserer Gesellschaft verstanden« werden.[2] Das patriarchale Erbe der Religion wird kritisiert, »und das heißt praktisch fast immer das Erbe unserer jüdisch-christlichen Tradition«.[3] Dabei sind nach Ursula King zwei Hauptrichtungen zu unterscheiden: Auf der einen Seite sind feministische Theologinnen bemüht, das jüdisch-christliche Erbe »in neuer Weise« zu »verstehen«, indem sie es aus der Sicht der Frau neu interpretieren. Dabei ist eine eher »reformatorische« Strömung, die »die traditionellen Symbole uminterpretieren will«, von einer ›radikaleren‹ Richtung zu unterscheiden, die »eine ganz neue theologische Sprache und Symbolik schaffen« möchte, weil sie die herkömmliche »wegen ihrer belastenden Assoziationen völlig ablehnt.«[4] Zu dieser radikaleren Strömung wäre Mary Daly zu zählen, deren Ziele jedoch der zweiten Hauptrichtung nahekommen, »die sich in der Suche nach einer ganz neuen, von der jüdisch-christlichen Tradition gelösten, freien Spiritualität ausdrückt«.[5] Diese Bewegung bekennt sich zur »Verehrung der Großen Göttin«[6], die den patriarchalen Gott verdrängen soll. Hier entwickelt sich so etwas wie eine »The*a*logie«, die, statt rationaler Erklärungen, mit der »Ausstrahlungskraft des Symbols selbst rechnet«.[7] Man beruft sich auf weibliche Gottheiten des Alten Orients und anderer Kulturen, sowie auf frühere, angeblich matriarchalische Geschichtsperioden, die zwar in der Ethnologie höchst umstritten sind, aber in feministischer Literatur »ganz selbstverständlich« vorausgesetzt werden, und die gegenüber der 3000-jährigen Herrschaft des Patriarchats mindestens 4000 Jahre lang geblüht haben sollen.[8] Hierbei wird, wie Ursula King urteilt, »zum Teil sehr ungeschichtlich und unkritisch argumentiert«. »Es ist sicher, daß manche Argumente über die Stellung und Macht der Göttin sowie der Frauen früherer Zeiten historisch nicht haltbar sind.«[9]

Dieses Urteil nehmen manche Feministinnen gelassen in Kauf, während andere dem Befreiungspotential, das in strenger historisch-kritischer Untersuchung steckt, mehr zutrauen als willkürlich dichtender Phantasie.[10] Nach Frau Moltmann-Wendel »liefert sich« feministische Exegese, die »den Anspruch der traditionellen Exegese, objektive Wahrheit zu sein«, trotzig anzweifelt, gerne »dem Vorwurf aus, subjektiv, interessengebunden, unwissenschaftlich zu sein«.[11] Diese neue Spiritualität schickt sich an, einen »Götterwechsel« einzuleiten, der nach Naomi Goldenberg »das Ende aller traditionellen Religion« bedeuten soll.[12] Für manche Verehrerinnen scheint die »Große Göttin« eine »wirklich existierende göttliche Person« darzustellen, die im Gebet und Ritus angerufen wird. Nach Ursula King hat man aber oft »den Eindruck, daß das Bild der Göttin vor allem psychologisierend verinnerlicht wird, so daß sie hauptsächlich als die Energie des Lebens, Todes und der Wiedergeburt in Natur und Kultur sowie im persönlichen und gemeinschaftlichen Leben gefeiert wird«.[13] Mary Daly, die jedem Gott, »der falsche Schuldgefühle aufdrängt«, »den Garaus machen« will[14], möchte die Vorstellung eines ›verdinglichten Gottes‹, auf den sich passive Hoffnung richtet, abschaffen.[15] »Weshalb muß ›Gott‹ eigentlich ein Substantiv sein? Weshalb nicht ein Verb«, »das Verb, an dem wir teilhaben?«[16] In Gestalt des radikalen Feminismus sucht die Befreiungs-Bewegung der Frauen entweder in einer Wieder-Erweckung des Götzen-Kultes, den das Alte und Neue Testament bekämpften, oder in einer atheistischen Selbst-Vergötzung spirituellen Halt. Aber auch als gemäßigt geltende Spielarten feministischer Theologie bewegen sich auf der Fährte des Arbeitens am Gottes-Bild, d.h., wie verhalten auch immer, der Schaffung eines Gottes nach dem Bild des Menschen, der neben oder anstelle Jahwes, ›ihm ins Angesicht‹, trotzig oder ahnungslos über das Erste Gebot hinweg, verehrungswürdig sein soll.

Von der modernen Hexenbewegung, nach Ursula King »einer synkretistischen Neuschöpfung, die sich aus den verschiedensten Quellen ableitet und von manchen als eine neue Religion verstanden wird, die angeblich auf eine vorchristliche, matriarchalische Religion zurückgehen soll«[17], und die von Rosemary Radford Ruether ausdrücklich als »heidnischer Feminismus« bezeichnet wird[18], bis zu dem schlichten Vorschlag, Gebets- und Bibel-Texte frauengerecht ›umzuschreiben‹, treten ›Gottes-Verbesserer‹ an die Stelle der ›Magd des Herrn‹, die in ihrer Seele Gott ›großmachte‹, weil er ›ihre Niedrigkeit angesehen hat‹, so daß ›alle kommenden Generationen sie seligpreisen‹ werden (vgl. Lk 1,46ff). Das gemeinsame Ziel der gesamten feministischen Bewegung, die »eine unleugbar religiöse Dimension« besitzt[19], ist es, die Rechte der Frauen wirksamer geltend zu machen, wozu gesellschaftlich mancher Anlaß besteht. Sobald sich der nötige Kampf gegen jede Form des Sexismus und die berechtigte Forderung nach gleicher Wertschätzung, entsprechendem Recht und vergleichbaren Chancen jedoch zu dem Wunsch ausweitet, die Religion zu verändern, kommt darin der Verdacht zum Ausdruck, daß Frauen sich auf Gott nicht verlassen können. Gott ›erhebt die Niedrigen‹ nicht, sie müssen sich selber erheben und dabei womöglich eine der Ihren zum Gott machen. Diese im radikalen Feminismus unmißverständlich und ungeniert ausgesprochene Absicht ist, auch wo die Konsequenzen noch nicht zu überblicken sind, schon im Ansatz ›feministischer Theologie‹ als solcher enthalten. ›Feministische Theologie‹ ist, wie gesagt, wie jede andere durch ein Adjektiv oder einen Genitiv für übergeordnete Zwecke dienstbar gemachte Theologie, das Unternehmen einer ›Gottes-Verbesserung‹ im Sinne menschlicher Zielsetzungen. Die Weichen werden schon ganz am Anfang gestellt. Dieser Weichenstellung ist im Namen des Ersten Gebotes zu widerstehen. ›Feministische Theologie‹ muß, wie jede denkbare, die Anliegen bestimmter Menschengruppen religiös geltend machende Theologie, von ihrem Ansatz her zur Irrlehre führen. Die Verstärkung der Selbstbehauptung durch Religion ist Perversion des Religiösen. Der Feminismus sollte Gott aus dem Spiel lassen.

Die Notwendigkeit und Problematik der feministischen Bewegung

Daß unsere Kultur »insbesondere in den letzten zweihundert Jahren«[20], aber in mancher Hinsicht schon viel länger, eine einseitige Prägung angenommen hat, ist nicht zu verkennen. In der ›wissenschaftlich-technischen Zivilisation‹, wie man sie nach den in ihr dominierenden Kräften nennt, sind, wie oft gezeigt wurde und wie auch feministische Literatur mit Recht hervorhebt, in unausgeglichener Weise einige menschliche Kräfte und Fähigkeiten hervorgehoben und andere verdrängt worden. Die einseitig in Anspruch genommenen, geförderten und ausgebildeten Kräfte waren die, die man herkömmlich auf schematisierende Weise als primär ›männlich‹ bezeichnet hat. Die neuerdings im Westen populär gewordene alt-chinesische Unterscheidung des Yin-Prinzips vom Yang-Prinzip als zweier Pole der beides umfassenden Gesamt-Wirklichkeit stellt sich als klassische Aufteilung der Wirklichkeit in ›weibliche‹ und ›männliche‹ Elemente dar. Fritjof Capra hat z.B. in seinem populären Buch »Das Tao der Physik«[21] eine Liste von Yang-Eigenschaften aufgeführt, die in unserer wissenschaftlich-technisch bestimmten Zivilisation besonders seit der Aufklärung auf Kosten der sie ergänzenden Yin-Eigenschaften einseitig bevorzugt wurden[22], z.B. Selbstbehauptung vor Integration, Analyse von Synthese, rationales Wissen vor Intuition, Wissenschaft vor Religion usw. Es ist ein unbestrittenes Verdienst der feministischen Bewegung, daß sie dieser Einseitigkeit entgegenzuwirken versucht. Die mindere Bewertung der schematisierend als ›weiblich‹ eingestuften Eigenschaften und eine Festlegung der Frauen auf gesellschaftliche Rollen, die ihnen nur die Entwicklung dieser Eigenschaften ermöglichten, wird als Fehlentwicklung und ›Unrecht‹ erkannt. Denn einerseits wird die schematisierende Unterscheidung ›männlicher‹ und ›weiblicher‹ Eigenschaften der Wirklichkeit insofern nicht gerecht, als tatsächlich sowohl Männer als auch Frauen in unterschiedlichem Maße an beiden Anteil haben. Und andererseits bestehen keine zureichenden Gründe, die als ›weiblich‹ katalogisierten Fähigkeiten niedriger einzustufen als die angeblich ›männlichen‹. Eine Unterbewertung und Verdrängung der Yin-Elemente hat zu einer Verarmung, ja in gewissem Maße zu einem fortschreitenden Verfall unserer Kultur beigetragen. Und eine einseitige Rollen-Festlegung, die nur den jeweils ›vorgesehenen‹ Fähigkeiten eine Ausbildung erlaubte, hat viele Begabungen verkümmern lassen und in manchen Fällen wohl wirklich, wie oft übertreibend verallgemeinert wird, zu einer ›Verkrüppelung‹ der Persönlichkeiten geführt. »Das Patriarchat hat den Mann *halbiert*«, beklagte sich Jürgen Moltmann.[23] »Es hat ihn gespalten in ein *Subjekt* von Vernunft und Wille, mit dem er sich zu identifizieren hat, und ein *Objekt* von Herz, Gefühl und Bedürfnis, von dem er sich zu distanzieren hat.« Und Elisabeth Moltmann-Wendel ergänzte: »Beide – Männer und Frauen – sind deformiert.«[24] Solche Deformierung zu überwinden, ist eine wesentliche Forderung an eine neu zu gestaltende Kultur. Eine ›neue Gemeinschaft von Frauen und Männern‹ ist in der Tat anzustreben und kann auf beiden Seiten die Entfaltung der Humanität fördern.

Daß dieser Wunsch Christen besonders nahe liegt, ergibt sich aus ihrer Erfahrung der ›neuen Schöpfung‹. Aus der Taufe geht eine neue Menschheit hervor, in der »nicht mehr Mann noch Frau« gilt, sondern »alle eins« sind »in Christus« (Gal 3,28). Und wo die Taufe im Glauben ergriffen wird – wie Luther forderte: »Einmal angefangen und immer darin gegangen«[25] –, beginnt die neue Menschheit in Erscheinung zu treten. Wenn Christen ihre Taufe nicht verleugnen, sondern die ihnen »in Christus« eröffnete neue Wirklichkeit betreten und ›darin wandeln‹, werden Frauen nicht unterdrückt und ihre Fähigkeiten bzw. ›Gaben‹ nicht minder bewertet. Wo das Christentum ernst genommen wird, besteht das Problem nicht, um dessen Lösung der Feminismus ringt. Das Leben »in Christus« ist die Lösung der Frauen-Frage (wie auch der Rassen- und Klassen-Frage). Da aber das Christentum nur inkonsequent und oberflächlich gelebt wird, sind die Probleme, die seit dem Sündenfall, d.h. seit Menschengedenken, herrschen, auch in die christliche Gemeinschaft zurückgekehrt. »In Christus« ist die Frauen-Frage gelöst. Da aber auch die Christen selbst wohl nicht ausschließlich und eindeutig »in Christus« wandeln, sondern nach wie vor »in Sünde« leben, und da in der Gesellschaft darüberhinaus der christliche Glaube nicht allgemein ernst genommen, teilweise sogar in Frage gestellt oder abgelehnt wird, kommt die Frauen-Frage, wie viele andere Probleme, immer wieder auf und bedarf einer vorläufigen Lösung. Im Sinne solcher vorläufigen Lösungen sind die Bemühungen um mehr »Freiheit, Gleichheit, Schwesterlichkeit«[26] notwendig und waren teilweise schon erfolgreich. Der Kampf um Rechte kann nur ein vorläufiger sein. Er gehört zur Lebensform der vergehenden Welt. Angebrochen ist aber das Reich Gottes, in dem ›jeder gesinnt sein soll, wie Jesus Christus‹ (Phil 2,5), der »nicht gekommen ist, daß er sich dienen lasse, sondern daß er diene und gebe sein Leben zu einer Erlösung für viele« (Mk 10,45).

Im Feminismus sind Werte wie Dienstbereitschaft, Hingabe, Aufopferung und Selbstverleugnung verachtet und verschmäht, weil solche Eigenschaften angeblich im Patriarchat den Frauen durch Männer abverlangt wurden, die ihrerseits in der Praxis einem anderen Werte-Kodex folgten. Dabei ist übersehen, daß im Christentum diese Werte für Männer und Frauen in gleicher Weise galten, und daß Christus, der Mann, dem beide nachfolgen sollten, sie vorgelebt hat. Wenn Männer die entsprechenden Verhaltensweisen den Frauen zumuteten und sich selbst an andere Wertvorstellungen banden, taten sie es doch nach christlicher Überzeugung und Lehre zu Unrecht. Soweit sie ihr Christ-Sein ernstnahmen, blieb in ihnen ein Bewußtsein der Schuld. Daher gehörte so etwas wie Schuldgefühl und Sündenbekenntnis elementar zum Christenleben. Wenn im Feminismus diese – angeblich ›weiblichen‹ – Werte, die Umschreibungen der Nachfolge Jesu sind, generell abgewertet werden und auch Schuldgefühl und Sünden-Bewußtsein als etwas den Menschen Erniedrigendes, was er abschütteln müsse, ausgegeben werden, kann von dem ›Gesinnt-Sein wie Christus‹ bzw. von ›Christus-Nachfolge‹ und ›neuer Schöpfung in Christus‹ keine Spur übrigbleiben, nicht einmal die Erinnerung des Versäumens und Verfehlens, die im Sünden-Bekenntnis als einem Bekenntnis zum Recht des Besseren noch immer laut wurde. In einer tragischen Verkehrung seines für die Menschlichkeit der Menschheit wichtigen Auftrags ist der Feminismus im Begriff, das, was er geltend machen und verwirklichen sollte, auszumerzen, nämlich den für alle Menschen verbindlichen Wert der angeblich ›weiblichen‹ Eigenschaften. Damit lehnt er sich aber vor allem gegen das Christentum auf: Der Feminismus will »radikaler« sein »als alle bisherigen Reformationen«.[27] Es ist ihm nicht um eine Reformation des Christentums zu tun, sondern um eine grundsätzliche Verweigerung der Kreuzes-Nachfolge. Wer Jesus nachfolgen will, muß ›sich selbst verleugnen und sein Kreuz auf sich nehmen‹ (Mt 16,24). Männer und Frauen sind dazu nicht bereit, wenn nicht Gott sie ›bekehrt‹. Nur der Heilige Geist kann in ihnen die ›Gesinnung Christi‹ wecken. Nur durch ihn können sie ›wiedergeboren‹ werden, um ›in Christus neue Kreatur‹ zu sein. Der Feminismus hat aber, der älteren männlich bestimmten Emanzipations-Bewegung, die die Gottes-Herrschaft abzuschütteln bestrebt war, entsprechend, die große Verweigerung des natürlichen Menschen gegen den Weg Christi ausdrücklich in sein Programm aufgenommen. Daher kann der Feminismus nur im Bereich des Vorläufigen förderlich wirken, und zwar umso mehr, je weniger er eine alternative Spiritualität propagiert.

Die Sehnsucht nach authentischem Christsein im Feminismus

Eine Sehnsucht nach dieser urchristlichen Wirklichkeit, die auch heute überall da, wo Christ-Sein ernstlich gelebt wird, erfahrbar ist, spricht aus manchen Texten feministischer Theologie. Trotz ihres im Grunde anti-christlichen Ansatzes läuft in dem verzweigten Strom der feministischen Bewegung teilweise auch so etwas wie Ahnung authentischen Christ-Seins und eine Besinnung auf die urchristliche Wirklichkeit mit. Sie schärft den Blick für oft übersehene biblische Sachverhalte und unentfaltet gebliebene Implikationen des Christentums.

Während der Papst die Frauen auf eine ins Übermenschliche erhobene Mutter-Gottes verweist, deren mütterlicher Leitung sie sich anvertrauen sollten, während radikale Feministinnen sich in entlegene Religions-Geschichte versenken und von der Wiederkehr der »Großen Göttin« träumen, während einzelne mutig-übermütige Frauen, alles auf den Kopf stellend, behaupten, sie selbst seien jeweils »die Göttin«[28], während der Welt-Kirchen-Rat kämpferisch zu einer »ökumenischen Dekade Solidarität der Kirchen mit den Frauen« aufruft, wobei er auf schwärmerische Weise nicht nur »diese Frauenbewegung als ein prophetisches Zeichen« ansieht, sondern in ihrem Kampf ganz einfach »ein Zeichen der Gegenwart und des Wirkens Gottes in unserer Zeit« annimmt[29] –, während also auf mancherlei Weise, illusionär oder militant, Frauen nahe an Gott herangerückt werden, damit das Los der übrigen Frauen sich in irgendeiner Zukunft verbessern möge, verweisen nur vereinzelte Stimmen auf die bereits verwirklichte Eschatologie im Wirken Jesu und im Leben seiner Gemeinde. Statt sich auf die ergreifbare Realität des neuen Seins in Christus zu verlassen, setzen sie ihre Hoffnung auf denkbare spekulative oder politische Umstürze, Revolutionen im Götter-Himmel oder auf Erden. Die einen erwarten die Offenbarung einer neuen Gottheit, die anderen behaupten, Gott offenbare sich in ihrem eigenen Handeln, dritte erhöhen die Menschheit in der Gestalt einer ihrer Vertreterinnen nahezu zur Teilhaberin an der Gottheit, aber man sucht die Lösung nicht primär in dem Raum, in dem sie durch die Menschwerdung Gottes bereits gegeben ist. Nicht die einer kompliziert erdachten transzendenten Mütterlichkeit anvertraute Kirche, auch nicht die Kirche, die in der Befreiungs-Bewegung, der sie sich selbst einreiht, das Göttliche sich verwirklichen und offenbaren sieht, geschweige denn die Gegen-Kirche der Götzen und des Anti-Christ, sondern die Kirche Jesu Christi, in der sein Geist herrscht, in der Vergebung der Sünden zugesprochen und am Altar sein Leib und Blut empfangen wird, ist der Ort, wo Mann und Frau nicht mehr um Rechte kämpfen müssen, sondern eins werden in der ›Gesinnung Christi‹.

Maria als Glied der Gemeinde Jesu

Elisabeth Gössmann empfiehlt, daß feministische Theologie »die Mariologie für das Leben der Frauen fruchtbar machen« möge.[30] Sie kann sich einen marianischen Maximalismus vorstellen, der jedoch »anders« sein müsse, als der um 1950 herrschende.[31]

Kein Marien-Mythos

Gegen Tendenzen im Feminismus, für die »Marienmythus« »kein unbedingt negativer Begriff mehr« ist[32], erhebt sie Einspruch:

Christliche Theologie muß »auf dem Prinzip der Geschichtlichkeit« bestehen und »auf einer christologischen Verankerung« der Mariologie.[33] Sie möchte entschieden »auf dem Boden der jüdisch-christlichen Tradition« bleiben. Gegen die religionsgeschichtliche Herleitung der Mariologie von der »Göttin« macht sie historisch-kritische Bedenken geltend[34], und gegen die mythologische Deutung der Mariologie durch Harvey Cox[35] dogmatische. Nach seiner Auffassung ist die als Königin des Himmels – ohne Kind – dargestellte Maria ein Befreiungssymbol, an dem Frauen sich aufrichten können. Aber »diese Maria hat mehr mit einem Archetyp zu tun als mit dem Neuen Testament«.[36] Frau Gössmann ist vielmehr der Meinung, die feministische Theologie habe es »noch vor sich, den reichen Schatz mariologischer Traditionen zu heben«, und wenn dieser Schatz gehoben sei, dann werde »so reiches Material zur Meditation der Weiblichkeit an der Mariengestalt vorliegen, daß die ›Göttin‹ überflüssig wird«.[37] Sie ist überzeugt: »Ohne eine Re-Mythologisierung – denn Maria bleibt auf der Seite der Erlösungsbedürftigen – ist also eine ›Auf-wertung‹ der Mariengestalt möglich durch Wiederbelebung verschütteter Traditionen«.[38] Diese Maria ist »keine ›Göttin‹, sondern nach den Hauptlinien der Tradition ein starker Mensch, der Glauben und Entschlußkraft hat und Autorität besitzt«.[39] Diese Rückfrage nach der ›menschlichen‹ Maria berührt sich mit der Frage nach der Gemeinschaft von Männern und Frauen in der ursprünglichen Gemeinde Jesu Christi.

Kein »Freiraum« für Maria

Allerdings wird hier die Entschlußkraft und Autorität Mariens in einem Maße betont, das der Bibel fremd ist. Was der Apostel Paulus von sich selber sagt: »Durch Gottes Gnade bin ich, was ich bin« (1 Kor 15,10), bekennt auch das Magnificat von Maria. Ihre Selbständigkeit ist nicht eine Selbständigkeit Gott gegenüber, sondern besteht in ihrem demütigen Magd-Sein vor Gott, das sie – wie das Knecht-Gottes-Sein der Männer – für andere Menschen zur Autorität macht. Maria ist ein Beispiel dafür, wie Gottes Gnade einen Menschen ›erhebt‹, der anspruchslos und demütig vor Gott seine ›Niedrigkeit‹ bekennt. Jesus sagte: »Wer sein Leben erhalten will, der wird es verlieren, wer es aber verliert um meinetwillen, der wird es finden« (Mt 10,25). Maria ist, wie alle Heiligen, ein »Exempel«, an dem man die Gültigkeit dieses Satzes ablesen kann. Und sie zu ›verehren‹ heißt, ihr darin nachzufolgen. Sie ist nicht ein Beispiel menschlicher Stärke, an dem man durch den Versuch der Identifikation sein Selbstbewußtsein aufrichten kann, sondern ein Beispiel, wie mächtig Gottes Gnade wirkt, die ›Niedrige erhebt‹, indem sie andererseits ›den Hoffärtigen widersteht‹. An Maria sieht man nicht, was eine starke und selbstbewußte Frau aus sich selber machen kann, sondern was Gott aus einem gläubigen Menschen macht, der sich demütig dem Willen Gottes ausliefert.

Auch Frau Gössmann möchte »mehr ›Freiraum‹ für Maria« öffnen[39a]: Maria soll nicht allzusehr eingebunden bleiben in ihre Magd-Funktion. Ihr christlich-kirchlicher Feminismus möchte Maria »als Frau um ihrer selbst willen gewertet wissen«. Sie kritisiert die bisherige Theologiegeschichte, die Maria »mißbraucht« habe. Ihr vorbildliches Dienen als Magd des Herrn wurde unbegründeterweise aus dem Dienst des Herrn zu einer unspezifischen Haltung der Dienst-Bereitschaft verallgemeinert. Diese Kritik ist berechtigt; denn sie deckt eine ›Verwendung‹ biblischer Sachverhalte für sachfremde Zwecke auf. Falls sie dies aber täte, um von nun an dieselben Sachverhalte für die entgegengesetzten, aber doch wohl ebenso sachfremden Zwecke zu benutzen, wäre dies gleichfalls ein Mißbrauch. Maria will laut Magnificat nicht ›um ihrer selbst willen‹ beachtet werden, sondern bezeichnet sich in ihrer »Niedrigkeit« als völlig unbeachtlich; sie sagt, daß sie beachtet und seliggepriesen werden wird um der ›großen Dinge‹ willen, die der Herr an ihr getan hat. Und ihre Einwilligung, den Gottes-Sohn zu gebären, bedeutete den Verzicht auf einen »Freiraum«, in dem sie einfach ›für sich‹ anzutreffen wäre. Die Deutung Marias als einer ›Mitwirkenden‹, die durch eine »Entschlußkraft« auffällt, die ihr selber zuzuschreiben ist, entfernt sich entscheidend vom Selbstverständnis der Menschen, die das Novum einer Gemeinschaft erlebt und praktiziert haben, in der Frauen und Männer nicht mehr um Rang und Rechte kämpfen müssen, sondern ›eins sind in Christus‹. Gleichwohl ist das Aufmerksammachen auf Maria, die nicht eine ›Göttin‹, sondern nach der Bibel ein ›Mensch‹, also unseresgleichen ist, ein Schritt in die Richtung, in der Abhilfe für das Elend unserer ›Deformation‹ zu suchen ist, weil dort ›ein neuer Protagonist auf der Szene der Welt‹ erschienen ist. Die Realität dieses neuen Menschen in der Gemeinde Jesu Christi ist die end-gültige, eschatologische Lösung des Problems, für das wir aus eigener Vernunft und Kraft nur vorläufige Teil-Lösungen in Gesetzgebung und öffentlichem Bewußtsein herstellen können – die endgültige Lösung, deren Verwirklichung bereits begonnen hat und die in der Gemeinde Christi zu ›schmecken und zu sehen‹ ist. Sie inspiriert auch zum Anstreben des ›Vernünftigen‹ in der Gesellschaft.

Die wirkliche »Braut Christi«

In dem biblischen Bild, das die Kirche als Braut Christi darstellt (z.B. Eph 5,25), sah Luther die schönste und plausibelste Erklärung für die Wirklichkeit des ›neuen Menschen‹ in der Gemeinde, »da die Vergebung der Sünden und der ganze Schatz der göttlichen Barmherzigkeit nicht wunderbarer gemalt und gezeigt werden konnte als dadurch, daß die Kirche Braut Christi genannt wird, da aus diesem Beispiel folgt, daß die Braut alles hat, was Christus gehört«.[40] Demnach erhält nicht eine Person das exzeptionelle Privileg, »auf erhabenere Weise« erlöst[41] und nahe an Gottes Herrlichkeit herangerückt zu sein, wodurch sie zum »Meerstern« über dem nächtlichen Ozean wird, zu dem man von ferne aufblickt, sondern »die Kirche« »hat« alles, »was Christus gehört«; denn wo Vergebung der Sünde ist, da beginnt ›neues Leben‹. »Was sie also«, meinte Luther, »über die selige Jungfrau Maria in den Kirchen gesungen haben, würde richtiger von der Kirche gesungen«.[42] Denn Maria ist selbst als ein Glied der Kirche zu betrachten. Sie ist eine Frau aus der ›Gemeinschaft der Heiligen‹, eine unter anderen. Sie ist durch Christus erlöst und hat zum Glauben an ihn gefunden, wie alle ihre Schwestern und Brüder in der Gemeinde. Die Kirche ist, wenn man so sagen will, auch ihre ›Mutter‹. ›Kirche‹ ist jedenfalls der umfassendere Begriff, der auch Maria einschließt. Maria ist aber nicht die »Mutter der Kirche«, wie Paul VI. feierlich erklärt hat[43], sondern sie ist die Mutter Jesu und ein Vorbild des Glaubens. Sie ist, so könnte man annehmen, das erste und ehrwürdigste unter allen Gliedern der Kirche, wenn nicht die bei Markus anklingenden Erinnerungen dagegen sprächen. Aber welche Bedeutung sollen solche Rangordnungen in der Kirche haben, wo »kein Unterschied« besteht, weil »alle Sünder« sind und »ohne Verdienst gerecht werden« um Christi willen? (Röm 3,23f). Mariologie kann also einerseits nur ein Teil der Christologie sein, weil sie die Menschwerdung Gottes in Christus verdeutlicht, und andererseits ein Teil der Ekklesiologie, weil Marias Glaube ein »Exempel« des Glaubens ist, in dem die ganze Kirche sich gerettet und begnadet weiß.

Die Gemeinschaft von Frauen und Männern in der Urgemeinde

Zu dem, »was Christus gehört«, und was der Kirche zuteil wird, gehört gewiß auch die Überwindung des ›Halbiert-‹ und ›Deformiert‹-

Seins, wenngleich diese, wie alle ›Frucht des Geistes‹, im täglichen Leben immer wieder abhanden kommt, weil sie kleingläubig verleugnet oder selbstherrlich verschmäht wird. Aber in der Vergebung der Sünden wird das neue Leben unaufhörlich auferweckt, und als jeweils absolvierter[44] Sünder tritt der ›neue Protagonist‹ auf die Szene. So wenig eine vollkommene Gesellschaft in Aussicht steht, gab es je eine vollkommene Kirche. Aber in ihrer auffallenden Unvollkommenheit und ›Niedrigkeit‹ ist, wie in ›irdenen Gefäßen‹, der ›Schatz‹ (2 Kor 4,7) des endgültig neuen Lebens vorhanden.

In einer eingehenden exegetischen Studie über »Maria Magdalena und die Frauen am Grabe Jesu« kommt Luise Schottroff[45] zu dem Ergebnis, daß man aus Mk 15,40-16,8 einerseits auf eine außerordentlich wichtige Rolle, die Frauen aus Galiläa in der Urgemeinde spielten, ›historisch‹ »rückschließen« und andererseits redaktionsgeschichtlich beobachten kann, daß von Markus und den anderen Evangelisten »kein Versuch unternommen wurde«, »die Rolle der Frauen zu reduzieren«.[46] »Eine Gruppe von galiläischen Frauen« muß »nach dem Tode Jesu in Jerusalem entscheidende Schritte getan« haben, »die zur Wiederherstellung der durch die Hinrichtung Jesu aufgelösten Jesusbewegung in Galiläa führten.«[47] Sie waren nämlich die einzigen gewesen, die, wenn auch »von ferne« (Mk 15,40), im Umkreis des Kreuzes, ausgehalten hatten; daher werden sie in dem Bericht, der sie sonst in den Begriff »Jünger« miteinschließt, eigens genannt. »Die Frauen . . . sind für Markus . . . bei den Jüngern gewesen, die geflohen sind, als Jesus verhaftet wurde. Er sagt ausdrücklich, daß *alle* geflohen sind.« »Die geflohenen Jünger haben sich dann in Jerusalem versteckt. Aus diesem Versteck«, meint Frau Schottroff, »tauchen« die Frauen »hier (wie schon in Petr 14,54) wieder auf.«[48] Dies war »ein gefährlicher Akt der Solidarisierung«, da »die Kreuzigung eines Menschen durch römische Soldaten« »schwere Konsequenzen für seine Freunde und Verwandten« hatte.[49] »Auch Frauen und Kinder hat man gekreuzigt«.[50] Während bei der Kreuzigung eine größere Anzahl von Frauen zusah (Mk 15,40-41: »unter welchen . . .«, »und viele andere«), gingen nur drei am Ostermorgen zum Grab (Mk 16,1). Auch das war außerordentlich riskant: »Wären sie am Ostermorgen am Grabe von Denunzianten angetroffen worden, hätte es sie das Leben kosten können.«[51] Markus gibt eine offenbar sehr frühe Tradition[52] »treu« wieder[53], daß nämlich »am Kreuz und Grabe Jesu nur Frauen waren«.[54] Sie waren Jesus nachgefolgt; dieser Weg hatte sie zum Kreuz und in eigene Lebensgefahr geführt. »In dieser Szene repräsentieren die Frauen die gesamte Jüngerschaft in ihrem Weg der Kreuzesnachfolge.«[55]

Martin Hengel hat darauf aufmerksam gemacht, daß in der Liste der Frauen stets Maria Magdalena an der Spitze steht[56]. Das ist nach Frau Schottroff »am ehesten zu vergleichen mit der Rolle des Petrus in Jüngerlisten«.[57] »Die Erstnennung der Maria Magdalena zeigt, daß man wußte, wie entscheidend für die Jüngerbewegung ihr Verhalten nach dem Tode Jesu war.«[58] Die Erscheinung des »Jünglings« im Grabe (Mk 16,5) und seine ›Offenbarungsrede‹ verändert die Frauen, die sich dort eingefunden haben, wie nach Apg 9,1-19 Paulus verändert wurde. Sie erhalten einen konkreten Auftrag. Sie hätten den Jüngern und Petrus als dem Repräsentanten der Zwölf sagen sollen, daß sie Jesus, wie er verheißen hatte, in Galiläa als Auferstandenen sehen werden (16,7), und mit ihnen (»vor euch«) dorthin gehen, was später auch geschah. Zunächst aber erfolgte »wohl das tiefste Jüngerversagen, das das Markusevangelium erzählt«.[59] Die Furcht siegte über den Glauben. »Sie sagten niemand etwas; denn sie fürchteten sich« (16,8).

Matthäus setzt voraus (28,7), daß die Frauen »in göttlicher Vollmacht den Jüngern die Auferstehung« verkündigten.[60] Es scheint also in der Tat so gewesen zu sein, daß »Maria Magdalena und einige andere Frauen aus Galiläa, die schon von Anfang an in der Nachfolge Jesu waren«, »nach dem Tode Jesu durch göttliche Offenbarung dazu beauftragt« wurden, »die durch die Kreuzigung Jesu aufgelöste Schar seiner Anhänger wieder zusammenzubringen«.[61]

Das für Frau Schottroff besonders Bemerkenswerte an dieser denkbaren Rekonstruktion ist die Tatsache, daß die Evangelisten davon ganz unbefangen berichten. Auch »daß die Jünger der Frauenbotschaft, weil sie Geschwätz sei, nicht geglaubt haben (Lk 24,11), hieß nach Lukas nicht, daß sie ihnen nicht glaubten, weil sie Frauen waren (wie man oft interpretiert hat). Sie glaubten dem *Inhalt* ihrer Worte nicht«.[62] Frau Schottroff schließt daraus, daß der »Hintergrund dieser, was die Rolle der Frauen angeht, sehr entspannten, ganz und gar nicht patriarchalischen Berichterstattung« »die Praxis der christlichen Gemeinden im ersten Jahrhundert« war.[63]

Die Paulus-Briefe bestätigen das. Was der Apostel in Gal 3,27-28 schrieb, war Realität in den christlichen Gemeinden: »Wie viele von euch auf Christus getauft sind, die haben Christus angezogen. Hier ist nicht Jude noch Grieche, hier ist nicht Knecht noch Freier, hier ist nicht Mann noch Frau; denn ihr seid allzumal *einer* in Christus Jesus.« Daraus folgte nicht ein Kampf um Ämter und Macht-Positionen. »Bei euch soll es nicht so sein« (Mt 20,26), hatte Jesus gesagt.

Wer ›gesinnt war wie Christus‹, war bereit zum ›Sklaven-Dienst‹. In der vom Geist Christi geleiteten Gemeinde gibt es kein Oben und Unten, keine Herrschaft und keine Unterdrückung, sondern nur unterschiedliche Dienste, je nach Begabung. Freilich ist das Herrschen- und Unterdrücken-Wollen auch in der Gemeinde nicht aus der Welt geschafft, weil die Gemeinde nicht aus der Welt entrückt ist; es wurzelt in den Herzen der Männer und Frauen. Aber wo unter Gottes Wort, in Beichte und Abendmahl der ›große Tausch‹ mit Christus erfolgt, in dem er unsere Sünde auf sich nimmt, und wir seine Gerechtigkeit empfangen, tritt der ›neue Protagonist auf der Szene der Welt‹ in Erscheinung, der neue Mensch, der Jesus nachfolgt in einer Selbstverleugnung, die nicht Ausdruck der Gedrücktheit und seelischen Beschädigung ist, sondern aus »Liebe, Freude und Frieden« im Heiligen Geist entspringt (Gal 5,22).

Die angeblich versäumten Konsequenzen

In den frühchristlichen Gemeinden haben Frauen offenbar eine wichtige Rolle gespielt, nicht weil sie Frauen waren und das Christentum etwa als eine früh-feministische Bewegung anzusehen wäre, sondern weil im Anbruch des Reiches Gottes die irdischen Rangordnungen ihre ›halbierende‹ und ›deformierende‹ Kraft verloren haben. In der Gemeinde Jesu Christi drängt man sich nicht an die erste Stelle, sondern ›wer der erste sein will‹, ist bestrebt, Knecht, bzw. Magd aller zu sein (Mt 20,27). In der ›entspannten‹ Atmosphäre dieser Gemeinden konnte die Gemeinschaft der Männer und Frauen ›natürlich‹ werden. Die Verfasser des Neuen Testamentes machten kein Aufhebens davon, wenn Frauen einen wichtigen Dienst taten oder ein wesentliches Wort sagten, wie Feministinnen es heute tun. Aber sie waren darüber auch nicht verwundert, wie man es von patriarchalischen Redaktoren hätte erwarten können. Es war ihnen vielmehr selbstverständlich. Frau Moltmann-Wendel karikiert die Verfasser des Neuen Testamentes, namentlich den Apostel Paulus, als in sich zerspaltene Persönlichkeiten, die unfähig waren, ihre neuen christlichen Erkenntnisse mit ihrer patriarchalisch geprägten Erziehung in Einklang zu bringen, bzw. diese »zu vergessen«.[64] »Wenn es um Stil- oder Verhaltensfragen geht, kommen immer wieder Elemente patriarchalischen Ordnungsdenken aus ihm heraus, die von der neuen Erkenntnis noch nicht verarbeitet sind.«[65] Der ›gute Apostel‹ muß »Angst« bekommen haben vor emanzipierten Frauen; er »reagierte mit Abwehr« und sagte dabei »verhängnisvolle« Sätze.[66] »Eine Tendenz, die Rolle von Frauen als Zeuginnen und Verkünderinnen des Osterkerygmas geringer zu veranschlagen«, soll »in allen Evangelien sichtbar« sein[67], was Frau Schottroff inzwischen widerlegt hat. »Nach Markus schweigen die Fauen ›aus Angst‹«.[68] Diese real begründete Angst wird von Frau Moltmann-Wendel in die infame Nachrede eines engstirnigen Mannes umgeredet, der es Frauen nicht gönnt, als Erst-Verkündigerinnen der Auferstehung aufgetreten zu sein. Aus dem freimütigen Bekenntnis des ›Jünger-Versagens‹ wird eine im Machtkampf der Geschlechter dienliche Zweck-Lüge. Die »patriarchalische Redaktion« hat »die ursprüngliche Tradition«, in die Frau Moltmann-Wendel erleuchteten Einblick zu nehmen vorgibt, »schon deutlich korrigiert«.[69] (Unbegreiflich bleibt, daß es diese ›Redaktion‹ versäumte, die kompromittierende ›Verleugnung des Petrus‹ zu korrigieren).

Die Methode dieser ›feministischen‹ Rekonstruktion des Ursprünglichen hat ungefähr die Qualität der seit Albert Schweitzers kritischem Rückblick ›erledigten‹ Leben-Jesu-Forschung des 18. und 19. Jahrhunderts[70]: Das eigene moderne Wunschbild wird auf ungeschichtliche Weise in die angeblich von einer wüsten, reaktionären Redaktion entstellten Nachrichten aus der Frühzeit zurückverlegt. Methodologisch erweisen sich historische Essays dieser Art als unqualifiziert. Schwerer wiegt jedoch, daß die nachgeborenen ›Schwestern‹ ihren gläubigen Vorgängerinnen das Sünden-Bekenntnis nicht mehr glauben. Andeutungen eines Versagens von Frauen können nur der anschwärzenden Mißgunst von Männern zugeschrieben werden. In diesem Falle verzerrt die ›feministische Brille‹ die Sicht der Bibel dermaßen, daß die wesentliche Botschaft des Evangeliums nicht mehr wahrgenommen wird.

»Die sozialen Konsequenzen aus der geistlichen Erkenntnis zu ziehen«, sei Paulus und den anderen Autoren des Neuen Testamentes – »wie vielen Christen bis heute – schwer gefallen«.[71] In diesem Satz spricht die Stimme des Schwärmertums, das von jeher aus ›geistlichen Erkenntnissen‹ ›soziale Konsequenzen‹ zu ziehen bestrebt war, d.h. aus der Lebensweise des neuen Menschen eine Gesetzgebung für den alten Menschen, aus dem Leben ›nach dem Geist‹ neue ›Verhältnisse nach dem Fleisch‹. Was in Glauben, Hoffnung und Liebe in der Christen-Gemeinde auflebt, soll ohne Glauben, Hoffnung und Liebe in der Bürger-Gemeinde herrschende Ordnung werden. Viereinhalb Jahrhunderte nach der reformatorischen Bekenntnis-Formulierung will das darin mit guten Gründen, in Weisheit und geistlicher Erkenntnis zurückgewiesene, verblendete Schwärmertum sich lauthals ökumenisch hervortun. Der Feminismus schreitet gleichsam ›mit unbedecktem Haupt‹ voran.[72]

Erscheint es nicht als nachdenkenswert, ob »Konsequenzen«, die moderne Konsequenz-Macherei als unterblieben vermißt, im Neuen Testament nicht mit Bedacht unterblieben sind, weil das Evangelium nicht eine Ideologie ist, die einen Wandel der gesellschaftlichen Verhältnisse vorsieht, sondern die Botschaft der eschatologischen Neuschöpfung Gottes? Statt die Apostel und Evangelisten, die größtenteils ›konsequent‹ ihre Martyria, ihre Zeugenschaft, mit dem Martyrium bezahlten, als ›konservative‹ Wichte zu karikieren, die die fortschrittlichen Elemente des Evangeliums anpasserisch abmilderten, bzw. wieder ins Hergebrachte verfälschten, sollten Feministinnen sich fragen, ob ihre Zielvorstellungen überhaupt mit dem Evangelium vereinbar sind, und ob sie nicht im Begriff sind, das Neue des Neuen Testamentes in eine Variante des Alten der alten Welt zurückzuentwickeln. Mir scheint, der *eifernde* Feminismus habe mit dem, was die ›entspannte‹ Atmosphäre in den frühchristlichen Gemeinden ausmachte, am allerwenigsten gemeinsam.

Frauen im Neuen Testament

Neben Ananias steht in der Urgemeinde, gleichstark im Vortäuschen unechter Geistlichkeit, Saphira (Apg 5,1-11); die Berichterstattung zeigt keine Tendenz, sie zum ›Anhängsel‹ ihres Mannes zu degradieren. Von der Verfolgung sind, wie Lukas hervorhebt, »Männer und Frauen« (Apg 8,3) in gleicher Weise betroffen. Frauen verantworten also ihr Christ-Sein selbständig, wie auch 1 Kor 7,13 und 16 zeigt, und werden dafür verantwortlich gemacht; sie haben sich ja in eigener Verantwortung für die Taufe entschieden (Apg 8,12). In Philippi sind es Frauen, die als erste die christliche Verkündigung hören (Apg 16,13); und es ist Paulus, der ihnen predigt. Lydia, die zum Glauben kommt (16,14), erscheint als erste Christin Europas. In Saloniki sind es angesehene Frauen (Apg 17,4), die sich zu Christus bekennen, in Athen schenkt neben Dionysius eine Frau namens Damaris (Apg 17,33) der Predigt des Paulus Glauben. Neben Aquila ist gleichrangig seine Gattin Priscilla genannt (18,1ff u.ö.). In der Grußliste des angeblich so misogynen Paulus in Röm 16 stehen zahlreiche Frauen-Namen sogar vornean. Dies alles wurde ebenso, wie die Rolle der Frauen in den Evangelien, oft hervorgehoben. Aber »neue Probleme führen . . .zu neuen Anfragen an die überlieferten . . .Texte«.[73] So kann auch die feministische Fragestellung, wenn sie methodisch seriös an die Texte herangetragen wird, bisher vernachlässigte Aspekte »in einem neuen Licht« erscheinen lassen.[74]

Nun fällt auf, daß Jesus »Frauen wie Männern« »mit absoluter

Natürlichkeit und spontaner Selbstverständlichkeit« begegnet ist [75] und beide in geradezu partnerschaftlicher Sachlichkeit angesprochen hat, »als ob es nie Unterschiede und Diskriminierungen gegeben hätte«.[76] Obwohl Frau Moltmann-Wendel registriert, woran das liegt: »Frauen sind genauso verlassen und gottfern wie Männer (Lk 7,36ff)« und: »Sie werden genauso wie Männer in seine Nachfolge und Jüngerschaft gerufen« (Lk 8,2f), merkt sie – offenbar bedauernd – an, daß er »zu keiner Emanzipation« aufgefordert hat, »wie er auch zu keiner sozialen Revolution« aufrief, was sie ihm wohl als fehlende Konsequenz anlasten möchte. Sie wittert aber immerhin etwas von dem Lieblingsstoff der Feministinnen, wenn man ihre Wortwahl beachtet: »Dynamit«. »In seiner Rede und in seinem Leben liegt etwas wie Dynamit.«[77] Wenn man diesen die Wahrnehmung verzerrenden Wunsch wütender Frauen, etwas ›in die Luft zu sprengen‹, beiseite läßt, bleibt immerhin die Erkenntnis deutlich, daß im Umkreis Jesu und in den ersten Christen-Gemeinden etwas Neues in Erscheinung getreten ist, das auch das Verhältnis der Geschlechter betraf. Der ›neue Protagonist auf der Szene der Welt‹ kann Mann oder Frau sein. Mann oder Frau – das ist hier nicht die Frage. Die Frage ist: Neu oder nicht neu? Celsus (ca. 177/80)[78] verspottet das Christentum als »Religion der Sklaven und Frauen«. Daß Jesus »einen neuen Umgang mit der Frau gebracht« hat, wie Josef Blank herausarbeitet[79], hat zu seiner Zeit »Aufsehen und Anstoß erregt«.[80] »Die Stellung der Frau in der Urgemeinde ist sicher durch die praktische Einstellung Jesu zu Frauen grundgelegt und entscheidend mitbestimmt worden; es ist ein besonderer Zug, der die Urgemeinde von anderen Gruppierungen des Judentums (Pharisäer, Qumran) deutlich unterscheidet«.[81]

Aber man muß nach dem eigentlichen »Motiv für diese ›neue Umgangsform‹« fragen.[82] Dieses kann nicht auf der Ebene des ›Alten‹, d.h. des Macht-Kampfes in der Gesellschaft und der ›Rechte‹ in der vergehenden Welt gesucht werden. Es zeugt von einem Vorbei-Hören an der Botschaft Jesu – »auf daß sie mit hörenden Ohren hören und doch nicht verstehen« (Mk 4,12) –, wenn die Frage aufgeworfen wird, ob »Jesus ein ›Feminist‹« war.[83] Das Motiv wird man vielmehr »in Jesu Grundverständnis der Botschaft von Gottes Herrschaft und Reich, in seiner Heilsverkündigung und seinem Heilswirken sehen müssen«.[84] Weil Männer und Frauen gleichermaßen ›verloren‹ sind und der Vergebung der Sünden bedürfen, weil sie als Jesu Jünger versagen und nur als ›Begnadete‹ bestehen können, deshalb und insofern sind sie gleich. Aus dem Grundverständnis der Botschaft, das nach Luther lautet: »Homo reus et perditus et Deus justificans et Salvator«[85], ergibt sich die Wirklichkeit einer neuen Gemeinschaft, die aus dem Neuen Testament leuchtet und die kirchliche Realität in Geschichte und Gegenwart in Frage stellt, den feministischen Aufstand ebenso wie die Herrschaft des herkömmlichen Patriarchates. Nur die gründliche Besinnung auf das Grundverständnis der Botschaft und des Wirkens Jesu, nur eine radikale geistliche Erneuerung kann diese urchristlichen Spuren der neuen Gemeinschaft neuer Menschen wieder zum Vorschein bringen. Die Kirche bedarf einer Umkehr aus ihrer Verweltlichung, wie schon die Apostel, bzw. die ehrgeizige Mutter der Zebedaiden, also eine Frau (Mt 20,20ff), der Zurechtweisung bedurften, und ebenso die emanzipierten Schwärmerinnen der Gemeinde zu Korinth. Unter zahlreichen Formen der Verweltlichung von Theologie und Kirche scheint die feministische Bewegung vorläufig eine der in dieser Hinsicht konsequentesten zu sein, die zudem unverhüllt ihre weltlichen Ziele ins Zentrum der christlichen Botschaft trägt, koste es auch Gott die Herrschaft. Es hat keine Verheißung, einer Form der Verweltlichung durch eine andere zu widerstehen. Der ganzen Christenheit ist die Umkehr zu einem neuen Ernstnehmen des Grundverständnisses der mit dem Kommen Jesu angebrochenen Gottes-Herrschaft geboten.

Gleichheit und Ungleichheit

Das Eins-Sein in Christus (Gal 3,28) hebt die natürlichen Unterschiede nicht auf. Es wäre grotesk, gleichsam ›biologische Konsequenzen‹ zu postulieren. Geradezu widerstrebend räumt Mary Daly bei der Erörterung der Abtreibungs-Frage ein, es müsse berücksichtigt werden, »daß die Frauen ihren Fortpflanzungsorganen ausgeliefert sind«.[86] Kann weibliche Selbst-Entfremdung deutlicher als so zum Ausdruck gebracht werden? Sehnt sich hier nicht gleichsam der in seinen Körper eingesperrte Frei-Geist ungeduldig nach Erlösung? Wo sie von der »Revolution der Frauen« als einer sexuellen Revolution schreibt, zitiert sie Anne Koedt[87]: »Grundlegend für den radikalen Feminismus ist die Auffassung, daß Biologie kein Schicksal ist und daß die männlichen und weiblichen Rollen nur erlernt sind – daß sie in der Tat männliche politische Konstruktionen sind, die dazu dienen, die Macht und den Status der Männer zu sichern.«[88] Scheint hier nicht eine abstrakte, lebensfeindliche, naturverneinende Egalisierung geradezu pervers auf die Spitze getrieben zu sein? Das Hadern mit dem Schöpfer wird zum Unwillen gegen die Natur. Hier scheinen die radikalsten Feministinnen von einer Verachtung des

Weiblichen, das selbstverständlich biologisch verankert ist, wie von einem Abscheu vor sich selbst übermannt zu sein. In solchen Denk-Konsequenzen führt sich der Feminismus ad absurdum. Warum soll Kinder-Gebären ein geradezu entwürdigendes Geschick sein, dem man am besten ›jungfräulich‹ entginge – jungfräulich nicht um Gottes, sondern um der eigenen zu keiner Rücksicht bereiten Selbstbestimmung willen –, wenn doch die Bibel sagt, Kinder-Gebären und (im Glauben) -Erziehen sei etwas, wodurch Frauen (und durch ›biologisches Schicksal‹ ist Männern dieser Weg versperrt) selig werden können (1 Tim 2,15)? Der Bibel liegt es fern, das – biologisch bedingte – Weibliche abzuwerten. Und es war Luther, der oft am Beispiel fraulicher Funktionen gezeigt hat, was praktischer Gottes-Dienst ist, im Gegensatz zu einer Überbewertung ›männlicher‹ Rollen oder des Ideals der Jungfräulichkeit.

Das Reich Gottes schafft die biologischen und die dadurch bedingten familiären und gesellschaftlichen Unterschiede nicht aus der Welt, aber es schafft sexistische Bewertungs-Maßstäbe ab, die zu einer Diskriminierung führen können. Die Christus-Botschaft räumt in der Tat sexistischem Denken und Verhalten keinerlei Recht ein. Sexismus und Christentum schließen sich gegenseitig aus. Aber die Unterscheidung der Geschlechter und ihrer biologischen und gesellschaftlichen Rollen hat ›von Natur aus‹ nichts mit Bewertung und daraus folgender Diskriminierung zu tun. Mit Recht hat die feministische Bewegung gegen sexistische Wert-Abstufungen und ihre sozialen Folgen protestiert und um eine Gleich-Achtung der Frauen gekämpft. Mit Recht würde eine Theologie, der durch diese Bewegung in dieser Hinsicht der Blick geschärft wurde, hervorheben, daß das in Gal 3,28 Gesagte in der Gemeinschaft ›neuer Menschen‹ erfahrbare Realität sein kann und muß. Aber ein Feminismus, der gegen die natürlichen Gegebenheiten und die daraus abgeleiteten Ordnungen rebelliert, und eine feministische Theologie, die sich konsequent gegen den Schöpfer-Gott empört, ist nichts anderes, als eine besonders krasse und unverhüllte Form des Aufruhrs der Sünde, die Gottes Wort nicht gelten und die Wirklichkeit nicht bestehen lassen, sondern eine Gegenwirklichkeit einführen will.

Das Neue Testament läßt erkennen, daß Frauen in der Christen-Gemeinde eine andere Rolle spielten als in deren Umwelt. Hanna Wolf meinte formulieren zu müssen: »Jesus ist der erste Mann, der die Androzentrik der antiken Welt durchbrochen hat«.[89] Aber er tat dies »nicht, weil er ein Humanist, Feminist oder Sozialreformer« war, wie Frau Moltmann-Wendel einräumt[90], »sondern weil er« »eine radikal neue Gotteserfahrung verkündet«. Wenn die Autorin aber Begriffe einführt wie »führende Autoritätsperson«, »Funktionen eines Spitzenfunktionärs« und empfiehlt, sich Phöbe (Röm 16,1) »eher als Reisende im TEE-Zug als in der Kaiserswerther Diakonissenhaube« vorzustellen[91], kommt ein falscher, nämlich machtbewußter (»wer ist der Größte im Reich Gottes?« Mt 18,1), weltlicher Klang in die Darstellung, der aufdeckt, wie weit entfernt die Interessen der Feministinnen vom Geist neutestamentlicher Gemeinden sind.

In einer Untersuchung über »Die Rolle der Frau in der urchristlichen Mission«[90] kommt Alfons Weiser zu dem Ergebnis, »daß die Frauen in sehr bedeutsamer und vielfältiger Weise am Missionswerk der Urkirche beteiligt waren«[93], und zwar durch »Formen vollwertigen missionarischen Einsatzes, für den Paulus nicht zögert, die Bezeichnungen ›Mitarbeit‹, ›sich abmühen‹, ›mitkämpfen‹ in der gleichen Weise anzuwenden wie für seinen eigenen missionarischen Dienst und den seiner männlichen Mitarbeiter.«[94] Diese Bezeichnungen sind in Röm 16,3 auf Priska, in Röm 16,6 auf eine Maria, sowie in Röm 16,12 auf Tryphäna, Tryphosa und Persis bezogen, und in Phil 4,2 auf Evodia und Syntyche, Frauen, deren Dienste, wie auch die vieler im Neuen Testament genannter Männer, im einzelnen nicht bekannt sind. Wenn die Hervorhebung dieser Tatsache, die übrigens der praktischen Erfahrung im Gemeindeleben heute wie damals entspricht, eine Wirkung der »neuen Lektüre (relecture)« des Neuen Testamentes im Lichte der Anliegen der modernen Frauen-Bewegung sein sollte[95], wäre dies ein Gewinn. Allerdings fällt es schwer, sich diese im Neuen Testament genannten Frauen in der Rolle der um die Anrede-Form oder den Proporz in Gremien eifernden heutigen Feministinnen vorzustellen. Es gab in den neutestamentlichen Gemeinden so etwas wie »weibliche Mitarbeit bei Aufgaben amtlichen Charakters«, wie Manfred Hauke in seinem Buch über »Die Problematik um das Frauenpriestertum« im Blick auf Röm 16,1 feststellt.[96] Schon Heinrich Schlier hatte in dem dort gebrauchten Begriff »diakonos« »so etwas wie einen Amtstitel« gesehen.[97] »Die Amtsbezeichnung« »des Episkopen, Presbyters, Evangelisten oder Lehrers« wird dagegen im Neuen Testament »auf Frauen nicht angewandt«.[98] Zu der neuerdings wieder aufgestellten Behauptung eines weiblichen *Apostolates* im Blick auf eine durch textkritische Operationen herzustellende Junia in Röm 16,7, die vor allem Bernadette Brooten für die Ordination von Frauen zum Pfarramt ausnützt[99], bemerkt Manfred Hauke nach Geltendmachung sprachlicher Argumente: »Eine ›Apostolin Junia‹ scheint also in den Bereich des modernen Mythos zu fallen, der freilich schon antike Vorbilder kennt.«[100] Das durch die dabei vorherrschende Macht-Frage ungeistlich gewordene Kämpfen um Ämter und Positionen, das sich auch in gewaltsame historische Konstruktionen versteigt, hat mit der geistlichen Vollmacht gläubiger Frauen in der Urgemeinde, die auch im Laufe der Kirchengeschichte bis heute nie nachließ, nichts gemeinsam.

»Martha – eine führende Christin«[101], kämpfte nicht um Titel. Die Erinnerung daran, daß sie nach Joh 11,27 ein Christus-Bekenntnis formuliert hat, das »höchstens noch mit dem Christus-Bekenntnis des Petrus Mt 16,16 verglichen werden« kann: »Du bist Christus, der Sohn Gottes, der in die Welt gekommen ist«[102], sollte eine andere Pointe haben als die: »Ein solches Christusbekenntnis wies für die frühe Kirche einen Apostel aus«[103]. Diese Bemerkung lenkt, wie die traditionelle päpstliche Auslegung von Mt 16,18f, die Aufmerksamkeit von der Aussage auf den Sprecher, als ob ein Christus-Bekenntnis eine verdienstvolle, bestimmte Rang-Ansprüche begründende Leistung und nicht ein einziger Hinweis auf Christus wäre. Im Johannes-Evangelium ist an dieser Stelle Marthas »geistliche Urteilskraft anerkannt«[104]. Es ist wichtig, daran zu erinnern, wenn denn diese Geschichte »vergessen« sein sollte.[105] Aber die monomane Absichtlichkeit, in der Martha als »emanzipierte« und »aggressive« Frau dargestellt wird, »gleichgewichtig neben ihren männlichen Kollegen«, und als »Apostel, . . . gleichberechtigt neben Petrus«[106], verdirbt die Erinnerung und trübt das Evangelium durch die Unterstellung eigener Aggressionen, die das Bild hervorragender weiblicher Christus-Zeugen verzerrt.

Auch der Hinweis, daß die laut Lk 10,38-42 getadelte Martha »nichts anderes« tat, »als ganz die Rolle der guten jüdischen Frau ihrer Zeit zu spielen«, gibt zu denken. »Es war Maria, die aus der Rolle fiel«; denn es war »durchaus nicht üblich, daß Frauen Jünger eines Rabbi wurden oder zum Kreis der Jünger dazukamen, wenn diese gerade den Lehren ihres Rabbi lauschten«. Die Rabbinen hatten dies ausdrücklich untersagt.[107] Das Bild der Urgemeinde wird ebenfalls verdeutlicht durch den Hinweis auf die bedeutende Rolle, die Maria Magdalena offenbar spielte, und durch die Korrektur sowohl der gnostischen Legenden, die aus ihr den Lieblings-Jünger machten, als auch der kirchlichen Tradition, die sie in Vermischung mit anderen Texten (z.B. Joh 12,1-8 und Lk 7,36-50) als frühere Dirne darstellt, wogegen schon Wilhem Löhe im 19. Jahrhundert Einspruch erhoben hat[108], wenngleich Frau Radford Ruether, die sie gegen die Mutter Jesu, »eine traditionelle Frau«, ausspielt und aus ihr »eine ungewöhnliche« und »unabhängige Frau« macht, damit nur ihr eigenes Wunschbild zeichnet.[109]

Es ist auch gut, darauf hinzuweisen, »daß es in den Evangelien ursprünglich andere ›Marias‹ waren«, die vorbildlich glaubten und »Jüngerinnen« Jesu wurden, später aber »durch das Symbol der Mutter Maria überschattet« wurden, wie es Frau Radford Ruether tut.[110] Nicht die zu zeitloser Mutterschaft in den Himmel erhöhte Mutter-Gottes, sondern die Gemeinde derer, die ›in Christus‹ die ›neue Schöpfung‹ darstellen, zu der die Mutter-Gottes, ebenso wie die anderen Marien und Träger anderer Namen zählten, dient dazu, »die Frau *als solche* ins Licht« zu stellen, wie der Papst schreibt, und sie entdecken zu lassen, »wie sie ihr Frausein würdig leben und ihre wahre Entfaltung bewirken kann«.[111] Auch wir sind in diese Gemeinde durch die Taufe real eingegliedert, was praktisch ernst zu nehmen die größte Herausforderung an unser Leben darstellt. Die Einordnung der Mutter-Gottes unter eine beträchtliche Anzahl weiterer ›Exempla‹ kann tröstende und ermutigende Kraft haben. Mit Recht stellt Eberhard Wölfel fest: »Die Mariologie hat ihren eigentlichen Platz in der christlichen Anthropologie«.[112] Dabei geht es »um die Ausprägung des *durch Christus* gewandelten Menschseins«.[113] Denn »das Mütterliche erlöst uns nicht, genausowenig wie das Väterliche«[114] oder, würde ich hinzufügen, das Jungfräuliche. »Alles Biologische und gen-gesteuerte oder akzentuierte Psychologische, ja auch alle personhafte Ganzheit« kann »in uns« nur »zur medialen Infrastruktur und zum Ausdruck der Liebe Christi« dienen.[115] Wölfel nennt Maria eine »Protagonistin des Neuen Seins in Christo«.[116] Als solche ist sie nicht über die Gemeinschaft ›hinausgehoben‹, sondern dient als ein ›Exempel‹ in ihr. Wenn Demosthenes Savramis behauptet: »Die Verehrung Marias und die Mariologie lieferten die ideologische und metaphysische Legitimation der Entartung des Christentums zu einer reinen *Männerreligion*«[117], so mag dieser maßlos übertreibende Satz insofern ein Körnchen Wahrheit in sich tragen, als die isolierende Erhöhung der Mutter-Gottes ihresgleichen aus dem Blick geraten ließ. Nicht in einsamer Hoheit, sondern als Magd des Herrn in Gemeinschaft mit allen, die sie seligpreisen, ist die Mutter-Gottes ermutigendes Beispiel des neuen Menschen. Viele sind mit ihr (zumindest seit Pfingsten) Jesus nachgefolgt.

Die Kirche hat nicht das Recht, Unterscheidungen wieder aufzurichten, die der Heilige Geist hinfällig gemacht hat (Joel 3,1-2; vgl. Apg 2,16-18). Sie ist aber auch nicht berechtigt, auf schwärmerische Weise Ordnungen außer Kraft zu setzen, die bis zur eschatologischen Vollendung des Reiches Gottes noch in Geltung bleiben (1 Kor 11,1-16; 14,34-38).[118] Die Gemeinde Jesu Christi muß sich von ihrer jeweiligen, sich wandelnden sozio-kulturellen Umwelt dadurch unterscheiden, daß in ihr Machtfragen keine Rolle spielen, weil ›einer der Meister‹ ist, alle anderen aber dazu befreit, ›einander zu dienen, jeder mit der Gabe, die er empfangen hat‹ (1 Ptr 4,10). Die Erinnerung an die Gemeinde erbauenden Dienste von Frauen im Neuen Testament, ihr bedeutungsvolles Nachklingen in Legenden, die auf mittelalterlichen Bildern gestaltet sind[119], könnte eine erweckende Wirkung haben, wenn das Tendenziöse nicht so penetrant zu spüren wäre. Die Kirchengeschichte war nicht arm an bedeutenden Frauen. Und bei Gott zählt nicht nur, was die Geschichtsschreibung bedeutend nennt. Wenn das Verborgene der Geschichte eschatologisch an den Tag kommt, wird gewiß vieles leuchten, was dem Feminismus verächtlich erscheint, und vieles erblassen, wofür er eifert. Ich zweifle nicht, daß ›die evangelische Pfarrfrau‹ und die ›Diakonisse‹ letztendlich anders beurteilt werden als in der feministischen Literatur.

Gott ist weder Mann noch Frau

So offensichtlich der Feminismus auch als Einfallstor des Heidentums in die Kirche dient, so sehr ist doch durch seine Fragestellung aufgedeckt worden, daß der Gott der Heiligen Schrift keineswegs ein männliches Wesen ist, sozusagen ein metaphysischer Ur-Patriarch, der entweder – radikal – durch eine Göttin ersetzt oder – vermittelnd – durch eine Mutter-Gottes ergänzt werden muß. Vielmehr kann er, der »nicht ein Mensch« (4 Mose 23,19) ist und nicht ›halbiert‹ gedacht wurde, sondern der Unterscheidung der Geschlechter nicht unterworfen ist, in seinem Wirken sowohl mit Metaphern und Gleichnissen aus dem Bereich männlicher als auch weiblicher Rollen bezeugt werden. Es bedarf keiner den Rahmen des Biblischen sprengenden Mariologie, um dem Weiblichen im Christentum Raum zu schaffen. Es hat reichlich Raum. Es ist ein Verdienst des Nebenstromes feministischer Theologie, der (neben der »radikal-feministischen Religion« und der »kritisch-feministischen Theologie«) als »christlich-feministische Hermeneutik« bezeichnet wird[120] und sich im protestantischen Bereich vor allem der Bibel-Auslegung widmet, deutlich herausgearbeitet zu haben, wie wenig ›patriarchalisch‹ das biblische Gottes-Bild in Wirklichkeit ist. Virgina R. Mollenkott erinnert an »Vergessene Gottesbilder der Bibel«.[121] In der Tat haben die – angeblich misogynen – Kirchen-Väter von Gott häufig wie von einer Mutter gesprochen, ebenso die großen Theologen und die Mystiker des Mittelalters[122], aber auch, was Frau Mollenkott entgeht, beispielsweise die Erbauungs-Literatur des ›orthodoxen‹ Luthertums. Wenn sie fordert: »Wir müssen die Mühen auf uns nehmen, uns selbst umzuerziehen hinsichtlich der Gleichwertigkeit von Eigenschaften, die traditionell mit männlich und weiblich bezeichnet werden«[123], so hatten die Kirchen-Väter und hatte die Bibel, wie sie selbst aufzeigt, damit offenbar weniger Schwierigkeiten, als ein aus calvinistischer Abstraktion und Bildlosigkeit aufgestiegener religiös emanzipierter Rationalismus. In 16 Kapiteln legt Frau Mollenkott beeindruckend dar, in wie vielfältiger Weise die Bibel von Gott in Analogien aus dem Bereich des Weiblichen spricht. Gottes Schmerz wird mit Wehen verglichen (Jes 42,14). Apg 17,26.28 sprechen von Gott wie von einem Mutterleib. Auch die Verknüpfung von Joh 16,21 mit Joh 17,1 läßt »die Stunde« Jesu als die Stunde des Gebärens, nämlich des Neu-Gebärens der Menschheit zur Gotteskindschaft, erscheinen. Nach Joh 3,6 nimmt der Heilige Geist die mütterliche Funktion des Gebärens wahr bzw. nach Joh 1,12 Gott selbst. Solche Texte, schreibt Frau Mollenkott, »ermutigen uns, alle Bilder vom ›Neu- oder Wiedergeborenwerden‹ als Bestätigung der weiblichen Komponente in der Natur Gottes zu sehen«.[124] Sie legt aus: »Praktisch bedeutet das die Abwendung von der Ichbezogenheit und die völlige Einstimmung in Gottes Willen, so wie ein Fötus sich im Einklang mit der Frau befindet, deren Leben sein Leben trägt«.[125] Die Bibel spricht von Gott wie von einer gebärenden[126], aber auch wie von einer stillenden Mutter.[127] Gott erscheint »als Frau, die uns« »in unserer andauernden kindlichen Abhängigkeit nährt«.[128] Frau Mollenkott kritisiert »die zwitterhafte Bilderwelt«, die entstehen muß, wenn mütterliche Bilder dem Vater zugeschrieben werden.[129] Aber wie sollen Menschen von Gott angemessen reden können?

Sie klagt, daß sie »in einer protestantischen Tradition erzogen« wurde, »in der mütterliche Bilder für Gott völlig unterdrückt worden sind«[130], was nur für eine calvinistisch geprägte Frömmigkeit, nicht aber für Luther und die lutherische Tradition zutreffen kann, die sich nicht zuletzt deshalb von jener tief geschieden wußte. Für christliche »Aktivisten« wäre es »außerordentlich bedeutsam«, anhand solcher Bilder wieder zu lernen, sich »Zeit zu nehmen, im Schoß Gottes, unserer Mutter, auszuruhen«.[131] Für das Luthertum waren dieser christliche Aktivismus und die entsprechende maskuline Einseitigkeit nicht kennzeichnend, höchstens da, wo es rationalistisch überfremdet war. Erich Fromm hat es als »eine Besonderheit Luthers« hervorgehoben, daß seine Lehre »trotz ihres manifesten patriarchalischen Charakters ein verborgenes matriarchalisches Element« enthält.[132] »Luthers Hauptthese lautete, daß sich der Mensch Gottes Liebe nicht durch seine eigenen guten Werke verdienen kann. Gottes Liebe ist Gnade, der gläubige Mensch sollte auf diese Gnade vertrauen und sich klein und hilfsbedürftig machen«.[133] Was Luther »Gesetz« nennt, in dem Gott sich offenbart, bezeichnet Fromm als »patriarchalischen Aspekt«, was Luther »Evangelium« nennt, als »matriarchalischen Aspekt«.[134] Er charakterisiert lutherische Frömmigkeit mit dem Bekenntnis: »Ich vertraue darauf«, daß Gott »mich lieben wird, ganz gleich, ob ich arm und hilflos bin und ob ich gesündigt habe«.[135] Diese ›Besonderheit‹ hat, wie man aus Mollenkotts Untersuchung entgegen ihrer eigenen, protestantismus-kritischen Ansicht folgern kann, Luther mit der Bibel gemeinsam. Eine Fülle von Tätigkeiten, die in biblischer Zeit durch die festgelegten Geschlechter-Rollen ausschließlich als »Frauenarbeit« galten, schreibt die Bibel Gott zu.[136] Ein Rückblick auf die jüdische Schechina-Spekulation[137] und Anklänge an sie in der Bibel läßt nach Joh 1,14 Christus als die Anwesenheit der – weiblich gedachten – Schechina-Herrlichkeit Gottes erkennen, wodurch diese Funktion für die Mutter-Gottes sich erübrigt.[138] Die – lutherische – Entdekkung des ›Weiblichen‹ in dem biblischen Gottes-Bild ließ keinen Bedarf für Marien-Kult aufkommen. Frau Mollenkott wünscht »keine Rückwendung ins Heidentum«, sondern »eine Vertiefung zu umfassenderem und gesünderem Glauben«.[139] Schließlich ist auch der Leib des auferstandenen Christus nicht mehr »durch menschliches Mannsein eingeschränkt«.[140] Der auferstandene Christus wird vielmehr »zur neuen inneren Natur jedes Mannes *und jeder Frau*, die willens sind, die alte Natur mit ihren Neigungen und Begierden kreuzigen zu lassen«.[141]

Der Feminismus, der gleichsam en passant einige wichtige Einblicke in vernachlässigte oder nur wenig beachtete Passagen der Bibel eröffnet, vor allem was die Rolle der Frauen in der Gemeinde Christi betrifft, in der ›alle eins sind in Christus‹, aber auch was ›weibliche‹ Züge im Gottes-Bild betrifft, krankt an einer Unausgeglichenheit: Einerseits bestreitet er nämlich die Zuschreibung bestimmter Eigenschaften an die Geschlechter und die sich daraus ergebende Rollen-Festlegung, andererseits besteht er, diese Zuschreibung voraussetzend, auf einer neuen Bewertung der ›weiblichen Eigenschaften‹ und ihrer Durchsetzung. Beides ist in gewissem Maße berechtigt. Diese Anliegen werden aber in den Kontext einer – durchaus nicht spezifisch feministischen – Befreiungs-Ideologie eingetragen, die jede Herrschaft verneint und das ›Sich-Anvertrauen‹

(Glaube), die ›Hingabe‹ (Liebe), die Demut und den Gehorsam, die die christliche oder wenn man so sagen will: ›marianische‹ Haltung kennzeichnen, verwirft. Um das ›Besondere‹ in der spannungsvollen, lebenswahren und schriftgemäßen Gottes-Erfahrung Luthers festzuhalten, fehlt der feministischen Theologie die Tiefe. Daher verfängt sie sich, wo sie nicht schamlos ins Heidentum überwechselt, in einer Anleitung zum Eifern um ›Rechte‹ und ›Ränge‹, die der Weisung Jesu völlig entgegengesetzt ist, indem sie das Neue des Neuen Bundes verleugnet und lieber mit »Dynamit« zu hantieren scheint, als ›das Wort der Versöhnung‹ zu predigen (2 Kor 5,21).

IV. Die gefährliche Frau

1. Frauen-Bewegung und Häresie

Elisabeth Gössmann wirft die Frage auf, »wieweit seit neutestamentlicher Zeit die Zurückdrängung der Frau nicht allein dem Überhandnehmen patriarchalischer Strukturen anzulasten ist, sondern auch aus dem Kampf gegen häretische Gruppen ihre Erklärung findet«.[1] Denn es ist nicht nur seit langem bekannt, daß die von der Großkirche separierten christlichen Gruppen montanistischer[2] und gnostischer[3] Prägung das geistliche Amt der Frauen anerkannten, sondern es ist »auch mit Frauen als Autoren apokrypher Evangelien und Apostelberichte zu rechnen«[4]. Die frühchristliche Kirche mußte in der Auseinandersetzung mit der Gnosis den biblischen Glauben verteidigen, vor allem auch die Lehre von Gottes guter Schöpfung. Frau Gössmann stellt fest: »Eine Zurückdrängung der Frauen als Neben- oder Fehlprodukt dieser bis in die Substanz des christlichen Glaubens gehenden Auseinandersetzung mit leibfeindlichen Strömungen seit neutestamentlichen Zeiten ist jedenfalls denkbar«.[5]

In diesem Buch wurde erwogen, ob nicht die Auseinandersetzung mit bestimmten Äußerungen der feministischen Theologie – aber nicht nur mit besonders radikalen Zuspitzungen, sondern mit dem Denk-Ansatz – ebenfalls bis in die Substanz des christlichen Glaubens geht. Wenn schon die Auseinandersetzung mit einem Entwicklungs-Strang maximalistischer Mariologie die Substanz des Glaubens berührt hat, ist dies bei dem feministischen Versuch, Gott nach dem Bilde der Frau umzugestalten, in verschärfter Weise der Fall. Frauen stellen sich gegenwärtig als Vorkämpferinnen einer Richtung dar, die den christlichen Glauben in seinen Kern-Aussagen bestreitet. Sowenig die Kirchen-Väter »misogyn« waren[6], sollte man denen Geringschätzung der Anliegen von Frauen nachsagen, die um ihres Glaubens an Gott-Vater, Sohn und Heiligen Geist willen dem Feminismus mit entschiedenem Widerspruch entgegentreten.

2. »Das Tor zur Hölle«? (Was Tertullian wirklich meinte)

Im Gruselkabinett feministischer Literatur fehlt selten ein Satz des nordafrikanischen Rigoristen und späteren Montanisten Quintus Septimius Tertullianus (150-222). Er ist seiner Schrift »De cultu feminarum« entnommen[1], deren Titel sich etwa mit den Worten »Vom Gepflegtsein der Frauen« übersetzen ließe. Tertullian, ein maßgeblicher theologischer Schriftsteller des späten zweiten und frühen dritten Jahrhunderts, befaßte sich darin mit ethischen Aspekten weiblicher Kosmetik. Er sprach seine Leserinnen sogleich im ersten Kapitel individuell an: »Weißt du nicht, daß du Eva bist?«, fragte er. Wie der Mann in Adam sein Urbild hat – man spricht vom »alten Adam«, der noch in jedem Menschen lebendig ist –, so die Frau in Eva. Und im 1. Brief des Paulus an Timotheus ist zu lesen: »Adam wurde nicht verführt; die Frau aber wurde verführt und ist der Übertretung verfallen« (2,14). Demnach hat sich die Frau sozusagen als Einfallstor der Gottlosigkeit erwiesen. Sie fiel auf die Einflüsterung des Versuchers, nämlich der Schlange, in der Sündenfallgeschichte herein, die Gottes Gebot in Frage stellte. Sie ließ sich darauf ein, an Gottes Autorität zu zweifeln. Der Mann ›tat mit‹; er folgte ihr –, klägliche Rolle, die das patriarchalische Zeitalter dem Ur-Patriarchen zuwies! Von einer Entschuldigung oder gar Rechtfertigung des Mannes ist in der Sündenfallgeschichte keine Rede, wenngleich Männer später eine solche gerne in sie hineingelesen hätten. In der biblischen Urgeschichte stehen Mann und Frau gleichermaßen beschämt da. Der Mann kommt keineswegs besser weg – im Gegenteil.

Nun ist das Paradies verloren, der Acker trägt Disteln und Geburten sind schmerzhaft; wir kennen es nicht anders. Die Gläubigen bekannten seit Menschengedenken: Wir haben es uns selbst zuzuschreiben; Adam, der unser aller Urbild ist, hat gesündigt, indem er sich von Eva dazu verführen ließ. Das heißt, wir sind alle Sünder, die Männer nicht weniger als die Frauen. Darin bestand Einigkeit. Aber Eva kam zuerst auf den Gedanken, es könnte schön sein, Gottes Gebot zu umgehen, vermutlich befreiend; sie bekam Lust dazu, heißt es. »Und weißt du nicht, daß du Eva bist?«, sprach Tertullian seine Leserin an. »Du bist die Tür des Teufels.«[2] Tertullian wollte wohl sagen: Die Urgeschichte ist eine Geschichte, die sich immer wiederholt. Der in ihr geschilderte Vorgang ist »typisch«. So legen wir die Sündenfallgeschichte im Grunde noch heute aus. Adam und Eva sind wir. Du also, weiblicher Leser, bzw. Leserin, bist Eva. Sei dir dessen bewußt! Es besteht Gefahr. »Die Sünde lauert vor der Tür« (1 Mose 4,7). Das wurde zu Kain gesagt. Aber die Warnung kam zu spät. Die Lawine der Gottlosigkeit war schon ins Rollen gekommen. Angefangen hatte es bei der Frau. Am Anfang stand nicht die Gewalttat Kains, sondern die sanfte Verführung, der leise Zweifel, die Lust, es einmal anders zu versuchen, die Dinge anders anzusehen. Sei auf der Hut, Eva, »du bist die Tür des Teufels«. Das heißt, die Tendenz, die Menschen ihrem Gott entfremdet, sucht ihren Einstieg bei dir. »Du bist die erste, die das göttliche Gesetz verließ«.[3]

Im Gruselkabinett feministischer Literatur, wie gesagt, steht dieses Zitat als Ausstellungsstück. Es soll beweisen, wie misogyn die Kirchenväter waren.[4] Alle die ehrwürdigen Herren, deren Standbilder ältere Kirchen schmücken, waren vor allem ›Weiberfeinde‹. Neurotische Asketen, so wird den Lesern weisgemacht, haben ihre Geschlechtsangst dadurch verdrängt, daß sie Frauen schlechtmachten.

»Die Minderwertigkeitskomplexe der Männerwelt lassen sich durch die Verteufelung der Frau zu Überwertigkeitskomplexen umfunktionieren«[5], schreiben bekehrte, eines Besseren belehrte Exemplare eben dieser Männerwelt im gleichen Sinne wie die Vorkämpferinnen des Feminismus.

Das ist grob geredet. Und wenn sich in den Schriften der Kirchenväter und ihrer Nachfolger in der Theologiegeschichte Ungereimtheiten und Vergröberungen hinsichtlich der Beurteilung der Geschlechter finden, so heute in der feministischen Literatur nicht minder. Vergröbert ist auf alle Fälle die Darstellung der Patristik. Es würde zu der in Mode kommenden, subjektivistischen Unvernunft, bzw. Vernunftverachtung passen, wenn man als Argument ernst nähme: »Väter« zu lesen, sei Frauen nicht zuzumuten. Aber das Gruselkabinett ist eingerichtet. Worüber sollte man sich sonst empören? Also stellt man Beispiele der Verteufelung aus: Wie Männer Frauen verteufelten, wie z.B. Tertullian dies tat.

Aber was heißt »verteufeln«? Wird nicht, wer verteufelt wird, sozusagen zum Teufel gemacht, bzw. als Teufel betrachtet? Heißt nicht, jemanden verteufeln, ihn mit dem Teufel verwechseln? Verteufelte gelten als Quelle des Bösen. Und nun soll also Tertullian die Frauen verteufelt haben. Das zu belegen, dafür soll das erwähnte Zitat herhalten. Bei Mary Daly[6] erscheint es in sehr freier Übersetzung – natürlich ohne Quellenangabe: »Du bist das Tor zur Hölle«. Das ist nicht nur frei übersetzt, sondern eine ganz andere Aussage. Wenn die Frau »das Tor zur Hölle« ist – wer fährt dann durch dieses Tor zur Hölle? Doch wohl der – bedauernswerte – Mann, der sich auf sie einläßt. Die Frau als Falltür ins Verderben – das wäre eine schaurige Aussage. Aber auf Tertullian ist sie nicht zurückzuführen. Die Feministin Mary Daly schreibt jedoch seinen Namen unter das erfundene Zitat. Ohne Quellenangabe, wie gesagt. Sollte Tertullian dies vielleicht doch gesagt haben?

Tatsächlich schrieb er, wie zitiert: »Du bist die Tür des Teufels«. Der Passant, der sie durchschreitet, ist ein anderer. Nicht der Mensch, etwa der bedauernswerte Mann, gerät durch die Frauen unversehens – und womöglich schuldlos – in die Hölle. Umgekehrt: Satan schleicht sich ein. Der Teufel mischt sich unter die Menschen. Der Diabolos beginnt sein Verwirrspiel. In der Bibel wurde Kain gewarnt, die Sünde lauere vor der Tür. Im Menschen ist also etwas, das der Gottlosigkeit Zugang gewähren kann. Es ist eine Offenheit zur Sünde in ihm. Er ist, sagen wir heute, das ›nicht festgestellte‹, bzw. nicht festgelegte, nicht instinktgeleitete, also ›weltoffene‹ Wesen. Es hat auch eine ›Tür‹, eine Offenheit zur Bestreitung Gottes und seiner Gebote hin. Durch diese Tür dringen die Zweifel ein: Sollten Gottes Gebote wirklich so gemeint sein, wie man sie bisher verstand? Sollten sie nicht neu zu deuten sein? Aber auch Zweifel an Gott selber schleichen sich ein. Müssen wir wirklich einen ›Herrn‹ über uns anerkennen? – Diese ›Tür‹ ist vorhanden. Man kann sie öffnen. Grundsätzlich könnte man sie auch geschlossen halten. Daß sie aber tatsächlich offensteht, und was durch sie eindringt, sieht man z.B. an Kains Brudermord, der sich fortsetzte bis Auschwitz und unter stillschweigender Billigung (Billigung?) der – in diesem Fall schweigenden – Weltchristenheit in Äthiopien weitergeht.

Für den Teufel sind die Türen offen, wenn man es so ausdrücken will. Diese Offenheit ist allen Menschen gemeinsam. Christen warnen einander: Seid auf der Hut! Der Teufel schleicht sich ein. Männer ermahnen Männer: »Seid nüchtern und wachet! Denn euer Widersacher, der Teufel, geht umher wie ein brüllender Löwe und sucht, welchen er verschlinge« (1 Petr 5,8). Frauen warnen Frauen, aber auch Männer, wenn es nötig ist; und Männer ermahnen gemischte Gemeinden oder auch einmal speziell Frauen. Das ist es, was Tertullian tat. Der »liber secundus« (das 2. Buch) der Schrift: »De cultu feminarum«, beginnt mit der Anrede: »Ihr Mägde des lebendigen Gottes, meine Mitdienerinnen und Schwestern, kraft des Rechtes, wodurch ich, wenn auch als der allerletzte zu Euch zähle, wage ich es, an Euch das Wort zu richten.«[7] Redet so ein misogyner Despot, der Frauen ›verteufeln‹ will? Nein, ein Mitbruder in Christus spricht seelsorgerlich seine Schwestern an und warnt sie vor einer speziellen Anfälligkeit für Neigungen, die zum Einfallstor des Teufels werden.

»Und weißt du nicht, daß du Eva bist?«, fragt er. Damit erinnert er an die biblische Urgeschichte. Das tut er in einer auch nach heutigem Verständnis sachgemäßen Weise. In Adam und Eva sind wir vorgebildet, Mann und Frau. »Und du«, sagt er, »bist es, die dem Teufel Eingang verschafft hat.«[8] Tertullian verteufelt also nicht die Frauen, als wären sie das Tor zur Hölle, sondern er erinnert seine Mitschwestern in Christus daran, daß die biblische Urgeschichte eine Warnung an die Frauen enthält, dem Teufel nicht erneut als Eva Eingang zu verschaffen, wie auch die Männer entsprechend ermahnt werden müssen. Die Art und Weise, wie unser Tertullian-Zitat durch die feministische Literatur spukt, fehl übersetzt und mißdeutet wird, wirft ein eigenartiges Licht auf diese Schriften. Zumindest ein Exponat des feministischen Gruselkabinetts ist damit als für diese Ausstellung ungeeignet erwiesen. Was es beweisen soll, kann es allenfalls bei falscher Übersetzung beweisen. Und was es wirklich aussagt, bleibt bei dieser Beleuchtung unerkannt. Elisabeth Gössmann gesteht ein: »Manchmal hat man beim Lesen feministisch-theologischen Schrifttums den Eindruck, es mit einem Florilegium negativer patristischer Ausagen über die Frau zu tun zu haben, das weit davon entfernt ist, das Ganze zu reflektieren.«[9]

3. Größere Verführbarkeit?

Auch wer den Gedanken von sich wies, es könnte bei Frauen und Männern von unterschiedlichen Graden der Anfälligkeit für die Verführung zur Gottlosigkeit die Rede sein, ist versucht, auf diese Vermutung zurückzukommen, wenn er manche Veröffentlichungen feministischer Theologie liest. »Adam wurde nicht verführt; die Frau aber wurde verführt und ist der Übertretung verfallen«, schrieb Paulus im 1. Brief an Timotheus (2,14).

Der lutherische Dogmatiker David Hollatz warf in seinem Werk »Examen theologicum acroamaticum« (1707)[1] in dem Abschnitt über die Erst- und Ursünde (»De peccato hominum primo et originali«) als Quaestio 7 die Frage auf, »ob Adam nicht weniger als Eva vom Teufel verführt wurde«, und antwortete: »Adam wurde nicht unmittelbar vom Teufel verführt wie die Frau, wurde aber gleichwohl mittelbar und durch die Überredung der Frau in dieselbe Sünde verwickelt«.[3] Das »lehrt«, sagte er, »die Geschichte, die vom Fall der ersten Menschen berichtet«.[4] In der Tat ist es so beschrieben. Und Paulus folgerte daraus, daß man Frauen nicht die Führung überlassen dürfe. Sie sollen sich vielmehr unterordnen.

Neuere Exegeten erheben an dieser Stelle Einwände gegen die Argumentation des Apostels. »Die Beweisführung bleibt vordergründig und rechnet mit flachem Schlagwort und simplem Männerstolz« (Gottfried Holtz[5]). Dieser Eindruck drängt sich auf; ihn auszusprechen, kann als Gebot der Höflichkeit erscheinen. Der Exeget spricht dem zeitgenössischen Leser aus dem Herzen. Paulus erhält einen sachten Verweis für diese »psychologische Bemerkung über die größere Anfälligkeit und Schwäche des weiblichen Geschlechtes«. Wer wird so etwas ernst nehmen?

Aber wenn man davon ausgeht, daß das Interesse, die Herrschaft Gottes zu verdrängen, vom Teufel ausgeht, – oder anders gesagt: daß der Teufel der Inbegriff, die Kraft und die Lebendigkeit dieses Interesses ist, und wenn man dann liest, wie kompromißlos sich manche feministische Literatur in den Dienst dieses Interesses stellt, beginnt man zu bezweifeln, daß sich in diesem Theologumenon nur ›simpler Männerstolz‹ ausdrücke.

Das Erste Gebot, das Karl Barth im Anschluß an reformatorische Theologie als »theologisches Axiom« bezeichnet hat[6], stößt kaum irgendwo auf eine ähnlich dezidierte Ablehnung, wie in manchen Äußerungen feministischer Theologie. Mary Daly bezeichnet ihr Buch »Jenseits von Gottvater, Sohn & Co.« als »Übung in . . . Gottesmord«: »Ich habe mich . . .auf das Phänomen vom Sterben des Gott-Vaters im wachsenden Frauenbewußtsein konzentriert.«[7]

Elga Sorge erklärte die Confessio Augustana, das in der Kirchenordnung aller lutherischen Kirchen als verbindlich zugrundegelegte Bekenntnis der Reformation, für »frauenfeindlich, sexistisch, männerbündisch-hierarchisch, gesetzlich-orthodox«.[8] Sie behauptete: »Nicht nur für Frauen kann dieses Bekenntnis niemals die theologische Basis irgendeiner ernst zu nehmenden christlichen Grundordnung sein«.[9] Damit hat sie natürlich, wie Bischof Jung feststellen mußte, den Glaubenskonsens der Kirche verlassen.

Als beispielslos erscheint mir, wie heftig, eindeutig und gewissermaßen unverfroren das Bekenntnis der Kirche bei gleichzeitigem Anspruch auf Führungsämter in der Kirche von seiten radikaler Feministinnen bestritten wird. Der theologische Feminismus stellt sich als Aufruhr gegen den biblischen Gottesglauben dar. Versuchsweise nimmt er sogar Partei für den Astartekult und gegen die Ausschließlichkeit der Jahweverehrung, für die Hure Gomer und gegen den Propheten Hosea.[10]

Zurück zu Maria!

Ein angestrengtes Bemühen um Selbstverwirklichung ist die treibende Kraft im Feminismus (dem eine männliche Variante der gleichen Bemühung vorausging). Frauen und Männer stellen sich die Frage: ›Was kann ich aus mir selber machen?‹

Marias demütige Antwort auf die grandiose Zumutung des Verkündigungs-Engels kann in diesem Zusammenhang wie eine große Klarstellung wirken: ›Diese Frage muß mich nicht mehr bewegen. Ich bin zur Selbst-Gewißheit gelangt. Sie beruht darin, daß ich im Wollen Gottes gleichsam Grund unter die Füße bekam‹. »Maria aber sprach: Siehe, ich bin des Herrn Magd; mir geschehe, wie du gesagt hast« (Lk 1,38). Entsprechend sagte Paulus: »Dafür halte uns jedermann: für Christi Diener« (1 Kor 4,1). Wer in dieses selbstgewisse »Ich bin« einstimmen kann, für den werden die Zielsetzungen des Feminismus (und seiner maskulinen Entsprechungen) weitgehend gegenstandslos.

In der Christusbruderschaft[11] wird eine Betrachtung von Hanna Hümmer überliefert, in der Marias festes und ruhiges »Ich bin« dem zweifelnden und betrübten »Bin ich's?« der Jünger Jesu (Mt 26,22) gegenübersteht. »Ein ›Herr, bin ich's?‹ ist in mir, solange ich nicht ganz in dem Gehorsam zu Gott lebe.« Solange ich auf mich selbst gestellt bin, bleibt diese Frage offen. »Ich bin dann zu allem fähig, ich kann im nächsten Moment Gott verleugnen.« Ein ruhiges, klares und reifes »Ich bin« gibt es »nur in der völligen Abhängigkeit von Gott«. Maria ist (wie Paulus und Abraham) ein Beispiel eines gottergebenen und darin selbstgewissen Menschen. Sie gab die christliche Antwort auf die Frage, die jeden Menschen bewegt: ›Wer bin ich inmitten alles dessen, was mich bestimmt und beengt, ängstet und aufbringt, tröstet und erhebt?‹

ANMERKUNGEN

Zu S. 7-17

1 1804-1872, Links-Hegelianer.
2 Mit diesem Begriff bezeichnet man griechische Philosophen, die noch nicht durch die Denkschule des Sokrates (und Plato) gegangen waren; siehe Hermann Diels: »Fragmente der Vorsokratiker«, Hamburg 1957, Rowohlt Klassiker 10.
3 Xenophanes aus Kolophon, 6. Jhdt. v. Chr., Fragm. 15-16.
4 Jes 40-55, in der Forschung meist als »Deutero-Jesaja« bezeichnet.
5 z.B. bei der Josianischen Reform um 628 v.Chr., vgl. 2 Kön 23,4ff.
6 2 Mose 20,2-3 und 5 Mose 5,6-7.
7 5 Mose 6,4-5.
8 Jes 41,29.
9 Jes 44,6-20; 45,20-21.
10 vgl. Ludwig Feuerbach: »Das Wesen des Christentums«, Leipzig 1909, Vorwort, S. VI: »Die Theologie wird . . .als psychische Pathologie behandelt«.
11 Karl Barth: »Das Erste Gebot als theologisches Axiom« (1933) in: »Theologische Fragen und Anworten«, Zollikon 1957, S. 127ff.
12 Institutio I, 11,8 »Hominis ingenium perpetuam, ut ita loquar, esse idolorum fabricam«.
13 a.a.O., S. 131.
14 vgl. z.B. Röm 1,18-23; 1 Kor 8,4-6.
15 vgl. Karl Barth: »Kirchliche Dogmatik« I/2, Zollikon 1938, S. 327: »Religion ist Unglaube . . .*die* Angelegenheit des gottlosen Menschen«.
16 Das griechische Wort »skandalon« bezeichnet in der Bibel den Anstoß, an dem man zu Fall kommen kann.
17 Im alten Rom gebräuchliche lateinische Bezeichnung des Familienoberhauptes und Hausherrn.
18 Hebr 1,1.
19 z.B. 5 Mose 32,16; 2 Kön 19,31; Ps 79.
20 »Theologie des Alten Testamentes« Bd. I, München 1958, S. 203f »Das erste Gebot und Jahwes Eiferheiligkeit«.
21 Mary Daly, »Jenseits von Gott-Vater, Sohn & Co«, München 1986^4.
22 epd-Bayern vom 15. 12. 1987 über eine Vortragsveranstaltung im Evangelischen Forum München.
23 ebd.
24 Ev. Theol. 1/1982, S. 37-65.
25 S. 38.
26 ebd.
27 S. 44.
28 ebd.
29 1 Kön 18.
30 a.a.O., S. 44.
31 ebd.
32 S. 46.
33 ebd.
34 S. 54-64.
35 2 Kor 6,15.

[36] 1 Kön 18,21.
[37] 1 Kön 18,21.
[38] S. 52.
[39] S. 55.
[40] ebd.
[41] a.a.O., S. 55 Anm. 33.
[42] S. 57.
[43] Ernst Bloch, 1885-1977, Hauptwerke: »Geist der Utopie«, »Thomas Münzer«, »Das Prinzip Hoffnung«.
[44] ebd.
[45] S. 58.
[46] S. 59.
[47] ebd.
[48] S. 41.
[49] ebd.
[50] S. 59.
[51] S. 60.
[52] ebd.
[53] S. 60.
[54] S. 64.
[55] S. 63.
[56] S. 64f.
[57] »Einleitung zur Kritik der Hegelschen Rechtsphilosophie«.
[58] »Atheismus im Christentum«, Frankfurt 1968, S. 91f.
[59] Elisabeth Moltmann-Wendel, in Ev. Theol. 1/1982, S. 1.
[60] Christa Mulack, »Maria – die geheime Göttin des Christentums«, Stuttgart 1985.

Zu S. 18-30

[1] z.B. Eph 5,22ff.
[2] a.a.O., S. 62.
[3] S. 61.
[4] Mit diesem Begriff bezeichnete Friedrich Schleiermacher das Wesen des Christentums.
[5] S. 61.
[6] vgl. z.B. das Programm einer »Enttheokratisierung« der Bibel bei Ernst Bloch: »Atheismus im Christentum«, Frankfurt 1968, S. 115ff.
[7] »Man kann das christliche Glaubensbekenntnis nicht aufsagen, ohne ihrer zu gedenken.« (Wolfgang Beinert: »Das Lob der Mutter Jesu heute«, in: »Dein leuchtend Angesicht, Maria . . .«, Hrsg. W. Beinert, J. Hoeren, Herder-tb. 1565, S. 89).
[8] »Die andere Maria«, in: »Dein leuchtend Angesicht, Maria . . .«, Hrsg. W. Beinert, J. Hoeren, Herder-tb. 1565, S. 76-88.
[9] a.a.O., S. 76.
[10] S. 79.
[11] ebd.
[12] Confessio Augustana, Art. XXI: »De cultu Sanctorum«: »imitari . . . exemplum«, »soll man sich an ihren guten Werken ein Beispiel nehmen«.
[13] in: »Mariologie und Feminismus«. Bensheimer Hefte 64, S. 53.
[14] ebd.
[15] a.a.O., S. 54.
[16] a.a.O., S. 63.
[17] a.a.O., S. 64.

[18] Meinrad Walter, a.a.O. (s. Anm. 8), S. 79.
[19] ebd.
[20] S. 80.
[21] ebd.
[22] Lk 1,28.
[23] »Sympathie. Theologisch-politische Traktate«, Stuttgart 1978, 1981^3, S. 59ff.
[24] Walter, a.a.O., S. 81, Anm. 13.
[25] Lk 1,46-55.
[26] a.a.O., zit. bei Walter, S. 82.
[27] ebd.
[28] nämlich für ihren Glauben (»ut imitemur fidem eorum«) und ihre guten Werke.
[29] a.a.O., S. 83.
[30] »Maria, Kirche in weiblicher Gestalt«, München, 1980 (Kaiser-Traktate 48), S. 8f.
[31] ebd.
[32] vgl. Lk 1,68.
[33] Walter, a.a.O., S. 84.
[34] »Maria und die Frauen«, in: Concilium 19 (1983), S. 648.
[35] Halkes in: Bensheimer Hefte 64, S. 57.
[36] Halkes ebd.
[37] »Die marianische Prägung der Kirche«, in: »Maria heute ehren«, Hrsg. Wolfgang Beinert, Herder 1977, S. 267f.
[38] vgl. M. Walter, a.a.O., S. 85, z.B. auch Uta Ranke-Heinemann.
[39] a.a.O., S. 85.
[40] »Jungfräulichkeit – eine politische Haltung. Sehnsucht einer Protestantin nach einer befreienden Maria«, in: Publik-Forum, 2. Mai 1987, S. 3.
[41] ebd.
[42] ebd.
[43] ebd.
[44] »Schönheit und Schmerz«, in: »Die andere Maria«, Hrsg. Johannes Thiele, Freiburg i. Br. 1987, S. 29.
[45] vgl. die zweifelnde Rückfrage in Lk 1,34.
[46] ebd.
[47] M. Walter, a.a.O., S. 80.
[48] S. 80.
[49] ebd.
[50] a.a.O., S. 80.
[51] E. Drewermann: »Die Frage nach Maria im religionswissenschaftlichen Horizont. Die scheinbare ›Grundlosigkeit‹ der Mariologie«, in: Zeitschrift für Missionswissenschaft und Religionswissenschaft 66 (1982), S. 96-117.
[52] a.a.O., S. 81.
[53] »Maria – die geheime Göttin des Christentums«, Stuttgart 1985
[54] ebd.
[55] z.B. Giovanni Miegge: »Die Jungfrau Maria«, Göttingen 1962.
[56] Eph 2,20.
[57] ebd.
[58] ebd.
[59] M. Walter, a.a.O., S. 80.
[60] z.B. »Schwarze Theologie« oder »Deutsche Theologie«.
[61] z.B. »Theologie der Revolution« oder auch »Theologie der Ordnungen«.
[62] »Aufbruch zu einer Philosophie der Frauenbefreiung«, Verlag Frauenoffensive 1980, ^{4}1986.
[63] a.a.O., S. 100.

[64] ebd.
[65] a.a.O., S. VI.
[66] a.a.O., S. 100f.
[67] S. 105.
[68] ebd.
[69] S. 104.
[70] S. 104f.
[71] S. 103.
[72] ebd.
[73] S. 104.
[74] ebd.
[75] S. 104.
[76] S. 105.
[77] im Jahr 1854 durch Papst Pius IX. zum Dogma erhoben.
[78] S. 105.
[79] S. 106.
[80] ebd.
[81] S. 106f.
[82] Summa Theologica III, 27, 2c.
[83] im Jahr 1959 durch Papst Pius XII zum Dogma erhoben.
[84] S. 109f.
[85] S. 110.
[86] S. 115.
[87] S. 116.
[88] ebd.
[89] ebd.

Zu S. 31-39

[1] CL, Litterae Communionis, Zeitschrift der Bewegung Comunione e Liberazione 3, 1987, S. 1.
[2] ebd.
[3] ebd.
[4] Mary Daly, a.a.O., S. XXI.
[5] Ev. Theol. 42. Jg., 1/1982, S. 90.
[6] ebd.
[7] ebd.
[8] ebd.
[9] a.a.O., S. XIV.
[10] Elisabeth Moltmann-Wendel, in: Ev. Theol. 1/1982 S. 91.
[11] Elisabeth Moltmann-Wendel, a.a.O., S. 88.
[12] a.a.O., S. 85.
[13] Jürgen Moltmann in: »Menschwerden in einer neuen Gemeinschaft von Frauen und Männern«, in: Ev. Theol. 1/1982, S. 89.
[14] Roger Garaudy: »Der letzte Ausweg. Feminisierung der Gesellschaft«, Olten 1982, S. 137: »Beim Lesen des Evangeliums war es für mich immer erstaunlich, daß Jesus von Nazaret keine Frau war.«
[15] Luigi Giussani, a.a.O., S. 1.
[16] J. Moltmann in: Ev. Theol. 1/1982, S. 84.
[17] Die Frage, ob biblische Aussagen, um in ihrem Kern erfaßt und dem modernen Menschen verständlich zu werden, ihrer Anpassung an das »mythische« Weltbild der Antike entkleidet werden müssen.

[18] z.B. bei Ernst Bloch in: »Atheismus im Christentum«, Frankfurt 1968.
[19] zu Karl Barth siehe: »Die Auferstehung der Toten«, München 1935[3].
[20] Ernst Bloch: »Das Prinzip Hoffnung«, 3. Bd., Frankfurt 1959.
[21] vgl. Jürgen Moltmann in: Ev. Theol. 1/1982, S. 84: »In der gemeinsamen *Auferstehungsbewegung* könnten wir Männer ›die neue Gemeinschaft von Frauen und Männern‹ entdecken, die uns von patriarchalischen Deformationen erlöst«.

Zu S. 40-46

[1] »Maria, die Frau. Mariologie und Feminismus«, in: »Mariologie und Feminismus«, Bensheimer Hefte 64, S. 51.
[2] vg. z.B. Chr. E. Luthardt: »Kompendium der Dogmatik«, Leipzig 1893[9], §12, S. 25ff.
[3] Die Schmalkaldischen Artikel, Teil II, Artikel 1 in: »Unser Glaube«, Die Bekenntnisschriften der evangelisch-lutherischen Kirche, GTB-Siebenstern 1289, Gütersloh 1986, S. 451: »Auf diesem Artikel steht alles, was wir . . . lehren und leben«.
[4] vgl. Konkordien-Formel, »Vom summarischen Begriff«, a.a.O., S. 775.
[5] in: »Mariologie und Feminismus«, Bensheimer Hefte 64, S. 16.
[6] a.a.O., S. 14.
[7] a.a.O., S. 16.
[8] Walch: Luthers Sämtliche Schriften, Bd. V, Sp. 484.
[9] a.a.O., S. 47.
[10] a.a.O., S. 51.
[11] a.a.O., S. 49.
[12] S. 49f.
[13] S. 46.
[14] S. 51.
[15] in: Ev. Theol. 1/1982, S. 86.
[16] a.a.O., S. 85.
[17] Walter Schöpsdau in: »Mariologie und Feminismus«, Bensheimer Hefte 64, S. 12.
[18] a.a.O., S. 51.
[19] Ev. Theol. 1/1982, S. 37-65.
[20] a.a.O., S. 85.
[21] Ev. Theol. 1/1982, S. 85f.
[22] a.a.O., S. 88.
[23] a.a.O., S. 91.
[24] S. 88.
[25] Roger Garaudy, »Der letzte Ausweg«, Olten 1982, S. 140f.
[26] Auslegung des 51. Psalms (1538), a.a.O., Sp. 483.
[27] Sp. 484.
[28] W. Schöpsdau, a.a.O., S. 12.
[29] vgl. M. Walter, a.a.O., S. 76-88.
[30] C. Halkes, a.a.O., S. 57.
[31] Ev. Theol. 1/1982, S. 81.

Zu S. 47-48

[1] »Gottes Wort und unsere Sehnsucht« – (Der Evangelische Bund und die ökumenische Situation 1987), in: epd Dokumentation 46a/87, S. 17.
[2] Abschnitt 46, in: Deutsche Tagespost Nr. 36, 26. März 1987, S. 16.

[3] R. Frieling, a.a.O., S. 17.
[4] Abschn. 46, a.a.O., S. 16.
[5] W. Schöpsdau, a.a.O., S. 12.
[6] Abschn. 46, ebd.
[7] Santa Teresa de Jesus: Obras Completas, Biblioteca de Autores Christianos, Madrid 1972, z.B. S. 502 »Mi amado para mi«.
[8] Giovanni Bernini (1598-1680), römischer Baumeister, Bildhauer und Maler
[9] vgl. dazu André Chastel: »Die Kunst Italiens« II, Darmstadt 1962, S. 161f: » . . .die Ambivalenz der frommen Evokation ist von einer solchen Kühnheit, daß dies die ganze Übertriebenheit des Barock enthaltende Werk Berninis durch den Reichtum der künstlerischen Mittel wie durch das Ausdrucksvermögen des Künstlers nur einen Schauder oder eine tiefe innere Bewegung hervorrufen kann.«
[10] Redemptoris Mater, Abschn. 29-34, a.a.O., S. 13f.
[11] »Die Mutter Jesu im Neuen Testament«, in: »Die Frau im Urchristentum«, Hrsg. Gerhard Dautzenberg u.a., Herder 1983, S. 92.
[12] ebd.
[13] ebd.

Zu S. 49-69

[1] Maria-Sybilla Heister: »Maria aus Nazareth«, Göttingen 1987, S. 11.
[2] Robert Mahoney: »Die Mutter Jesu im Neuen Testament«, a.a.O., S. 92.
[2a] z.B. Martin Luther in seiner »Kürzeren Auslegung des Galaterbriefs« von 1519, in: Walch »Luthers Sämtliche Schriften«, Band VIII, Sp. 1515: »doch hat er auch hierin die Jungfrauschaft der Maria nicht unangezeigt gelassen. Denn da alle anderen von Mann und Weib herkommen, so kommt dieser allein von einem Weibe; damit preist er genugsam das Wunder, daß die Mutter ein jungfräuliches Weib ist, und er der Sohn einer Jungfrau«.
[3] Abschn. 1, a.a.O., S. 9.
[4] Lumen Gentium, Kap. 8.
[5] ebd.
[6] ebd.
[7] R. Mahoney, a.a.O., S. 93.
[8] »Der Brief an die Galater«, in: Kritisch-Exegetischer Kommentar über das Neue Testament, begründet von H.A.W. Meyer, Göttingen 1962[12], S. 196.
[9] »Der Brief des Paulus an die Galater«, bearbeitet von Joachim Rohde in: Theologischer Handkommentar zum Neuen Testament, Berlin 1973[3], S. 132f.
[10] »Der Galaterbrief«, HThK IX, Freiburg-Basel-Wien 1974, S. 270, A. 120.
[11] a.a.O., S. 133.
[12] vgl. Röm 1,1 »Apostel, ausgesondert, zu predigen das Evangelium Gottes«.
[13] EKG 16,8.
[14] a.a.O., S. 7.
[15] R. Mahoney, a.a.O., S. 93.
[16] Redemptoris Mater, a.a.O., S. 9.
[17] a.a.O., S. 93.
[18] Walter Grundmann: »Das Evangelium nach Markus« THKNT, Berlin 1971[5], S. 86.
[19] a.a.O., S. 86f.
[20] Maria-Sybilla Heister: »Maria aus Nazareth«, a.a.O., S. 94.
[21] R. Mahoney, a.a.O., S. 94.
[22] »Die Geschichte der synoptischen Tradition«, Göttingen 1967[7], S. 28f.
[23] vgl. Ernst Haenchen: »Der Weg Jesu«, Berlin 1966, S. 142ff.

[24] a.a.O., S. 143.
[25] R. Mahoney, a.a.O., S. 94f.
[26] S. 95.
[27] ebd., Anm. 14.
[28] S. 95.
[29] Mahoney, a.a.O., S. 95.
[30] z.B. J. Gnilka, siehe Mahoney, a.a.O., S. 96, Anm. 15.
[31] z.B. Mahoney selbst.
[32] »Markusevangelium« I, HThK, [1]1976, S. 324.
[33] a.a.O., S. 96, Anm. 17.
[34] S. 97.
[35] vgl. Mahoney, a.a.O., S. 101f, dort Literaturverweise in Anm. 38 und 39.
[36] vgl. Mahoney, S. 102, Anm. 41.
[37] Mahoney, a.a.O., S. 98, vgl. die dort in Anm. 22 genannte Literatur.
[38] ebd., Anm. 23.
[39] »Septuaginta« heißt »Übersetzung der Siebzig«; nach einer Legende des 2. Jhdts. haben 72 Juden in 72 Tagen das Alte Testament (zunächst die Thora) in Alexandria ins Griechische übersetzt.
[40] »Epiphanie« heißt Erscheinung des sonst verborgenen Gottes.
[41] a.a.O., S. 101.
[42] a.a.O., S. 108.
[43] a.a.O., S. 97.
[44] S. 109, vgl. Anm. 67.
[45] vgl. neben Stellen in der Apg. und Paulusbriefen: F. Josephus, Antiquitates Judaicae XX, 200.
[46] »Die Apostelgeschichte«, KEK, Göttingen 1965[5], S. 122.
[47] a.a.O., S. 109.
[48] Mahoney, a.a.O., S. 108, Anm. 64.
[49] Mahoney, S. 108.
[50] Überlieferungen, die nur bei Lukas aufbewahrt sind.
[51] W. Grundmann, »Das Evangelium nach Lukas«, in: THK z.NT, Berlin 1971[6], S. 240.
[52] Mahoney, a.a.O., S. 108
[53] »Das Evangelium nach Lukas«, in: Das Neue Testament Deutsch, Göttingen 1962, S. 150.
[54] Mahoney, a.a.O., S. 110.
[55] ebd.
[56] S. 103.
[57] ebd.
[58] S. 104.
[59] S. 105.
[60] Mahoney, ebd.
[61] Elisabeth Moltmann-Wendel in: Ev. Theol. 1/1982, S. 81.
[62] »Das Lob der Mutter Jesu heute«, in: »Dein leuchtend Angesicht, Maria«, Herder-tb. 1565, 1988, S. 89.
[63] »Die marianische Prägung der Kirche«, in: Maria heute ehren, Hrsg. Wolfgang Beinert, Freiburg 1977, S. 278f.
[64] So Max Thurian, a.a.O., S. 7.
[65] vgl. 1 Mose 12, 1-4 und 15,5-6.
[66] 1, 21-22 und 2,9-10.
[67] Roger Garaudy, »Der letzte Ausweg«, Olten 1982, S. 140.
[68] a.a.O., S. 106.

[69] vgl. Catharina J. M. Halkes: »Maria, die Frau. Mariologie und Feminismus«, in: Bensheimer Hefte 64, S. 63, Anm. 23.
[70] a.a.O., S. 63f.
[71] Halkes, a.a.O., S. 64.
[72] ebd.
[73] »Die Freiheit führt das Volk«, Paris, Louvre.
[74] a.a.O., S. 66.
[75] vgl. die Ordnung der Vesper (des Abendgebetes).
[76] a.a.O., S. 107.
[77] vgl. Mahoney a.a.O., S. 107.
[78] Das Evangelium nach Lukas, a.a.O., S. 92.
[79] Das Evangelium nach Lukas, a.a.O., S. 47.
[80] Mahoney, a.a.O., S. 107, vgl. auch Anm. 61.
[81] Mahoney, ebd.
[82] ebd.
[83] a.a.O., S. 86f.
[84] M.-S. Heister, S. 86.
[85] Mahoney, a.a.O., S. 110.
[86] ebd.
[87] »Das Johannesevangelium« I. Teil, HThK IV/1, Freiburg-Basel-Wien 1967², S. 341.
[88] »Das Evangelium des Johannes«, in: KEKNT, Göttingen 1959[16], S. 80f, Anm. 7.
[89] a.a.O., S. 86.
[90] a.a.O., S. 81.
[91] Heister, a.a.O., S. 86.
[92] a.a.O., S. 111.
[93] a.a.O., S. 81f.
[94] a.a.O., S. 83.
[95] a.a.O., S. 12.
[96] ebd.
[97] ebd.
[98] ebd.
[99] ebd.
[100] Mahoney, a.a.O., S. 113.
[101] Mahoney, ebd.
[102] a.a.O., S. 113f.
[103] M.-S. Heister, a.a.O., S. 91.
[104] ebd.
[105] a.a.O., S. 112.
[106] Mahoney, a.a.O., S. 112.
[107] ebd.
[108] d.h. gegen eine Deutung des Lebens Jesu gerichtet, nach der die Menschwerdung und vor allem das Leiden und Sterben des Gottessohnes ›nur zum Schein‹ erfolgte.
[109] Ignatius, Bischof in Antiochien von ca. 70-107 n.Chr., Märtyrer, Verfasser wichtiger theologischer Briefe.
[110] vgl. Mahoney, a.a.O., S. 112, Anm. 80.
[111] Mahoney, S. 112f.
[112] a.a.O., S. 521.
[113] ebd. Anm. 6.
[114] a.a.O., S. 12 ein Zitat Augustins aus: »De Sancta Virginitate«, VI, 6 in: Lumen Gentium 53.

[115] a.a.O., S. 114f.
[116] S. 115.
[117] Mahoney, S. 115.
[118] a.a.O., S. 12.
[119] ebd.

Zu S. 70-75

[1] Buchtitel: »Maria – die geheime Göttin im Christentum«, Stuttgart 1985. Frau Mulack ist kath. Theologin und Pädagogin (vgl. Meinrad Walter, a.a.O., S. 77, Anm. 8).
[2] epd-Bayern, Meldung 1464 vom 15.12.87 über einen Vortrag von Frau Mulack in München.
[3] W. Schöpsdau in: Bensheimer Hefte 64, S. 9f.
[4] d.h. nicht in den Kanon des Neuen Testamentes aufgenommenes.
[5] Oscar Cullmann, in: W. Schneemelcher, »Neutestamentliche Apokryphen« Bd. I, Tübingen, [5]1987, S. 337.
[6] in: W. Schneemelcher Bd. I, a.a.O., S. 338-349.
[7] Oscar Cullmann in der Einleitung zu den Kindheitsevangelien in: Hennecke/ Schneemelcher, »Neutestamentliche Apokryphen« Bd. I, Tübingen, [3]1959, S. 278.
[8] vgl. O. Cullmann, a.a.O.
[9] Cullmann, ebd.
[10] a.a.O., S. 279.
[11] ebd.
[12] Cullmann, ebd.
[13] ebd.
[14] ebd.
[15] vgl. z.B. Diadochus von Photike (5. Jahrhundert): »Gespür für Gott. Hundert Kapitel über die christliche Vollkommenheit«, Einsiedeln 1982, S. 47. »Demut: Das andauernde Vergessen der Verdienste«.
[16] a.a.O., S. 103-110 und 115f.

Zu S. 76-85

[1] Ulrich Wilckens: »Der Brief an die Römer«, in EKK VI/1, Köln-Neukirchen/ Vluyn, 1978, S. 308.
[2] z.B. Wilckens, a.a.O., S. 308ff.
[3] Wilckens, a.a.O., S. 326.
[4] a.a.O., S. 328.
[5] Wilckens, a.a.O., S. 314.
[6] K. Nitzschke, Art. »Maria, Marienverehrung« in: EKL, Göttingen 1958, Sp. 1246.
[7] Jüdischer Aufstand unter Kaiser Hadrian.
[8] Kirchengeschichte IV, 18.
[9] Justinus: »Dialog mit dem Juden Tryphon«, in: Bibliothek der Kirchenväter, Kempten-München 1917, S. 163.
[10] a.a.O., S. 163f.
[11] Justin, a.a.O., S. 163.
[12] »Jenseits von Gottvater, Sohn & Co.«, a.a.O., S. 63.
[13] Daly, a.a.O., S. 64.
[14] ebd.

[15] S. 84.
[16] S. 69.
[17] S. 73.
[18] S. 84.
[19] S. 86.
[20] Irenäus, Bischof von Lyon, ca. 140-202.
[21] »Des Heiligen Irenäus Ausgewählte Schriften« I. Band, in: Bibliothek der Kirchenväter, Kempten-München 1912, S. 309.
[22] ebd.
[23] a.a.O., S. 309f.
[24] S. 309.
[25] K. Nitzschke, a.a.O., Sp. 1245.
[26] a.a.O., Sp. 1250
[27] »Zugang zu Maria«, in: »Maria heute ehren«, Freiburg i.Br. 1977, S. 11.
[28] Nr. 32; vgl. Lumen Gentium Nr. 67.
[29] »Reformatorische Frömmigkeit und Maria« in: »Maria heute ehren«, a.a.O., S. 65.
[30] Petri, a.a.O., S. 64.
[31] a.a.O., S. 14.
[32] a.a.O., S. 309.
[33] Die Schlange wird hier als »Engel« bezeichnet, d.h. als »Bote« des Verführers.
[34] »Des Heiligen Irenäus Fünf Bücher gegen die Häresien«, Bd. II, in: Bibliothek der Kirchenväter, Kempten-München, 1912, S. 203.
[35] ebd.
[36] a.a.O., S. 202f.
[37] a.a.O., S. 203.
[38] Konkordienformel, Solida Declaratio II, »Vom freien Willen«, 20 und 22, in: Die Bekenntnisschriften der evangelisch-lutherischen Kirche, Göttingen 1959[4], S. 879f.
[39] »Marienzeugnisse im Neuen Testament«, in: »Dein leuchtend Angesicht, Maria«, Herder-tb. 1565, 1988, S. 15.
[40] ebd.
[41] ebd.
[42] zit. in: Konkordienformel, SD II, 20, a.a.O., S. 879, vgl. Anm. 4.
[43] a.a.O., S. 84.

Zu S. 85-94

[1] »Die marianische Prägung der Kirche«, in: »Maria heute ehren«, a.a.O., S. 276.
[2] Hrsg. Heinrich Fries, Bd. II, München 1963, Art. »Maria«.
[3] S. 121.
[4] Semmelroth, a.a.O., S. 120.
[5] ebd.
[6] S. 120f.
[7] S. 121.
[8] In der Person Jesu sind göttliche und menschliche Natur ungetrennt, aber auch unvermischt vereint.
[9] Nestorius, seit 428 Patriarch von Konstantinopel, war ein Repräsentant der sog. »Antiochenischen Theologie«. Die »Nestorianer« wurden beim Konzil von Ephesus 431 als Irrlehrer verurteilt.
[10] Semmelroth, a.a.O., S. 121.
[11] Die sog. Antiochenische Schule wird auf Diodor von Tarsus (gest. 394) zurückge-

führt. Sie zeichnet sich durch die Bemühung um grammatisch-historische Bibelauslegung aus.

[12] Reinhold Seeberg: »Lehrbuch der Dogmengeschichte« Bd. II, Darmstadt 1959, S. 187.

[13] Seeberg, a.a.O., S. 190.

[14] S. 188.

[15] a.a.O., S. 189.

[16] »Der christliche Glaube nach den Grundsätzen der evangelischen Kirche«, Bd. 2, §94, Berlin 1861, S. 40.

[17] seit 428 Patriarch von Konstantinopel, 431 in Ephesus verurteilt.

[18] 412-444, Patriarch von Alexandria.

[19] vgl. Seeberg, a.a.O., S. 224.

[20] vgl. die Zitate bei Seeberg, a.a.O., S. 224f.

[21] a.a.O., S. 226.

[22] von Tarsus (gest. 394).

[23] Zitat bei Seeberg, a.a.O., S. 195.

[24] vgl. Seeberg, a.a.O., S. 237.

[25] »Von Christus zu Maria«, in: »Dein leuchtend Angesicht, Maria«, Herder-tb. 1565, 1988, S. 24.

[26] zit. bei W. Beinert, Hrsg., »Maria heute ehren«, Freiburg 1977, S. 24.

[27] »Reformatorische Frömmigkeit und Maria«, in: »Maria heute ehren«, a.a.O., S. 71.

[28] »Das Marienlob der Reformatoren«, Tübingen 1962.

[29] Zitat und Kritik bei Seeberg, a.a.O., S. 213, Anm. 2.

[30] »Maria und der Papst«, in: »In Statu Confessionis« I, Hrsg. F.W. Hopf, Verlag Die Spur, 1975, S. 205-217.

[31] S. 206.

[32] ebd.

[33] ebd.

[34] ebd.

[35] Text und Quelle, a.a.O., S. 207.

[36] »Theologische Perspektiven marianischer Frömmigkeit«, in: »Maria heute ehren«, a.a.O., S. 30.

[37] »Zugang zu Maria«, in: »Maria heute ehren«, a.a.O., S. 14.

[38] 310-403.

[39] Zitat bei Seeberg, S. 212.

[40] Sasse, a.a.O., (Anm. 30), S. 207.

[41] Sasse, a.a.O., S. 207.

[42] Sasse, S. 208.

[43] Giovanni Miegge: »Die Jungfrau Maria«, Göttingen 1962.

[44] a.a.O., S. 208.

[45] »Von Christus zu Maria«, in: »Dein leuchtend Angesicht, Maria«, a.a.O., S. 26.

[46] ebd.

[47] a.a.O., S. 208.

[48] ebd.

[49] vgl. Giovanni Miegge, a.a.O., S. 64f.

[50] spanisch: »Akt des Glaubens« als öffentliches Abtun von Abgötterei oder Irrlehre.

[51] »Die Gottesmutter«, Sondernummer der »Hochkirche«, 1931, S. 184f.

[52] epd 1464, 15.12.87.

[53] a.a.O., S. 209.

[54] S. 208.

55 ebd.
56 ebd.
57 S. 209.
58 »Mater Christi«, Rom 1946.
59 a.a.O., S. 73ff.
60 Miegge, a.a.O., S. 68.
61 a.a.O., S. 68.
62 Miegge, a.a.O., S. 69.
63 Adversus Haereses, lib. I, cap. 30, in: »Des Heiligen Irenäus Ausgewählte Schriften«, in: Bibliothek der Kirchenväter, I. Bd., Kempten-München 1912, S. 83ff.
64 Das hebr. Wort für »Geist«; eine weibliche Wortform.
65 das griech. Wort für »Weisheit«.
66 vgl. Miegge, a.a.O., S. 69-70.
67 S. 70.
68 ebd.
69 S. 71.
70 ebd.
71 Panarion 78-79 (PG 42).
72 S. 72; vgl. Wolfgang Beinert, »Von Christus zu Maria«, in: »Dein leuchtend Angesicht, Maria«, a.a.O., S. 27: »Die Kollyridianerinnen . . .legen Maria Attribute bei, die verdächtig an den Kult der Magna Mater, der bedeutendsten heidnischen Muttergottheit, erinnern.«

Zu S. 95-111

1 Christa Mulack, a.a.O.
2 »Von Christus zu Maria«, in: »Dein leuchtend Angesicht, Maria«, S. 24.
3 ebd.
4 a.a.O., S. 58.
5 ebd.
6 S. 25.
7 vgl. R. Seeberg, a.a.O., Bd. III, S. 266.
8 Zitat bei Seeberg, a.a.O., Bd. III, S. 71.
9 ebd.
10 gest. 1072.
11 mittelalterlicher Theologe aus Frankreich.
12 1091-1153.
13 vgl. Seeberg, a.a.O., S. 266.
14 vgl. die Beispiele, die Seeberg anführt, a.a.O., S. 266f.
15 S. 267.
16 1221-1274.
17 vgl. Seeberg, a.a.O., S. 418.
18 1270-1308.
19 vgl. Seeberg, a.a.O., S. 660f.
20 a.a.O., S. 209.
21 a.a.O.
22 Sasse, a.a.O., S. 209
23 um 550.
24 syrischer Kirchenvater des 4. Jhdts., der in Nisibis und Edessa wirkte.
25 »Von Christus zu Maria«, in: »Dein leuchtend Angesicht, Maria«, S. 27.
26 a.a.O., S. 14.
27 a.a.O., S. 209.

[28] »Von Christus zu Maria«, a.a.O., S. 31.
[29] Beinert, a.a.O., S. 31.
[30] a.a.O., S. 31.
[31] »Unser Glaube. Die Bekenntnisschriften der evangelisch-lutherischen Kirche«. Ausgabe für die Gemeinden, bearbeitet von Horst Georg Pöhlmann, Gütersloh 1986, S. 353f.
[32] a.a.O., S. 354.
[33] ebd.
[34] vgl. die Argumentation Melanchthons, a.a.O., S. 354f.
[35] S. 355.
[36] ebd.
[37] a.a.O., S. 79.
[38] a.a.O., S. 348.
[39] S. 348f.
[40] »Von Christus zu Maria«, a.a.O., S. 29.
[41] »Zugang zu Maria«, in: W. Beinert (Hrsg.), »Maria heute ehren«, Freiburg 1977, S. 14.
[42] a.a.O., S. 15.
[43] a.a.O., S. 16.
[44] a.a.O., S. 13.
[45] a.a.O., S. 14.
[46] a.a.O., S. 12.
[47] »Theologische Perspektiven marianischer Frömmigkeit«, in: »Maria heute ehren«, a.a.O., S. 36.
[48] ebd.
[49] ebd.
[50] S. 37.
[51] vgl. H. Petri, a.a.O., S. 69.
[52] Martin Luther: Ausgewählte Werke, Bd. 6, München ^{2}1934, S. 290.
[53] »Maria. Mutter des Herrn – Urbild der Kirche«, Topos-tb. 72, Mainz 1978, S. 85.
[54] »Das Marienlob der Reformatoren«, Tübingen 1962, Nachwort, S. 339-356.
[55] zitiert bei Marlies Mügge: »Die trennende Maria«, in: »Dein leuchtend Angesicht, Maria«, a.a.O., S. 64.
[56] »Das Magnificat«, in: Martin Luther, Ausgewählte Werke, hrsg. v. H.H. Borcherdt, Bd. 6, München ^{2}1934, S. 225.
[57] ebd.
[58] S. 234.
[59] S. 259.
[60] Catharina J.M. Halkes in: »Mariologie und Feminismus«, Bensheimer Hefte 64, S. 67.
[61] Luther, »Magnificat«, a.a.O.
[62] S. 226.
[63] S. 227.
[64] ebd.
[65] S. 237.
[66] ebd.
[67] ebd.
[68] ebd.
[69] ebd.
[70] ebd.
[71] S. 258f.
[72] S. 259.

[73] S. 258.
[74] ebd.
[75] von lat. benedicere, d.h. segnen.
[76] Luther, »Magnificat«, a.a.O., S. 253.
[77] »In Statu confessionis« Bd. I, a.a.O., S. 209.
[78] Luther, »Magnificat«, a.a.O., S. 253.
[79] ebd.
[80] S. 292.
[81] S. 262.
[82] S. 272.
[83] S. 273.
[84] S. 274.
[85] S. 277.
[86] S. 277.
[87] vgl. Robert Dollinger: »Das Evangelium in Regensburg«, Regensburg 1959, S. 117.
[88] Sessio XXV (3.-4. Dez. 1563) »De invocatione, veneratione et reliquiis Sanctorum«, Denzinger: Enchiridion Symbolorum, Freiburg 1911[11], Nr. 984.
[89] WA 49, S. 712, 29-713,24, zit. bei Tappolet, a.a.O., S. 112.
[90] ebd. bei Tappolet, a.a.O., S. 113.
[91] siehe bei Tappolet, a.a.O., S. 113 WA Bi. IV, 96 (13.12.1540).
[92] »Reformatorische Frömmigkeit und Maria«, a.a.O., S. 73.
[93] Marlies Mügge: »Die trennende Maria«, a.a.O., S. 66f.
[94] zit. bei G. Miegge, a.a.O., S. 110.
[95] a.a.O., S. 113.
[96] vgl. Miegge, a.a.O., S. 105.
[97] Bulle »Ineffabilis Deus«, Denzinger Nr. 1641. zitiert bei Miegge, a.a.O., S. 121, Anm. 34. Beschreibung des Vorgangs auf S. 120-123.
[98] a.a.O., S. 113.
[99] S. 115.
[100] ebd.
[101] a.a.O., zit. bei Miegge, S. 120.
[102] vgl. die betreffenden Kapitel bei Miegge, a.a.O., S. 66ff und 150ff.
[103] »Maria und der Papst«, in: In statu confessionis I, a.a.O., S. 205ff.
[104] S. 205.
[105] ebd.
[105a] vgl. Miegge, a.a.O., S. 181.
[106] Wolfgang Beinert, »Durch Maria zu Jesus«, In: »Dein leuchtend Angesicht, Maria«, S. 45.
[107] a.a.O., S. 205.
[108] Apostolische Konstitution »Munificentissismus Deus«, Denzinger, Nr. 3903, zit. bei Beinert, a.a.O., S. 45.
[109] a.a.O., S. 211.
[110] S. 213.
[111] Beinert, »Zugang zu Maria«, a.a.O., S. 28.
[112] Petri, a.a.O., S. 64.
[113] a.a.O., S. 16.
[114] a.a.O., S. 181.
[115] Lehre von der Kirche.
[116] a.a.O., S. 9.
[117] in der Auslegung des Magnificat, a.a.O., S. 253.

[1] Bensheimer Hefte 64, a.a.O., S. 63.
[2] Kaiser Traktate 48, München 1980.
[3] S. 9.
[4] ebd.
[5] a.a.O., S. 89-92.
[6] WA 9, S. 629, 17/18 und 15/16; bei Tappolet, a.a.O., S. 89.
[7] WA 11, S. 224, 8/9; bei Tappolet S. 91.
[8] WA 49, S. 684, 36/37; bei Tappolet, S. 91.
[9] WA 28, S. 402, 29-403,4; bei Tappolet S. 92.
[10] »Redemptoris Mater«, a.a.O., S. 9, Abschn. 5.
[11] ebd.
[12] ebd.
[13] vgl. Theobald Beer: »Der fröhliche Wechsel und Streit. Grundzüge der Theologie Martin Luthers«, Einsiedeln 1980.
[14] Abschn. 63, zit. a.a.O., S. 9, Abschn. 5.
[15] Abschn. 64, zit. ebd.
[16] a.a.O., S. 10, Abschn. 12.
[17] a.a.O., S. 348.
[18] Abschn. 13.
[19] ebd.
[20] Angabe der einschlägigen Texte bei Augustinus und Leo d. Gr., ebd.
[21] Abschn. 14.
[22] Abschn. 8 und 39.
[23] a.a.O., S. 11, Abschn. 17.
[24] ebd.
[25] ebd.
[26] ebd.
[27] a.a.O., S. 12, Abschn. 20.
[28] »Die marianische Prägung der Kirche«, a.a.O., S. 275.
[29] vgl. Augsburger Bekenntnis, Art. 5.
[30] ebd.
[31] vgl. Augsburger Bekenntnis, Art. 7.
[32] Abschn. 64, zit. a.a.O., S. 15, Abschn. 43.
[33] ebd.
[34] a.a.O., S. 10, Abschn. 13.
[35] a.a.O., S. 13, Abschn. 28.
[36] WA 29, S. 655, 26-656,7; bei Tappolet, S. 90.
[37] ebd.
[38] ebd.
[39] 5. Hauptstück, *Zum zweiten*
[40] EKG 3,1
[41] »Redemptoris Mater«, a.a.O., S. 15, Abschn. 41.
[42] S. 12, Abschn. 21.
[43] ebd.
[44] a.a.O., S. 14, Abschn. 38.
[45] ebd.
[46] ebd.
[47] a.a.O., S. 11, Abschn. 18.
[48] ebd.
[49] ebd.

[50] Rosemary Radford Ruether: »Maria«, a.a.O., S. 7.
[51] »Redemptoris Mater«, a.a.O., S. 12, Abschn. 19.
[52] a.a.O., S. 7f.
[53] a.a.O., S. 78.
[54] S. 77.
[55] a.a.O., S. 274.
[56] a.a.O., S. 76.
[57] Pelagius, ein Brite, zwischen 384 und 410 in Rom, lehrte, daß der Mensch einen freien Willen hat und die Sünde überwinden, also zu seinem Heil mitwirken kann.
[58] a.a.O., S. 77.
[59] a.a.O., S. 76.
[60] a.a.O., S. 36.
[61] S. 37.
[62] S. 37.
[63] a.a.O., S. 43.
[64] a.a.O., S. 253.
[65] »Ineffabilis Deus« (1854), zit. in Lumen Gentium 53.
[66] a.a.O., S. 10, Abschn. 10.
[67] a.a.O., S. 10, Abschn. 11.
[68] Lumen Gentium 65.
[69] a.a.O., S. 10 Abschn. 6.
[70] ebd.
[71] S. Bernardi Opera V (1968) S. 279, zit. a.a.O., S. 11, Anm. 16.
[72] a.a.O., S. 253.
[73] »Munificentissimus Deus« (1950), zit. a.a.O., S. 15, Abschn. 41.
[74] vgl. den Bericht bei Miegge, a.a.O., S. 81-89.
[75] Miegge, a.a.O., S. 175.
[76] a.a.O., S. 15, Abschn. 41.
[77] ebd.
[78] »Maria«, a.a.O., S. 8f.
[79] a.a.O., S. 13.
[80] a.a.O., S. 7.
[81] S. 13.
[82] a.a.O., S. 13.
[83] a.a.O., S. 13, Abschn. 28.
[84] a.a.O., S. 13.
[85] vgl. Phil 2,7: »er entäußerte sich selbst«.
[86] a.a.O., S. 13f.
[87] S. 14.
[88] ebd.
[89] Lehre von der Schöpfung, d.h. von den »Ersten Dingen«.
[90] Lehre von den »Letzten Dingen« (Weltende).

Zu S. 123-147

[1] Ursula King: »Der Beitrag der feministischen Bewegung zur Veränderung des religiösen Bewußtseins«, in: »Stille Fluchten«, Hrsg. Knut Walf, München 1983, S. 43.
[2] a.a.O., S. 44.
[3] ebd.
[4] U. King, a.a.O., S. 47.

[5] ebd.
[6] a.a.O., S. 51.
[7] a.a.O., S. 52.
[8] vgl. Elisabeth Gössmann: »Die streitbaren Schwestern«, Herder-tb. 879, Freiburg i.Br. 1981, S. 35f.
[9] a.a.O., S. 52.
[10] z.B. Elisabeth Gössmann, a.a.O.
[11] Nachwort zur deutschen Ausgabe von Virginia R. Mollenkott: »Gott eine Frau?«, München 1985, S. 122.
[12] »Changing of the Gods. Feminism and the End of Traditional Religions«, Boston 1979.
[13] a.a.O., S. 53.
[14] »Jenseits von Gottvater, Sohn & Co«, a.a.O., S. 46f.
[15] S. 47.
[16] S. 49.
[17] a.a.O., S. 53.
[18] »Das weibliche Wesen Gottes: Ein religiöses Problem von heute«, in: Concilium 17 (1981), S. 217-223.
[19] Ursula King, a.a.O., S. 61.
[20] E. Moltmann-Wendel, Ev. Theol. 1/1982, S. 81.
[21] Bern-München-Wien, 1986[8].
[22] a.a.O., S. 2.
[23] »Menschwerden in einer neuen Gemeinschaft von Frauen und Männern«, a.a.O., S. 83.
[24] a.a.O., S. 85.
[25] Der Große Katechismus: »Von der Taufe«, a.a.O., Abschn. 826, S. 740.
[26] Titel einer Schrift von Elisabeth Moltmann-Wendel, Kaiser-Traktate 25, München 1982[3].
[27] Ulrike Berger in ihrem Nachwort zu R. Radford Ruether: »Maria«, a.a.O., S. 95.
[28] z.B. Elga Sorge, vgl. epd-Dokumentation 7/88, S. 17, Bischof H.G. Jung: »Es entspricht durchaus der Logik ihrer Argumentation . . ., wenn sie sich selbst gelegentlich ›Göttin‹ nennt«.
[29] Dekadenbroschüre, Hrsg. ÖRK, Genf, S. 9.
[30] a.a.O., S. 99.
[31] ebd.
[32] ebd.
[33] S. 100.
[34] S. 101.
[35] »Verführung des Geistes«, Stuttgart 1973, S. 176-182.
[36] E. Gössmann, a.a.O., S. 101.
[37] S. 103f.
[38] S. 104.
[39] ebd.
[39a] ebd.
[40] WA 40/II, S. 557,34-558,24, bei Tappolet, a.a.O., S. 90f.
[41] »Ineffabilis Deus«, 1854.
[42] a.a.O., S. 90.
[43] zit. in »Redemptoris Mater«, a.a.O., S. 16, Abschn. 47, vgl. Anm. 134.
[44] Als Absolution wird der Zuspruch der Sünden-Vergebung bezeichnet.
[45] Evangelische Theologie 42. Jg., 1/1982, S. 3-25.
[46] a.a.O., S. 24f.
[47] S. 24.

[48] S. 5.
[49] ebd., Belege in Anm. 4.
[50] a.a.O., S. 6, Beleg in Anm. 11.
[51] S. 15.
[52] Begründung, a.a.O., S. 8f.
[53] S. 9.
[54] S. 4.
[55] S. 7.
[56] »Maria Magdalena und die Frauen als Zeugen«, in: »Abraham unser Vater«, Festschrift für Otto Michel, Tübingen 1963, S. 251.
[57] a.a.O., S. 10.
[58] ebd.
[59] S. 20.
[60] S. 23.
[61] S. 24.
[62] S. 25.
[63] ebd.
[64] »Freiheit, Gleichheit, Schwesterlichkeit«, Kaiser-Traktate 25, München 1982[3], S. 22.
[65] a.a.O., S. 22f.
[66] S. 23.
[67] S. 26.
[68] ebd.
[69] S. 26.
[70] »Die Geschichte der Leben-Jesu-Forschung«, 1913.
[71] S. 23.
[72] vgl. 1 Kor 11,2-15.
[73] Josef Blank: »Frauen in den Jesusüberlieferungen«, in: »Die Frau im Urchristentum«, Hrsg. Gerhard Dautzenberg, u.a., Freiburg-Basel-Wien 1983, S. 9.
[74] ebd.
[75] E. Moltmann-Wendel: »Freiheit, Gleichheit, Schwesterlichkeit«, a.a.O., S. 12.
[76] S. 13.
[77] ebd.
[78] Ein heidnischer Philosoph, der in seiner nur in den Zitaten des Origenes enthaltenen Streitschrift »Alaethaes Logos« gegen den christlichen Glauben polemisierte. Die Anwortschrift des Christen Origenes, »Contra Celsum«, entstand ca. 245; a.a.O., S. 15.
[79] a.a.O., S. 9.
[80] a.a.O., S. 89.
[81] S. 90.
[82] S. 89.
[83] bei E. Moltmann-Wendel: »Freiheit . . .«, a.a.O., S. 15.
[84] Josef Blank, a.a.O., S. 89.
[85] »Der verlorene und verdammte Mensch und Gott, der ihn rechtfertigt und sein Retter ist«, Auslegung des 51. Psalms (1538), in: Luthers Sämtliche Schriften (Walch), a.a.O., Bd. V. Sp. 484.
[86] a.a.O., S. 130.
[87] »Lesbianism and Feminism«, in: »Radical Feminism«, S. 248.
[88] zit. a.a.O., S. 145.
[89] zit. bei E. Moltmann-Wendel: »Freiheit . . .«, a.a.O., S. 17.
[90] a.a.O., S. 16.
[91] S. 21.

92 in: »Die Frau im Urchristentum«, a.a.O., S. 158-181.
93 a.a.O., S. 181.
94 ebd.
95 Josef Blank, a.a.O., S. 9.
96 Paderborn 1986², S. 352.
97 »Der Römerbrief« HTHK VI, Freiburg-Basel-Wien, 1977, S. 441.
98 Hauke, a.a.O., S. 352.
99 »›Junia . . . hervorragend unter den Aposteln‹ (Röm 16,7)«, in: Moltmann-Wendel: »Frauenbefreiung« 2, S. 151, zit. a.a.O., S. 353.
100 a.a.O., S. 354.
101 E. Moltmann-Wendel: »Martha«, in: »Ein eigener Mensch werden«, GTB-Siebenstern 1006, Gütersloh 1982³, S. 33ff.
102 S. 33.
103 ebd.
104 S. 34.
105 S. 35.
106 S. 34.
107 R. Radford Ruether: »Maria«, a.a.O., S. 87.
108 vgl. Gesammelte Werke, Bd. 4, Neuendettelsau 1962, S. 415.
109 vgl. R. Radford Ruether, a.a.O., S. 44-46.
110 a.a.O., S. 91.
111 Redemptoris Mater, a.a.O., S. 16, Abschn. 46.
112 »Erwägungen zu Struktur und Anliegen der Mariologie«, in: »Mariologie und Feminismus«, Bensheimer Hefte 64, a.a.O., S. 85.
113 a.a.O., S. 98.
114 S. 99.
115 ebd.
116 S. 101.
117 »Die Stellung der Frau im Christentum: Theorie und Praxis unter besonderer Berücksichtigung Marias«, in: »Mariologie und Feminismus«, a.a.O., S. 30.
118 vgl. dazu Manfred Hauke: »Die Problematik um das Frauenpriestertum«, a.a.O.
119 vgl. E. Moltmann-Wendel: »Ein eigener Mensch werden«, a.a.O.
120 z.B. von E. Moltmann-Wendel im Nachwort zu: V. Mollenkott: »Gott eine Frau?«, a.a.O., S. 123-126, wobei zum ersten Typ neben Mary Daly z.B. Heide Göttner-Abendroth gezählt wird, zum zweiten Elisabeth Schüssler-Fiorenza, Rosemary Radford Ruether, Catharina Halkes, Christa Mulack und Frau Moltmann-Wendel selber, zur dritten aber z.B. Letty Russell, Phyllis Trible und vor allem Virgina R. Mollenkott.
121 Untertitel ihres Buches: »Gott eine Frau?« a.a.O.
122 Hinweise und Belege a.a.O., S. 14ff.
123 S. 19.
124 S. 24.
125 ebd.
126 a.a.O., Kap. 3.
127 Kap. 4.
128 S. 26.
129 S. 27.
130 S. 30.
131 S. 30f.
132 »Die Kunst des Liebens«, Ullstein Materialien 35258, Frankfurt-Berlin-Wien 1982, S. 79.
133 a.a.O., S. 78.

[134] S. 79.
[135] ebd.
[136] S. 32ff.
[137] Schechina (hebr.): Das Wohnen Gottes in der Gemeinde
[138] Kap. 7.
[139] S. 64.
[140] S. 73.
[141] S. 74.

Zu S. 148

[1] »Die streitbaren Schwestern«, a.a.O., S. 77.
[2] Um 156 trat in Kleinasien Montanus mit zwei Prophetinnen auf. Als »Montanismus« bezeichnet man eine charismatische und apokalyptische Bewegung des 2. Jhdts.
[3] Die Gnosis war eine synkretistische (d.h. Elemente aus verschiedenen Religionen mischende) Richtung der Spätantike (etwa seit dem 3. Jhdt.), die aus verschiedenen Schulen und Gruppierungen bestand.
[4] a.a.O., S. 76.
[5] S. 77.
[6] Thema des 4. Kapitels bei E. Gössmann, a.a.O., S. 67: »Sind die Kirchenväter misogyn?«

Zu S. 149-152

[1] Septimii Tertulliani: »De cultu feminarum libri duo«, rec. Josephus Marra, Turin 1930 (in: Corpus Scriptorum Latinorum Paravianum, Nr. 54).
[2] »Tu es diaboli ianua«, a.a.O., S. 2.
[3] »tu es divinae legis prima desertrix«, a.a.O., S. 2.
[4] Elisabeth Gössmann: »Die streitbaren Schwestern«, Kap. 4: »Sind die Kirchenväter misogyn?«
[5] Demosthenes Savramis: »Die Stellung der Frau im Christentum«, in: »Mariologie und Feminismus«, a.a.O., S. 27.
[6] a.a.O., S. 61.
[7] Bibliothek der Kirchenväter, Tertullians Ausgewählte Schriften, Bd. 1 übersetzt von K.A. Heinrich Kellner, Kempten u. München 1912, S. 186. »Ancillae dei vivi, conservae et sorores meae, quo iure deputor vobiscum, postremissimus omnium equidem eo iure conservitii et fraternitatis audeo ad vos facere sermonem«; a.a.O., S. 13.
[8] so in der Übersetzung von K.A. Heinrich Kellner, a.a.O., S. 177.
[9] »Die streitbaren Schwestern. Was will die Feministische Theologie?« Herder-tb. 879, 1981, S. 67.

Zu S. 153-155

[1] Nachdruck, Darmstadt 1971.
[2] »An Adamus non minus, quam Eva a Diabolo seductus est«, a.a.O., S. 98.
[3] S. 98 f.
[4] »docet historia recensens lapsum primorum hominum«, a.a.O., S. 99.
[5] Theol. Handkommentar zum NT: Die Pastoralbriefe, Berlin 1972^2, S. 70 (z.St.).
[6] »Das Erste Gebot als theologisches Axiom« (1933), in: »Theologische Fragen und Antworten«, Zollikon 1957, S. 127-143.

7 Verlag Frauenoffensive 1986^4, S. 26.
8 epd-Dokumentation Nr. 7/88 »Bischof Jung: Elga Sorge hat den Glaubenskonsens verlassen«, S. 31.
9 a.a.O., S. 30.
10 siehe Helgard Balz-Cochois: »Gomer oder die Macht der Astarte. Versuch einer feministischen Interpretation von Hos 1-4«, in: Evangelische Theologie 1/1982, S. 37-65.
11 Die Christusbruderschaft ist ein 1948 in Oberfranken entstandener evangelischer Orden. Er erwuchs aus der Verkündigungs- und Seelsorgetätigkeit des Pfarrerehepaars Hümer.